委婉暗示還是直球進攻？強硬要求還是柔性勸導？
談判策略用得好，職場情場沒煩惱！

嘴巴夠力
萬事無往不利

一開口就惹怒「親愛的」；
說兩句就把同事得罪光光；
別人做報告清晰明瞭，
你一上臺大家就快要睡著？

你每天都在說話，但你真的會說話嗎？

搞懂重點、避開地雷，
你也能輕鬆成為 hold 住人心的主角！

—— 編著 ——
蔡賢隆，房紹娟

U0075309

目 錄

目錄

第八章　朗讀口才

第九章　演講口才

第十章　辯論口才

目錄

前言

美國人早在西元 1940 年代就把「口才、金錢、原子彈」看作是在世界上生存和發展的三大法寶，1960 年代以後，又把「口才、金錢、電腦」看成是最有力量的三大法寶，而「口才」一直獨冠三大法寶之首，足見口才受重視的程度。

東方歷史上則很少重視、甚至不太喜歡「能說會道」的人。那些健談的人，常常被扣上「誇誇其談」的帽子。人們往往不願意與這類人來往，不喜歡他們。相反的，一個人如果沉默寡言，不善言談，往往就會受到歡迎。這個傳統的評價標準，在今天的年輕人身上還有著很深的烙印。常有人說：「我這個人，嘴笨不會說話。」卻並不認為這是個多大的缺陷。

然而現代社會需要機敏靈活、能言善辯的活動分子。羞怯拘謹、嘴笨老實的人，總會落入交際困難的尷尬中。有些人很有知識素養，但就是因為缺乏「嘴上的功夫」，而不受人們歡迎。有些人工作做得也很出色，可是一講話就語無倫次，拘謹慌張，失去了很多晉升的機會。

我們時常聽到有人批評某些人「少根筋」，指的就是不看情況亂說話。像是在壽宴上對著壽星大談人壽保險的好處；對著孕婦說，這年頭養孩子沒有什麼好處，翅膀長硬了就飛了；對新郎新娘說今天喜宴的菜好吃極了！下回別忘了再請我，我一定捧場；別人就要出遠門旅行了，卻對他大談今年發生了多少飛機失事的意外事件。

也許有時你只是說話說得正高興，沒注意到和你談話的人的情況，並非是故意的，卻也在不知不覺中傷了人；也有可能真的是少了根筋，木頭腦袋轉不過彎來。說話是一種技巧，不懂技巧不會說話的人，必然處處碰壁，嚴重的還會為自己帶來麻煩。

前言

　　俗話說，一言能興邦，一言能喪國；一人之辯重於九鼎之寶，三寸之舌強於百萬之師。而對個人來說，一言不慎，可以讓人身敗名裂，甚至屢屢失敗。反之，若出言機敏、言語幽默、應對自如，則能化解困境，事事通達成功。

　　口才在我們日常生活中無處不在，而且舉足輕重，競爭激烈的社會中，自我推銷以及獲得肯定必須依靠適切的口才和良好的溝通能力。

　　口才也是一種藝術。擁有好口才的人字字珠璣，說者口若懸河，幽默自信，言語間展現令人心折的個人魅力，聽者如沐春風、心悅誠服。

　　戴爾·卡內基認為，不論身處任何情況，絕對沒有人是天生的演說家。因此，不要說自己天生笨，不會說話。丟掉自卑，建立自信，勤於學習，人人都可以擁有好口才。

　　而生活是一位閱歷豐富的好老師，想要擁有好口才，唯有向生活學習，發現生活中的點點滴滴，舉一反三，反覆訓練。

　　本書選擇了生活中常見的口才實例，除了詳細介紹常見的一些說話方法與技巧外，也單獨介紹了交談口才、社交口才、職場口才、處世口才、朗讀口才、演講口才、辯論口才等。實景實情，令人身如其境，發現口才的奧妙，學會說話的技巧。

　　一書在手，隨時翻閱，從現在開始，從小事做起，擁有好口才，又有何難？

第一章　好口才好人生

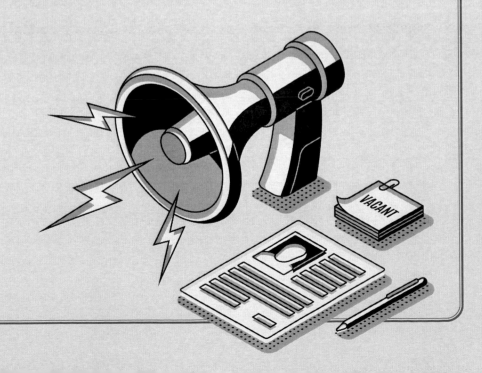

我們做任何事情都需要與人交流，交流就需要口才。如果一個人擁有良好的口才，不僅會讓事情辦得更加順利，還能贏得他人的好感與尊重。

好口才決定好前程

人的嘴巴有兩個功能：一是吃飯，二是講話。但想要吃好飯，要先講好話！英國首相邱吉爾曾說：「一個人可以面對多少人，就代表這個人的人生成就有多大。」好口才對人的前程究竟有多大的影響呢？讓我們先看看下面的例子。

大家都知道紀曉嵐的口才很了不起。有一天，乾隆皇帝想試探一下他的能言善辯，於是召紀曉嵐進宮。乾隆皇帝說：「紀曉嵐！」「臣在！」「朕問你：何為忠孝？」紀曉嵐說：「君叫臣死，臣不得不死，為忠；父叫子亡，子不得不亡，為孝。合起來，就叫忠孝。」紀曉嵐剛答完，乾隆皇帝說：「好！朕賜你一死。」紀曉嵐當時就愣了：怎麼突然賜我一死？但是皇帝金口玉言，紀曉嵐只好謝主隆恩，三拜九叩，然後走了。

紀曉嵐出去後，乾隆皇帝心想：「這紀曉嵐會怎麼辦呢？不死，回來，就是欺君之罪；死了，真可惜，少了手下一個棟梁之材。都說你紀曉嵐有本事、能言善辯，我看你今天怎麼應對？」過了一會兒，紀曉嵐氣喘吁吁地跑了進來，撲通一聲向乾隆皇帝跪下。乾隆說：「大膽！紀曉嵐，朕不是賜你一死嗎？你為什麼又回來了？」紀曉嵐說：「皇上，臣去死了，我準備要跳河自殺，正要跳河，屈原突然從河裡出來了，他怒氣沖沖地說：『你這小子是渾蛋嗎？想當年我投汨羅江自殺，是因為楚懷王昏庸無道，當今皇上皇恩浩蕩，賢明豁達，你怎麼能死呢！』我一聽，就回來了。」

乾隆皇帝不得不解嘲地說：「好一個紀曉嵐，你確實能言善辯啊！」正是好口才讓紀曉嵐死裡逃生，洋洋自得「行走」於仕途之上。

在美國費城的大街上，有一個衣衫襤褸的年輕人為了能找到一份工作，已經徘徊了很久。有一天，他突然闖進了該城著名的商人鮑爾‧吉伯斯先生的辦公室，請求占用吉伯斯先生一分鐘的時間，容許他講幾句話。

吉伯斯先生對這位年輕人感到很驚奇，因為他全身流露出一種極度窮困的窘態，精神卻非常飽滿。出於好奇，吉伯斯先生同意了他的請求。起初，他只打算與那個年輕人說一兩句話。但事實並非如此，他們的談話持續了一個多小時。

談話一結束，吉伯斯先生立刻打電話給狄諾公司的費城經理泰勒先生，再由這位著名的金融家邀請年輕人共進午餐，並給了他一個極其重要的職務。

一個窮途末路的年輕人，竟然能在半天之內改變自己的困境，走上康莊大道。這就在於他能夠勇敢表達自己，為自己敲開成功的大門。因此，勇於表達自己，讓別人充分了解你的長處和優點，你才能被人賞識，你才有可能成功。

現代社會需要那種靈活機敏、能言善辯的人。有些人很有知識，就是因為缺乏「嘴上功夫」，而不受歡迎；有些人專業水準很高，工作很出色，表達能力卻很差，雖有豐富的經驗和獨到的見解，卻像在茶壺裡煮水餃一樣「倒不出來」。

在一些產業、一些領域裡，成功的人不見得都有好口才；但是，好口才能助你成功，能加速你成功，能極大提升你成功的機率，為你帶來大好前程。有時候，在非常關鍵的時刻，好口才有著決定性的作用，這是不容置疑的。

好口才使你出類拔萃

　　擁有好口才，你就能在激烈的社會競爭中脫穎而出，你就能在錯綜複雜的人際關係網中遊刃有餘，你就能在鬥智鬥勇的談判桌上侃侃而談、屢出奇招；擁有好口才，你就能在難以預測的情場中揮灑自如、勝券在握，你就能在針鋒相對的辯論臺前巧舌如簧、雄辯滔滔。

　　現代社會中，口才的好壞已成為決定一個人生活及事業優劣成敗的重要因素。一個人每天的喜怒哀樂，往往由其言語來決定；從一個人每天所說的話，可以判斷他每天的工作和生活情況。口才好，說話流利會使人託付重任。有了好口才，即使沒有才幹，也可以達到成功的目的；有口才兼有才幹的人，成功的機會更大。

　　我們唯有努力訓練自己的口頭表達能力，在彙報事項、演講、發言等各個場合努力表現自己，才能做到在任何場合都出類拔萃。

口才決定財富

　　在經濟發達、資訊寶貴的社會中，人們往往根據一個人的說話水準和風度去判別其學識、修養和能力。美國人早在 1940 年代就把「口才、金錢、原子彈」看作是在世界上生存和發展的三大法寶。1960 年代以後，人們又把「口才、金錢、電腦」看作是最有力量的三大法寶，「口才」一直獨居三大法寶之首，足見其作用和價值。

　　美國總統柯林頓退位後，淪落到買不起房子的地步。除了因為柯林頓家境貧寒，不是名門之外，更因為柯林頓任總統期間的風流官司，不僅把他家裡的積蓄消耗殆盡，還背了一屁股訴訟費。

　　於是，他開始了靠一張嘴四處演講賺錢的生活。

2005 年，柯林頓在一個多小時的演講中，輕輕鬆鬆賺得 25 萬美元的「出場費」，讓人不由得感嘆柯林頓賺錢實在是太容易了。

在此之前，他就已走訪了 30 個國家，一場演講收費通常在 10 萬到 30 萬美元之間，由路程遠近和準備時間長短而定。

按字數統計的話，假設柯林頓一小時演講 6,000 字，收費 20 萬美元，等於每字收費 33.33 美元，等於 999 元新臺幣！據美國媒體的估算，柯林頓近四年中，僅僅依靠演講，就取得了約 2,000 萬美元的收入，此外，他還在幾家管理顧問公司兼職，每份年薪也在 500 萬美元以上，甚至有傳聞說美國廣播公司（NBC）想邀請他當脫口秀主持人，其薪資為一年 5,000 萬美元。

在絕世口才的幫助下，根據柯林頓夫婦的財務報告，到 2002 年底，他們的債務在 170 萬到 650 萬美元之間；到 2003 年底，還欠 50 萬到 100 萬美元。2004 年的財務報告中，柯林頓夫婦已經償清了所有債務。

從某種程度上說，柯林頓的口才致富還是相當得益於他的總統經歷和名氣，那麼，下面這個故事的主角則是完完全全靠自己的精彩表演賺得了自己的全部財富。

喬·庫爾曼（Joe Cullman），幼年喪父，18 歲那年，他成為一名職業球員，後來手臂受傷，只好回到家中做一名壽險推銷員。29 歲那年，他成為美國薪水最高的推銷員之一。到目前為止，在 25 年的推銷生涯中，他銷售了 4 萬份壽險，平均每天 5 份，這使他成為美國的金牌推銷員。

庫爾曼把自己的成功總結為：「用一句具有魔力的話來改變糟糕的局面。」這句有魔力的話是：「您是怎麼開始您的事業的？」庫爾曼在自己的傳記中寫道：「這句話似乎有很大的魔力。看看那些忙得不可開交的人吧，只要你提出那個問題，他們總是能擠出時間來跟你聊。」

　　俗話說：君子不開口，神仙也難下手。所以，身為推銷員，最怕對方三緘其口。如果遇到這種情況，你可以像庫爾曼那樣，說出那句有魔力的話。

　　在人類整體的活動當中，不管是大或小的事情都離不開口才。有了口才，你成功的機率就會比別人大很多，口才在關鍵時刻往往有著決定性的作用。

好口才不是天生的

　　世界上並沒有多少人天生就有好口才、能言善道，即使是令人欽佩的名嘴或演說家，也不是在任何場合都能贏得喝采。說話的能力和其他的才能一樣，需要日積月累，不可能一步登天。口才好的人也是在一次又一次的實踐中，藉著觀察，逐漸掌握說話技巧，才不斷提升自己的說話能力的。

　　播音員、節目主持人、演員等，都是使用語言的行家，但他們大多認為自己從小就不善言辭。既然如此，他們為什麼能夠靠嘴上功夫吃飯？原因很簡單，正因為他們自認口才不佳，所以才加倍努力去提升自己的表達技巧。

　　在企業界也是一樣。據某項調查結果顯示，業績最優秀和最差的業務員，幾乎都是性格內向，而且看似寡言的人。至於性格外向、能言善道的人，則大部分都業績平平。這是因為，性格內向的人通常會深入探求事情的來龍去脈，並熱衷於研究原因，當他們完成一件事後，必定會檢討得失，找出導致失敗的主要原因。而且，他們會再度做新的嘗試。他們就是這樣反覆不斷創新來累積成功的經驗。事實上，當你和一流的業務員交談

時，你會發現，對方看起來很文靜或很斯文，話說得也不多，但你卻始終有種被吸引、被了解的感覺。

所謂口才好，並不表示一定要口吐蓮花、八面玲瓏。

許多人在非正式的場合與朋友歡聚一堂時，總能說些幽默、逗趣的話，並大受歡迎。但這些人在參加一些正式會議時，卻變得沉默寡言，凡事都以「是」、「不是」、「有可能」或「不知道」來回答。面對眾人講話時，他們會覺得渾身不自在，總是擔心自己說錯話，這使他們無法集中精力思考，無法清晰表達自己的想法，甚至都不知道自己究竟在說些什麼。也就是說，他們無法在正式的場合說出得體的話。

許多人都曾有「心有餘而力不足」的感覺。每個人都希望自己能隨心所欲思考問題，有邏輯的歸納自己的思想，並能泰然自若的當眾站起來演講，在商業場合或社交場合口若懸河、侃侃而談，思路清晰又富有語言魅力，令人折服。因為害怕被人取笑，在過於在意他人對自己評價的心理壓力下，使得他們無法輕鬆自在的表達自己的意見。任何人在正式的場合都難免會怯場，許多著名演員在第一次面對攝影機時都緊張到幾乎忘了臺詞，這也是常有的事。名演員都是靠著平日嚴格的訓練才能克服難關，從每一次經驗中累積自信。

事實上，只要有自信，你所說出來的話自然會顯得有力而夠分量。只要你勇於嘗試，並且能從嘗試的結果中，找出成功和失敗的關鍵，口才自然會越練越靈光。所謂口才不佳，只是為自己的不努力找藉口罷了。

如果你能時常有以下的想法：「這種方法不盡理想，是什麼原因呢？」、「還有其他更好的方法嗎？」如此追根究柢，累積各種經驗，經過多次的嘗試與經驗，你就能學會說話技巧。此外，閱讀報章雜誌、欣賞電影、傾聽別人說話，都可以學習說話的技巧，從中提升你的表達能力。

任何人想被一個群體所接納，就必須遵守該群體的規則。了解這些規則以後，就可以自由使用語言，使說話成為一件愉快的事。談話僅停留在公式化的寒暄上是不行的，必須向更高層次推進。當自己的想法或構想獲得大家的認同，或在交談中感覺自己更善於待人處世時，你就會發現會說話真的很重要，會說話更是人際社交中的一件「利器」，而提升自己的說話能力也並非一件困難的事。

好口才決定事業的成敗

我們知道，一項工作往往需要眾多人的合作及綜合多方資訊才能完成。語言是最普遍、最方便、最直接的傳遞方式。語言能力強，資訊便能順利、準確的被對方接收和理解，從而達到交流的目的。反之，資訊就不能被對方完整的接收和理解，交流出現中斷，甚至中止，交流的目的也就不可能達成，這項工作也就很難取得成功。

所以說：口才已成為決定一個人事業優劣成敗的重要因素。

八成的成功人士都靠口才打天下。鷹要飛翔，羽翼是最有力的保障；人要成功，口才是最有力的武器。只要你有靈活的頭腦、絕佳的口才，就可以獲得意想不到的成功。且看下面兩例：

20世紀初一位著名的滑稽演員，曾用自己傑出的口才成功做了一次香菸廣告。在一場演出中，他巧妙將話題扯到了吸菸上：「抽菸其實是世界上最不好的事，竟然花錢去買尼古丁來吸，我老婆就因為我喜歡抽菸，天天跟我吵架要離婚。所以，我奉勸各位千萬不要抽菸。」然後，他突然一轉，「不過話說回來，戒菸是最難的事情。我16歲起就開始抽菸，到現在十幾年了，菸不但沒戒掉，菸癮還越來越重了。我乾脆一想，最好的辦

法是吸尼古丁少的菸。向各位透露一個祕密：目前市場上的菸，〇〇牌的尼古丁最少。」他這種欲揚先抑、以退為進的方法，一下子就抓住了顧客的消費心理，這樣業配自然會獲得很好的效果。

某公司有聘用兩個司機，為了精簡人力，兩人之中只能留下一個。第一個司機說：「我將來開車，一定把車整理得非常乾淨俐落，遵守交通規則，而且會保證主管的安全，並且一定會做到省油。」第二個司機只說不到三分鐘就結束了。他說：「我以往遵守三條原則，現在我也遵守三條原則，如果今後繼續聘用我，我還是遵守三條原則：第一，聽得，說不得；第二，吃得，喝不得；第三，開得，使不得。我以前都這樣做，今後我還是會這樣做。」

主管一聽，好！這個司機好！好在什麼地方？聽得，說不得，意思是，主管坐在車上談論工作，往往在沒公開之前都是保密的，我只能聽，我不能說，不能洩密。吃得，喝不得。經常陪主管到各處開會，最後總得吃飯吧？好，我也得吃，但是千萬不能喝酒、酒駕，這是保護主管的生命安全。開得，使不得。你別看我每天開車，但只要主管不用的時候，我也絕不為了己利私自開車，公私分明。

透過上述兩個例子，我們就可以看到，有了好口才就能幫助你成功。好口才是人生最基本的技能，是走向成功的基本保證，掌握了說話的技巧，你就能在談笑間達成既定的人生目標。

第一章　好口才好人生

第二章　巧問話

會說話，你就是大贏家

　　那些會說話的人，通常會比別人多一些成功的機會；那些會說話的人，更能博得他人的好感；那些善於說服別人的人，其能力容易得到別人的肯定。無數事實證明，會說話的人更容易贏得成功的機會。

先觀察再說話

　　和人說話並不是一見面就可以什麼話都說的，要想在他們面前說好話，就要學會觀察，先觀察後說話。

▌先看對象再開口

　　見什麼人說什麼話，即當你在和對方交談時，盡量使用對方認同的語言，談論對方熟悉和關心的話題，並且要視當下的具體情況靈活應變，以便在迎合對方心理的同時，贏得對方的好感；唯有贏得對方的好感你才有可能得到你想獲得的東西，而這也是成就大事的一種技巧。

　　話是說給別人聽的，至於說得好不好，不僅要看話語是否適當地表達了自己的思想和情感，還要看別人是否能真正理解並且樂於接受。如果你所說的話讓別人聽不懂，或者讓人沒有專心聆聽的意願，那麼這樣的談話就是沒有意義的。

（1）跟不同身分的人談話

　　與地位較高者談話必須注意以下幾點：要表現出尊敬；對方講話時要全神貫注地聽；不要隨意插話，除非對方希望你講話；回答問題要簡潔適當，盡量不講題外話；說話自然，不緊張。同時，還要顯示出你自己也是

尊重自己的，不應該只做一個「應聲蟲」。若你只說「是」，那麼你的話就可能會使別人不悅。

與地位低於你的人談話，要莊重，還應該讓他覺得你對他所說的話十分感興趣。而且你必須請他發表自己的看法，必須做到：莊重、有禮、和藹，避免以一種統治者的態度自居，讚美他人完美的工作成績；講話不要太多，不要顯得太親密；不要以你自己優越的地位來威嚇他人。

和女性談話時，你得先開個頭，讓她接下去。詢問她所感興趣的。比如天氣、她的健康、書籍、金魚、花草或其他種種事物。同時要切記，以她為中心，採取一種可使對方感情增加的談話口氣、態度和方式，那麼，你和她之間的對話，就能很愉悅很順利地進行下去。

(2) 跟不同年齡的人談話

同一交談內容，對不同年齡的人，用語也要有所區別。比如打聽對方的年齡，對小孩可以說：「你今年幾歲了？」對老年人和中年人就不宜這樣說了。對老年人應問：「您今年高壽？」或「您今年貴庚？」對中年人不妨問：「您今年多大年紀了？」如果是西方人，則不宜打聽人家的年齡。

從交談的內容來說，不同年齡的人往往有不同的喜好：老年人通常對退休生活、健身長壽、文物古蹟、書法詩畫頗感興趣；中年人多熱衷於專業學術、社會新聞、家庭管理、人際關係的互動；年輕人往往對前途理想、婚姻戀愛、科學文化、娛樂體育的話題倍感興趣；少年兒童求知慾強，喜歡富於故事性、趣味性、知識性的交談。在交談中，我們應加以區別，投其所好。

從交談的形式來說，對老年人應多運用含蓄、委婉的語言；對少年和兒童應多運用具有平易性、幽默性、啟發性的語言；對青壯年應多運用具有科學性、哲理性的語言。

　　和老年人談話要保持謙虛的態度並盡量不要提及他們的年齡。因為老年人都不喜歡別人說自己年紀大，他們喜歡顯得比實際年齡更年輕，或試圖獲得年輕人的活力和神采。

　　與年幼者談話要注意保持適當的距離。比你年幼的人，他們有些思想太前衛，但有些知識不如你豐富。在前一種情形下，你和他們談話絲毫也不覺得困難。你只需保持適當的距離即可，不要降低你自己的身分，不要讓他們忘記需要尊重你。還要注意千萬別讓他們直呼你的姓名，那是很不好的。不要與他們辯論，也不要堅持你的權力，那會使你更難堪。

　　與年輕人交談似乎是比較困難的。他們常會詢問你對於某些事物的看法，而你對這些事物所持的意見，或許並不比其他人高明，那麼你就得小心應付了。不要破壞他們的理想，說話不要太直率，不要讓話超出自己的知識範圍，別以為他們不會懷疑你的論點。一句話，他們是會千方百計地拆穿你的西洋鏡的。寧可講他們感興趣的事，也不講你自己感興趣的事，用話題把他們引過來，別讓他們把你耍得團團轉。

▌觀其機而說其話

　　戰國時期，楚王的寵臣安陵君能言善辯，很受楚王的器重。他並不是遇事就脫口而出，而是十分講究說話的時機。

　　安陵君有一位朋友，叫江乙。一天，他突然問道：「安陵君，您沒有一寸土地，也沒有至親骨肉，卻身居高位、享受優厚的奉祿，國人見到您，也無不整衣跪拜，等著接受您的號令，為您效勞，這是為什麼呢？」

　　安陵君答道：「這是大王太過抬舉我了，不然我哪能這樣！」

　　江乙聞言，不無憂慮地說：「用錢財相交的人，一旦錢財用盡，交情也就斷了，如同靠美色相交的人，美色衰老則會情移。因此美麗女子還沒

等到臥席被磨破,就已遭人遺棄;得寵的臣子也等不到車子被坐壞,便被驅逐。如今您掌握楚國大權,卻沒有辦法和大王深交,我暗自替您擔心,覺得您的處境實在是太過危險了。」

安陵君一聽,恍然大悟,立刻恭敬地拜問江乙:「既然如此,還望先生指點迷津。」

江乙說:「希望您一定要找個機會對大王說『願隨大王一起死,以身為大王殉葬』。如果您這樣說了,必能長久地保住權位。」

安陵君聽後,立刻說:「謹依先生之言。」

但是,過了很長一段時間,安陵君依然沒有對楚王說這番話。

江乙急忙去見安陵君,說道:「我對您說的那些話,您為何至今不對楚王說呢?既然您不用我的計謀,我就再也不管了。」

安陵君急忙回答:「我怎敢忘卻先生的教誨,只是最近沒有合適的機會。」

又過了一段時間,機會終於來了。一天,楚王到雲夢澤打獵,一箭便射死了一頭狂奔的野牛,百官和護衛無不歡聲雷動,齊聲稱讚。楚王也高興得仰天大笑,說道:「痛快啊!今天遊獵,寡人何等快活!待寡人萬歲千秋之後,你們誰能和我共有今天的快樂呢?」

此刻,安陵君緊緊抓住這個機會,走上前去,淚流滿面地說:「臣進宮後就與大王同共一席,擋螻蟻,那便是臣最大的榮幸了。」

楚王聞言,大受感動,隨即正式設壇封他為安陵君,日後對他也更加寵信。

這個歷史故事表明了掌握說話時機的重要性。在此過程中,除了要進行準備也要有充分的耐心,以等待時機成熟。《淮南子‧道應》說:「事者,應變而動,變生於時,故知時者無常行。」安陵君的過人之處,就在

於他有充分的耐力，在合適的時候說了該說的話。最終，他正式受封，保住了長久的榮華富貴。

注意以下幾點有助於你更好地掌握說話時機：

在聽話人心情比較平和的時候反映情況或提出批評建議。

人家剛掉錢，你說要他請客，那你只能難堪。了解差距縮小了以後再開口勸說，效果就會大不一樣。

高明的推銷員從不直接向抱持拒絕態度的顧客推銷商品，而是先迂迴套交情，解除了對方的「武裝」之後，再勸人家購買推銷的商品，往往就能獲得成功。

對掌握不大的事情事先做出暗示。

「你上完課幫我借本書行嗎？」「行！但不知圖書館有沒有，我去看看吧。」萬一沒借到，對方也不會太失望，因為有言在先。

▌適其境而動其舌

說話要適合情境。所謂適合情境，就是說在說話時語言的運用與所處的環境和說話對象相契合。這個環境包括外部的大環境和說話時的小環境。事實上，也只有語言和環境相適應時，說出的話才能獲得良好的效果。否則，即使話語的意思再好，也難以達到預期的目標。

一般而言，我們的社會環境、歷史背景、文化特徵，往往會賦予語言在本身意義外的附加意義和功用，從而對人際社交產生影響。所以，當我們在使用具有「附加意義」的詞語時，就要特別小心謹慎，如果隨意亂用，就可能會弄巧成拙。不同的民族有不同的文化特徵，而不同的民族語言也反映其不同的文化特徵，因此，在語言的運用上必須注意文化差異。

例如：我們都會對同事、朋友、鄰居說聲：「吃過飯了嗎？」「這麼

早，上哪裡去呀？」誰都知道這是一種親切的問候和招呼，但在不同的文化裡，卻可能引起誤解或不快。譬如對歐洲人或美國人說「吃過飯了嗎」，對方可能認為你要請他吃飯，當他發現你只是隨口的一聲問候時，便會認為你虛情假意、言不由衷，從此對你印象極差。「你要多穿些衣服，別感冒了。」在我們聽來這是一種關懷，但美國人聽了也許會認為你是在指使他，反而對你產生反感。

由此可見，與人交談時，多多了解對方的社會背景、文化背景，一方面可以避免或克服某種不協調的情況，另一方面，則可以有意識地運用其背景加強談話效果。

《戰國策‧宋衛》中講了一件有趣的事。有一個衛國人迎娶老婆，新老婆一坐上車，就問：「駕車的三匹馬是誰家的？」駕車人說：「借來的。」新老婆就對僕人說：「要愛護馬，不要鞭打牠們。」車到了夫家門口，新老婆一邊拜見家人，一邊吩咐隨身的老奶媽：「快去把灶裡的火滅掉，怕失火。」新老婆一走進屋內，見了石臼，又說：「把它搬到窗臺下面，放在這裡會妨礙別人走路。」夫家的人都覺得她十分可笑。

上述故事中，新老婆的三句話都是至善之言，可為什麼反被人取笑呢？原因在於她沒有掌握好說那三句話的時間和場合。

與人說話，有許多不同的方式。從方式本身來說，並無所謂好壞，也無所謂得失，而那個聽你說話的人，卻會產生與你契合或不契合的反應。下面介紹幾種常見的方式：

◇ **流利**：你的話要輕鬆靈活，婉轉和氣，表現出既親切又溫柔大方。這種方式，措辭凝鍊，條理清晰，每一句話都扣人心弦，融進對方的心裡。

◇ **激進**：不知忌諱，不避嫌疑。你認為是錯了，就直接斥責；認為對的，就直接說是。

◈ **高遠**：你的話應專從智者遠處著眼，常說高深的理論。有時表達出你的見解，與一般人不同，而且隨手引證，做為根據。

◈ **淺近**：你的話應專從小處著眼，常就小事，指其利弊，擇其得失，說經驗，談做法，不泛泛而談，注重實際。

◈ **樸實**：你的態度是恭恭敬敬，你的精神是仁慈敦厚，既不肆意高談闊論，也不婉轉圓滑。言雖木訥，但中肯。話雖簡單，但扼要。問題裡所有的重要的含意，都用淺白的話表現出來。

不同的說話方式適用於不同的對象，也就是說，說話方式的運用要以說話的對象，尤其是對象的個性以及彼此之間的交情為前提。這就是說話的條件。

▌ 看其裝而表其意

在日常交流中，經常可以看到這樣的事情，因為用錯了一個詞、多說了一句話，或者語氣不當等等，影響了整體的表達效果。雖然言者無心，可聽者有意，因此，為了使話語表達的效果盡如人意，我們就必須注意語言表達上的分寸，進而能做到恰如其分。

此處所指的恰如其分，其含義是多方面的，包括詞語、句式、口氣、文體、風格、章法結構，以及所達到的總體效果等方面。也就是說，說話分寸就好比一件合身的衣服，不僅大小、長短恰到好處，同時衣服款式和色彩等等，都適合穿衣者的身分、年齡、膚色、氣質等等。

具有同樣意思的話語，可能會因不同的說法而獲得不同的效果，使人或暴跳如雷，或開懷大笑。實際上，掌握說話分寸很簡單，只要你每天觀察什麼人適合穿什麼衣服，再從衣服款式、質料和質感上去分析即可。

比如：喜歡樣式質樸的人，就適合用誠懇樸實的語言；喜歡衣服質料

細緻的人，說話時就會特別注意遣詞用字，以避免說出一些不雅或唐突的語句。同樣的道理，衣服款式華麗的人，多半愛聽花言巧語，性格上也有點自欺欺人的傾向，這時你只要多說一些巴結或奉承的話，就算對方知道你存心巴結，也不會對你反感。再者，衣服質料粗糙，且款式簡單甚至單調的人，相比之下就沒有什麼禁忌和講究，所以不妨以豪爽的語氣或真誠大方的語言進行交談，相信很快就能得到對方的認同。

總之，說話前先觀察對方的穿著，多少能看出對方的性格，由此決定自己的說話策略。這樣就能在交談時，表現得十分得體。

以柔克剛

古往今來，和氣待人、和顏悅色都被視為一種美德。柔言談吐是值得提倡的一種交際方式。

柔言談吐表現為語氣親切，語調柔和，語言含蓄，措辭委婉，說理自然。這樣說話對方會感到親切和愉悅，所談之言也易於入耳生效，有較強的說服力，往往能獲得以柔克剛的交際效果。

柔言談吐的表達方式一般有兩種：

一種是謙讓表達法。

一家瓷器店的營業員遇到一位十分挑剔的女顧客，給她拿了好幾套瓷器，女顧客選了半個鐘頭還沒選好，營業員因顧客太多不得不照應別的顧客。這位女顧客覺得自己受到了冷落，就沉下臉來，大聲指責說：「你這是什麼服務態度，沒看見我先來的嗎？快讓我先買，我還有急事。」

營業員並沒有和她計較而是安排好其他顧客後說：「請你原諒，我們店生意忙，對你服務不周到，讓你久等了。」營業員的態度和話語真誠而謙讓，那位女顧客的臉一下子紅了，轉而難為情地說：「我說話不好聽，

27

也請你原諒。」

有理不在聲高。這種謙讓式表達法充滿了尊重、寬容和理解，本身就產生了一種感化力，從而引起對方的心理變化。火氣遇上和氣，就失去了發洩的對象，自然就會降溫熄火。

另一種是委婉表達法。

當你和他人意見不合時，委婉地表達自己的堅定立場，會取得意想不到的溝通和說服效果。

1940 年，處於前線的英國已經沒有錢從美國購買軍用物資，一些美國人便想放棄援英，而沒有看到唇亡齒寒的嚴重事態。羅斯福總統在記者招待會上宣傳《租借法》以說服他們，為國會透過此法成功地營造了輿論氛圍。

羅斯福並未直接指責這些人目光短淺，而是以理服人，舉了這樣一個例子：「假如我的鄰居失火了，在 150 公尺以外，我有一截澆花用的水帶，要是幫鄰居拿去接上水龍頭，我就可能幫他把火滅掉，以免火勢蔓延到我家裡。這時，我該怎麼辦呢？我總不能在救火之前對他說：『朋友，這條水帶我花了 15 元，你要照價付錢。』這時候，鄰居剛好沒錢，那麼，我該怎麼辦？我應該不要他付 15 元，而是要他在滅火之後還我水帶。要是火滅了，水帶還好好的，那他就會連聲道謝，原物奉還。假如他把水帶弄壞了，答應照賠不誤的話，現在，我拿回來的還是一條可以用的澆花的水帶，這樣也不吃虧。」

羅斯福援英的決心很堅決，但他沒有直接表達這種強硬的態度，而是用通俗的比喻表達自己的真實想法，達到了較好的說服效果。

使用柔言談吐要注意以下事項：

首先，柔言談吐，在造詞用句和語調語氣上有一些特殊的要求。比

如：應注意使用謙敬語、禮貌用語，表示尊重對方的觀點和感情，以引起好感。尤其要避免使用粗魯、汙穢的詞語。在句式上，應少用「否定句」，多用「肯定句」；在用詞上，要注意感情色彩，多用褒義詞、中性詞，少用貶義詞，以減少刺激性；在語氣上要和婉、文雅。其次，要加強個人的思想修養和性格培養。

熱情才是說服的關鍵

一般而言，人的心情如何往往會影響到別人的心情，其中以熱情最容易讓人感受到。

在不善於說服的人身上我們感覺不到熱情，而通常那種人也不能理解「人可以靠熱情來驅動生命」的真正含義。

觀察一下你周圍的人的工作情況就能發現：只在嘴上嚷著「我在拚命工作呢」的人實際上工作只做了一半，任誰都無法從他身上感覺到熱情，也不會對他有好的評價。這種人所說的話，誰都不會真的想聽。相反的，拚命努力做事的人，必定會光彩奪目，因他身上有極大的熱情，有時你也會被他熱情的力量所感染。這樣的人也許只要說句話，就能有極大的說服力去煽動對方。

不管是誰，都會被拚命努力的態度所感動，並給予正面評價。因此，牢記這個原則，它可是說服別人的堅強後盾。

缺乏熱情的人，只要稍微遇到阻礙，馬上就會打退堂鼓，而且想要盡早地逃離那地方。因為沒有熱情，就會採取事不關己的態度，這樣一來，對方不但沒有受到影響，還會投來輕蔑的眼光。

總而言之，說服這項工作是否進行得順利，與有沒有熱情有很大的關係。

　　有了熱情，還會帶來其他「外圍」的收穫，即產生一定能說服的信心。這就是說，有熱情，就會有自信，而自信就是著手去說服別人的籌碼。無論做什麼，都要有「好，加油吧！」這樣的衝勁，否則，再容易的事都不會做好。

　　特別是對「說服」這種以人性為關鍵要素來決定一切的行為來說，那種「肯定能說服」的、自信的態度是絕對必要的，而支撐這一點的就是熱情。

　　小王從事銷售工作有二十多年，回想起來，之所以能與顧客做成交易，往往是因為他對工作有熱情；相反的，當人失去這種熱情的時候，往往感到似乎被命運所捉弄，進而自暴自棄，認為「我太不中用了！」

　　在這樣的情況下，顧客會認為你是一個沒有自信的人就沒有心情來聽你的介紹。因此，絕大多數的顧客都不會理你。

　　成功說服別人的祕訣，就是要有肯定能說服別人的信念，否則，就會產生逃避的想法。

　　當你失去自信的時候，無論做什麼事情都不會成功；當無論做什麼都無法成功時，你就想將責任推卸給他人，老是想這錯不是因為你。然而，好好地正視自己，就會發現其實大部分責任都在於自己的懦弱。這正是所謂敵人在自己心中，自己如果能切身領悟，就會產生無論誰我都能說服的自信。

　　有位林先生，他是辦公室自動化設備的一流推銷員，他常掛在嘴邊的是：賣東西靠的是熱情。老實說，設備的性能各廠各品牌都不會有多大的差別。要說有差別，那就是推銷員的熱情。大體上，欠缺熱情的推銷員是賣不掉東西的。沒有熱情，再好的商品看上去都會褪色。賦予商品生命的就是推銷員的熱情。

也許有人會有不同的見解，但是，林先生給我們證實了一點：有熱情的人才有充沛的精力。當然，在它的背後還有林先生無論多麼小的約會都會按時守約，是一個有信用的人，因此他所推銷的商品是沒有賣不掉的。而人們真正所信賴的不是林先生的商品，而是他的熱情和自信和執著。

抓住對方的弱點

遇到一時無法理清思緒的事情時，旁人通常會建議你別急著作決定；同樣，對於一些不能從正面回答的問題，也不要急於作正面的反擊，而是將進攻路線作個小小的改變，盡力避開對方的優勢，趁勢抓住對方的漏洞，不動聲色地予以反擊，進攻其薄弱的環節，從而克敵制勝。且看以下例子：

一位老師體罰學生的事件爆發，網路新聞、報紙、雜誌、電視等傳播媒體在報導此事時，也對教師的暴力行為加以斥責。如此一來，即使是平日頗受學生敬重的老師，也將被冠上「暴力教師」的標籤，由此被認為是一個喜歡體罰學生的老師。

人們在批評別人時，往往會受到社會輿論的影響。

遇到這種情況，受害者確實有理說不清。即使你有千百種理由也無法說服大眾。

此時你倒不如設法將罪過推卸給眾人，說：「反正我說再多的理由也於事無補，那些人都是些盲目的，愛聽信謠言的人，不說也罷。」

你的一句話深深地刺激了他們，眾人反而會冷靜下來聽你的解釋。

社會上有許多人個性頑劣，不易接受別人的勸告，若你正面規勸，反抗力會更強，絲毫沒有效果。

對付這類人最忌諱的就是正面說理，應改用另外一種說法：「像你這樣執迷不悟，即使我說出來也會讓你否決掉，還是不說算了。」

或是說：「像你這麼頑固的人，我說什麼你也不願意聽，說了也白說。」

將責任反推到他身上，由於你說的執迷不悟、頑固是他的致命傷，無論如何他也要努力證明自己並非你所批評的那樣，自然而然就會聽你的解釋。如此一來，你的第一步便宣告成功了。

對頑固的人不宜正面說服，而要退一步抓住弱點來攻擊。

向對方請教

某人在結婚前是一個十足的大男人主義者（male chauvinism），不料，婚後卻個性 180 度大轉變，成為太太至上的新好男人。

據說原因是他太太的說服技巧高人一籌。在他們家中凡事皆由他太太先提出意見，然後再由他作最後決定，表面看似是他自己的主張，事實上全是他太太在主導。例如：有什麼事要解決時，他太太會對他說：「這個問題真讓我不知該如何是好」接著又說，「我覺得這件事若能……的話，可能會更好，只是我不敢做主，還是你來決定好了。」而這身為一家之主的男人，因自尊被捧得高高的，就自以為決定權掌握在自己手中，竟完全忽略了這其中真正的主導者。

任何人都有自尊，尤其是在女人面前的男人更是如此。若想操縱身分比自己高的人，也不妨用用這種方式。

當對方的自尊被抬高了，即使有不同的意見也很少會再反駁。甚至自己被出賣了也無所謂。

此種做法的重點，在於對方並不知道你是決定者，但決定者確實就是你。

對難以說服的人，不妨向他請教解決之道。

旁敲側擊

有的時候，直接的交鋒會連一點影子也捕捉不到，因為他根本不想聽你說話，那麼該怎麼辦呢？

答案只有一個：迂迴包抄，先敲邊鼓，到一定時候，正題自然出現。

齊、魯兩國都是周朝初期分封的大國，互為鄰國，世代友好。但到了春秋時期，魯國逐漸衰弱，齊國逐漸強盛，兩國的關係也變得時好時壞，時而結盟，時而發生戰爭。

西元前 634 年夏天，齊孝公率戰車二百乘，士卒萬餘人，向魯國邊境逼進，準備攻打魯國。

齊孝公為什麼要攻打魯國呢？原來齊桓公已辭世，齊孝公一直想繼承桓公的霸業，繼續號令諸侯，稱霸中原。但他既沒有桓公的魄力和才能，也缺少管仲那樣的賢臣輔佐，加上齊國的國力已大不如前，因而諸侯離心，號令不靈，只好透過征伐來重振國威。但是憑齊國當時的軍力已很難遠征別的強國，只有攻打鄰近弱國，才有勝利的把握。恰好此時魯國發生饑荒，齊孝公就做出了伐魯的決定。

魯僖公得到齊軍要來攻打的消息，不敢派兵迎戰，只讓大夫展喜帶著酒肉糧帛去慰勞齊軍，名為勞軍，實際上是要展喜說服齊孝公退兵。展喜感到很為難，便去請教其兄展禽。展禽就是歷史上有名的柳下惠，他頭腦敏銳、富有謀略，而且善於辭令。他向弟弟面授機宜：「齊孝公之所以伐

魯，目的在於繼承桓公的霸業。但是，桓公之所以能夠稱霸諸侯，不僅依靠武力征服，更重要的是他一向標榜『尊王』，以尊重周王室為號召。所以，你如果以周朝先王之命去說服齊孝公，一定能夠成功。」

展喜領教後，立刻驅車向邊境趕去。當他趕到邊境時，恰好齊軍也正簇擁著齊孝公到達。趁著齊軍尚未進入魯境時，展喜迅速出境迎上前，向齊孝公施禮，先命隨從把犒賞齊軍的物品奉上，然後對齊孝公說：「我國國君聽說您在百忙中親自前來，屈尊駕臨我國，所以特地派我前來犒賞您的隨行人員。」

齊孝公問道：「你們魯國人是不是害怕了？」

展喜回答道：「那些沒有見識的人確實害怕了，但是有識之士則不怕。」

齊孝公冷哼了一聲：「不怕？魯國赤地千里，田裡連根青草也沒有，老百姓家無隔夜之糧，你們憑什麼不怕？」

展喜把兩手一拱，從容地答道：「我們依仗的是周朝先王的命令。」

「什麼？」齊孝公有點摸不著頭緒，「先王的命令和你們怕不怕有什麼關係？」

展喜說道：「從前，周公和姜太公協助武王滅商，後來又共同輔佐成王，功勳卓著。當時成王為了慰勞他們，便姜太公封為齊侯，周公的長子封為魯侯。成王慰勞他們，並特賜齊、魯兩國結盟。盟約中寫道：『世世代代，子子孫孫都不要互相侵害。』這個盟約至今還保存在盟府，由太史掌管著。」

聽到這裡，齊孝公臉上緊繃的肌肉頓時放鬆了一些，卻又多了一些尷尬的神情。

　　展喜兩手又拱了一下，表示敬重齊桓公說：「後來，齊桓公與諸侯結盟，幫助他們解決彼此的分歧，消除他們之間的裂痕，從而將他們從戰爭的災難中拯救出來。齊桓公這樣做，表明他正在履行由太公開始，一直到現在都要輔佐周王室的固有職責。」

　　聽著聽著，齊孝公臉上的肌肉不知不覺已全部放鬆下來。

　　「到您，」展喜又拱了一次手，這次是表示向齊孝公致敬，「即位之後，諸侯都滿懷希望，認為您一定能繼承桓公的霸業，和各國和睦相處。所以魯國人民也認為用不著召集軍隊前來，防守東面的邊境。」

　　展喜悄悄看了齊孝公一眼，只見他臉上浮現出一絲笑意。於是繼續說道：「對於您這次駕臨，我們並不認為您是要來攻打我國。難道您即位剛剛九年，就會拋棄周朝先王的遺命？就會廢棄齊侯固有的職責？如果這樣，怎麼對得起齊國的先君太公和桓公呢？我和魯國其他人一樣，認為您一定不會這樣做的。我國的有識之士正是依仗這一點而不感到害怕。」

　　這時，齊孝公似乎有些難為情，他沉默了片刻，然後高興地向展喜說道：「大夫言之有理。」接著，他吩咐左右隨從收下展喜帶來的犒勞物品，同時命令齊軍離開齊魯邊境，回師齊國都城臨淄。

　　展喜所說的話，處處在宣揚歷代君王的團結互助和對先君的忠誠，句句包含了對齊侯繼往開來、不會背棄先君之命的信賴與願望。這種不畏強權、渴求和平團結的凜然正氣以及世代相承的傳統心理，使齊侯產生對背棄先君之命、「冒天下之大不韙」的心理恐懼。再加上展喜運用了以柔克剛的語言藝術，為他留下了後退的臺階，所以，在權衡利弊得失之後，他只好啞然而退了。

說服別人的原則與方法

為了有效說服別人，掌握以下幾點說服別人的原則很有必要：

◈ **要找到被說服者的需求和動機**：人的任何行為都是有一定動機的，而動機又是由需求決定的，要做好說服工作，就要先找到對方的需求，再由需求尋找動機。

◈ **利益在先，道德在後**：也就是通常所說的利益原則。不管什麼事，要想說服人。就應該把利益擺在前頭，並從利益的角度去講道理，這樣才能獲得良好的效果。其實，說服的利益原則，應該是我們做好說服工作的起點和終點。

◈ **留有選擇權**：不管你多麼有權威，要先告知對方選擇的結果。因為任何人都不喜歡受人強迫。這就是人的一種保護自身自由的心理。領導者可以指明方向、條件，但要由手下自己去選擇行為的結果。另外即便是讓人選擇結果，也應該讓他知道這是他自己的決定，好壞需自己承擔。這也是一種領導藝術。

說服人經常犯的弊病就是：先想好幾條理由，再去和對方辯論；還有的是站在長輩的立場上，去說教別人。這樣一來，就是等於先把對方推到錯誤的一方，再去說服別人。因此，往往適得其反，不會有什麼好效果。那麼，說服別人的有效方法是什麼呢？其實說服人的方法和技巧很多，介紹幾種比較實用和簡單的，僅供大家學習和借鑑。

▎注重感情

人都是有感情並重感情的，在人與人的接觸和來往中，感情的作用十分重要。在說服人的時候，理應先創造一種平和、溫暖或是熱情、誠懇的

氣氛。有人說，再雄辯的哲學家也無法說服不願改變看法的人，唯一的手段是先使他心軟。其道理就在這裡。在說服對象抗拒心態比較重的情況下，先讓他們「發揮」一下是對的。「發揮」不只是情緒的宣泄，還可以讓他們在原來的路上往前走得更遠。這時，因為事情已經過火、過頭，也因為走得越遠，錯誤就越容易暴露，他們自己就會意識到自己的錯誤。這樣一來，自己就把自己說服了。

先順後逆，先退後進

心理學有個「名片效應」，是說與人接觸，先要向人家介紹自己的情況，讓人家了解自己，取得信任。心理學還有個「自己人效應」，是說與人接觸，要取得人家的信任，就應該先讓人家認為你是他的「自己人」。採用這種先順後逆的說服方法，的確可以消除對方的對立情緒，拉近雙方的心理距離，認同感自然建立。

當兩方對立的時候，從對立的觀點上去說服，想獲得好的效果就很難了。但是，你轉換一下思考的角度，取對方的可取之處，並加以肯定，就能軟化對方的心理和情緒，再進行理性地說服，就容易獲得理想的效果了。

「先退後進」是說，要先依照被說服者的思緒和行為往前推，一直把他推向錯誤處，以此得出個結論 —— 此路不通。這樣，站在對方的思想和行為的角度說理，就容易被接受了。

激發動機

美國的門羅教授提出了激發動機的五步法。一是引起對方的注意，主要是善於提出問題。二是指出他需要什麼，把說服對象引到他自己的問題上。三是告訴他怎麼解決，拿出具體的解決辦法。四是指出兩種不同的結

果。五是說明應做出的行動，這便是結論。這種方法實際上就是站在對方立場上說服對方。這樣的說服既能迅速成功，又不用浪費口舌。

尋找溝通點

即如何引起對方的注意。實際上，無論是在心理、感情，還是在生理上，我們都可以找到雙方的共鳴之處，即溝通點。共同的愛好、興趣，共同的性格、情感，共同的方向、理想，共同的領域、工作等等。這些都是很好的溝通媒介。事情往往是這樣的，對方哪怕是向我們這裡移動一小步，他們的立場、態度、認知，都會發生明顯的變化。

歸納法

這是一種提供多種事實，讓對方自己去分析、歸納的方法。對有相反立場的人，採用只提出事實，不給結論的方法，更容易被接受。

對比法

擺出正反兩個方面的事實，讓對方自己去判斷是非曲直，或讓他們跟著我們一起去判斷對錯。這也是一種好方法。

同理心法

我們站到對方的位置上，或使對方站到我們的位置上。這樣容易相互理解、體諒。有一句話：「擠上車的人往往會改變態度。」說的就是這個道理。

以「大同」求「小同」

具體問題上發生分歧時，把問題停留在具體問題上，事情往往不好解

決。如果把這個問題挪到相關的如目標、理想，這樣的高層次上，我們就容易找到共同點。有共同點，又是大共同點，問題自然好辦了。

利用「興奮點」

就是利用人們最關心的事情，把這些事情和我們要說的事情串聯起來，以便獲得說服的效果。以「興奮點」做開場白，或融入我們的談話皆可。但這需要我們動動腦筋，尋找那些確能使人興奮的事情。

拿出權威的地位

心理學有個「權威性偏見」，就是對權威產生的一種過度崇拜的評價性偏見。人們聽到和看到的權威，往往是閃閃發光的東西，人們並不了解他的另一面，所以會產生盲目性。

可是，人們並不很清楚這一點。你用權威的話說，人們就信服；你拿出權威的地位，人們就很少提出疑議。這樣，在一定的條件下，適當引用權威的語言和資料也能造成說服的作用。

用高尚的動機來激勵他

一般情況下，每個人都崇尚高尚的道德、正派的作風，都有起碼的做人道德。所以，在說服他人轉變看法的時候，一個有效的辦法就是，用「高尚」的動機去激勵他。比如說這樣做將會給國家給公司帶來什麼好處，或將會給家庭和子女帶來什麼好處，或將會對自己的威信有什麼影響等等。往往就能夠說服他，讓他做應該做的事。

用熱忱的感情來感化他

當說服一個人的時候，他最擔心的是可能會受到傷害。因此，在思想

上先「砌上一道牆」，在這種情況下，無論你怎麼講道理，都於事無補。解決這種心態的最有效的辦法就是用誠摯的態度、充沛的熱情來感染他，這樣的說服也算是種感化，使他從內心受到感動，從而改變自己的態度。

▌透過交換資訊促使他改變

事實證明，不同的意見往往是因為掌握了不同的資訊而造成的。有些人知識不夠，對一些問題不理解；也有些人習慣於舊的做法，對新的做法不了解；還有些人聽人誤傳，對某些事情有誤解等等。在這種情況下，只要能把資訊告訴他，他就會發現他原本的看法不如想像的那麼美好，進而採納你的新主張。

▌激發他主動轉變意願

要想讓別人心甘情願地去做任何事，最有效的方法，不是談你所需要的，而是教他怎麼去得到他所需要的。所以有人說：「能激起對方的迫切渴望的人，世人必與他同在；不能的人，將孤獨終生。」

探查別人的觀點並且在他心裡引起對某項事物迫切需要的願望，並不是說就要操縱他，使他做只對你有利而不利於他的某件事，而是要他作對他自己有利同時又符合你的想法的事。這裡要掌握兩個環節：一是說服的人要設身處地地談問題，要把別人的事當做自己的事來看待；二是最好讓他覺得不是你的主意而是自己的主意。這樣他會喜歡，會更加主動和積極地接受。

▌用間接的方式促使他轉變

說服人時如果直接指出他的錯誤，他常常會竭力為自己辯解，因此，最好用間接的方式讓他了解應改進的地方，從而達到讓他轉變的目的。所

謂間接的方法是多種多樣的，如將指責變為關懷；用生動的比喻來加以規勸；避開實質問題談相關的事；用別人或自己的錯誤來暗示他；用建議的方法提出問題等等。這就要靠說服者根據實際情況創造性地加以運用。

▌提升對方「期望」的心理

被說服者是否接受意見，往往和他心目中對說服者的「期望」心理有關。說服者如果威望高，言行一向可靠，或者平時和自己感情好，覺得可以信賴，其意見就比較容易被接受。反之，就有一種排斥心理。所以身為領導者，平時要注意多與下屬溝通，和他們建立深厚的感情，這樣工作起來就變得主動有力。

管理學上有一句名言：「拜訪顧客五次，他就會購買。」這是推銷商品的原則。日常的說服也是這樣的，鍥而不捨或不斷灌輸新的看法，也會有效果。這不單是一種「纏功」，還是一種壓力，一般人是很難抵抗的。

了解對方是說服的第一步

喜歡攝影的人都知道，你如果用傻瓜相機來拍攝舞臺上的演員，閃爍的照射燈便會使被拍出來的照片變得很暗且不清楚，也就不會成為正式的相片。為了拍得漂亮，就必須採用部分測光的技術，再將光圈對好景物。

說服人的情況也一樣，必須針對每個人的個性。其個性不同，說服的方法也就不同，即使必須將焦點集中在對方的某個部分來說服他才會有效，也得先看看對方是什麼樣的人。事先打聽清楚，就能事先計畫出接近他的方法。這就是說，在說服對方之前首先要了解對方。

例如：說服的對象若是個人，那就要了解他有什麼樣的興趣愛好以及出生地和家庭背景等；如果說服的對象是公司，就要了解其經營狀態、客

戶情況和其他特點等等。有這份心的話，能輕輕鬆鬆弄到手的情報應該有很多。將這些做好記錄，在實際說服時靈活應用就行。這對理解對方也能起一定的作用。

某知名評論家曾憤慨地說：「上次某出版社請我執筆寫稿，而我寫的書他們一本也沒看過，卻硬要委託我。他們說稿子的內容怎麼樣都行，拜託了。真服了他們居然對稿件的內容一點也不在乎！這話實在太失禮了！」

這位評論家的感嘆是可以理解的。當一個人在拜託對方時，對於那人的背景資料一點也不了解或知之甚少，就會給對方一種不尊重、不禮貌，甚至看不起對方的感覺。

例如：這樣說：「○○先生，你的書我已經拜讀過了，很受感動，特別是你對○○的批評，也是我以前就抱有疑問的地方。我想企劃這方面的題材。」如果這樣說，他就會與你產生共鳴了，他會想：嗯，這個人對我的事還了解不少呢。有時，他還會頗有興趣地問你「你的意見呢？」到了這一步，那位評論家就會產生「我寫寫看吧」的意願。

在所要掌握的對方的資訊中，最主要的就是對方的性格。只有了解了對方的性格，才能找到適合對方性格的說服方法。

這裡舉一個實例來說：

在某大型製造廠裡，有位主管對某個女職員說：「你的襯衫很漂亮呢！」結果那位女職員一回到家，立刻就用剪刀將襯衫剪破了。

據說那位主管平常都會誇獎下屬的優點，藉此和大家建立良好的關係。但是，唯獨這位女職員對他懷有強烈的反感。其實，她的性格本來就相當敏感，同事們平常與她相處都非常小心。

這雖然是有點極端的例子，但它表明不去了解某人的性格就直接去接

觸她，就很可能會產生意想不到的結果。那位主管多少應注意到了她的心情，而且，周圍的人都了解那女職員神經質的性格，但他仍用對待其他下屬同樣的方法來對待她，這就是錯誤的方法。

雖然這很難預防，但只要仔細觀察，自然就會知道用什麼方式與人接觸。

「那人是個愛講道理的人，與他說話得有條有理。」或者「那人很樂觀，可以輕鬆地與他說話。」經過這樣的分析，就會知道面對不同的對象，應採取不同的說話方式，其結果就會有很大的差別。

在說服人時也是如此，當你掌握了適合那個人性格的說服方法，成功的機率就會提升很多。因為了解對方的性格，就能抓住說服的攻擊要害。

對於人的性格我們可以用一個簡單易懂的理論，即德國心理學者 E‧克內茨馬的性格分類方法進行分類。

◈ **內向型性格**：靦腆、認真。神經質、有膽小的一面。喜愛做白日夢，對未來滿懷憧憬。對周圍的人和事極為敏感，心靈易受傷害，情緒起伏較大。做事缺乏決斷力。

◈ **隨和型性格**：外向、開朗，行動也很活潑。喜歡助人為樂，有溫情。想法較實際。做事有決斷力，但容易倦怠。

◈ **依賴型性格**：思考力豐富，但是缺少協調性。堅強、具有正義感。嚴守規則。做事的決斷力還可以，對朋友很重義氣。

性格大致可分為這三種類型，不過任何人都兼有這三種性格，差別在於哪種性格因素比較明顯。這可以作為說服人時的參考。

在了解他人性格的基礎上，如何採取適合其性格的說服方法？一般來說，適應對方性格的說服方法有如下幾種：

◆ **性子急躁的人**：不要總東拉西扯，那種沒完沒了的說明，會讓他厭煩。要將你所要告知的重點歸納並分列出來，寫成幾點給他看。一次決定勝負，但要慎重。

◆ **隨波逐流的人**：對周圍的人十分在意，若稍不一致就感到不安的人。喜歡跟著別人的腳步走。「反正大家都這麼做啊！」一句話就可以定案。

◆ **自尊心強的人**：不要讓他意識到被說服了。要讓他覺得是他自己的決定或者是他自願的。

◆ **好奇心旺盛，什麼都想知道的人**：一次透露一點情況，同時多接觸幾次，以挑起他的興趣。引誘他，如果按你說的去做，還有更有趣的事呢。

◆ **無自信心，易迷惘的人**：要提供幾種選擇讓他挑選，若只一味地徵求他的意見，反而容易使他退卻。

◆ **害羞的人**：要向他提供準確的盡可能多的資訊或依據，沒有這些他就不會採取行動。可用正統的進攻方法來進行。

　　事先掌握對方的資訊還要重點做到的一點是：找出雙方的共同點。

　　在蒐集資料時，如果找到了自己與對方的共同點，在談話受阻礙時，就有可能以這個共同點為題材來打破僵局。

　　恩斯特就有這樣的經驗。

　　恩斯特曾經多次與某批發商的採購部長 B 談條件，恩斯特該讓步的就讓步，好歹要達成協定，但在還差一步的時候，卻一直無法和對方達成共識。

　　大概反覆討論了七八次後，就在某一天，由於彼此都疲於長時間的交涉，突然想到要換個地方談，於是走進了附近的一家飲料店。

　　其實 B 是最喜歡釣魚的人，而恩斯特也不討厭釣魚。入座後恩斯特開口第一句話就是：

　　「前些日子，我去山溪釣魚，但沒有釣到幾條。」

　　恩斯特是想看看對方的反應，不出所料，B 的眼睛發光了。

　　「什麼，你也喜歡釣魚嗎？」

　　「我只到小溪裡釣，只是興趣而已！」

　　「哈哈哈，其實，我對釣魚這件事，比其他任何事情都喜歡。」

　　說到感興趣的話題，談話的氣氛很快就活躍起來，甚至兩人還約好了下次一起去釣魚。至於訂單的條件，當時雖然說好了與私人來往沒有關係，但後來，還是按恩斯特所希望的條件簽了合約。就訂貨條件來說是如此，在交涉的最初階段也是如此，無論如何，以真心相對，互相談出真實想法很重要，到那時候，如果有相互間的共同點，就可以轉換成交涉或談判上的突破點。

　　當然，要想說服對方僅僅依賴於事前了解仍是不夠的，還要在談話的過程中掌握機會隨時觀察了解對方的動機和意圖。

　　在說服別人的時候，都要不可避免地透過種種觀察與互動去探查對方的本意。因為它是人們最初的想法與行動的目的，若無視它的存在，那說服這件事就不能完成。

　　以下的例子是發生在某企業內部的事。

　　李先生是從事商品開發的人，他是位相當優秀的企劃人員。有一次他提出某商品的計畫被採用了，之後他便就該計畫中的行銷包裝部分組成了研究專案小組。當然，這使李先生的角色變得更有決定性。可是不知什麼原因，李先生竟然又向其他組員提出：「你們愛怎麼做就請怎麼做吧，我不過問，也不想參與。」他要求從該小組中退出。

　　對於詢問李先生退出理由的主管，他這樣回答：「仔細想來，我覺得那商品好像不符合市場需求，有了這種想法，我覺得自己仍是該小組的一員有點可笑，因此才請求退出。」

　　然而，不贊成這種解釋的主管對他說：「但是那個計畫不是得到多數人的支持嗎？因此才決定要行銷包裝。到現在這個時候，身為企劃者，你竟是如此懦弱退縮，是不是還有其他什麼原因呢？」

　　「別無其他原因。」

　　……

　　其實，李先生對公司有著極大的不滿。他在幾天後再次被主管問到理由時這樣回答：「那計畫是我想出來的，然而，讓我做的盡是些打雜的小事，我就不想做了！」這就是李先生真正退出計畫的動機。

　　最後主管以身為企劃者的立場出發，把自己的經驗教給李先生：「工作是要互相合作才能做得出色。」李先生最後也同意了這樣的說法。後來，他在工作上表現得十分出色，讓人刮目相看。

　　可見，探明對方本意也是說服的必要條件。探明本意可用以下步驟：

◇ 考慮對方內心深處的得失：只會斤斤計較自身得失的人往往都是優先考慮自己利益的人，不可能對你敞開心扉。

◇ 尊重對方的立場：「你打算讓我這個當科長的做那種事嗎？」有時內心會產生不滿，只因未受到應有的尊重。

◇ 真心與對方交談：若彼此間關係生疏，表面上自然就會客客氣氣，所以本意是不會說出來的。

◇ 突破對方的心防

　　· **地點**：有些事被別人聽見了不大好，所以要選擇較隱祕的談話地點。

- **姿態**：有時要考慮一下年齡、學歷的差別等等。「若方便的話就請您說明一下。」這種談話的低姿態很重要。
- **說辭**：有時對方顧慮到人前人後的情況，態度會模稜兩可，所以你要堅決發誓「我對任何人都不會說出去」。
- **第三者**：從利害關係和立場上來考慮，怎麼都很難問出本意時，就要請中立的第三者介入協調。

說服要選擇適當的時機和場所

就只差那臨門一腳，對方卻怎麼也不點頭，你感到非常為難了。但某天一大早你去拜訪，對方竟然很爽快地答應了，這時你便會有點莫名其妙的感覺。這種情況是常有的事。

如果一直都無法成功地說服對方，那就試著稍微留點時間讓他考慮，或許對方就會爽快地點頭答應，這種事屢見不鮮。換句話說，即使是相同的說服工作，也有著說服對象較容易接受的時間或時機。

說服的對象是人，自然會有心情不好的時候。有時，當他因什麼事而苦惱時，他就會說「雖不是什麼大不了的事，但現在我的精神狀態不好，不能聽別人說話。」或者是他正忙著，沒工夫聽人慢慢解釋。在這個時候你想去說服他，想有好的結果就比較困難了。

人的內心不是那麼簡單就能看透的，有時表面上裝出一副冷靜的樣子，內心卻有股怒氣正要爆發。所以，你必須弄清楚對方處於什麼樣的精神狀態，看準機會，才能恰到好處地說服別人。

那麼，抓準說服時機的關鍵是什麼呢？

所謂較易說服的時機，就是根據對方的性格、思考方式、立場等而有

所不同的，但若從以下角度進行試探，就可看出好的時機：

◆ 根據被說服者的舉止及常出現的習慣動作來判斷他的精神狀態如何。
　例：他在不停地搖動大腿，大概相當煩躁不安。

◆ 是否能靈活劃分說服階段。例：這件事在本週內如果談不妥，就會相當不利於今後工作的展開與進行。

◆ 被說服者工作的行程如何。例：在什麼時間工作會告一段落。

◆ 被說服者身體狀況如何。例：面對低血壓的人，下午比上午要好些。

◆ 被說服者主動找你談話。例：「剛好，我也有事想說給你聽呢！」

◆ 是否抓住有利時間。例：決定一大早就去找他。

　　時機不好，本來可談妥的事就會談不妥。比如：你在請人吃飯的第二天就匆匆去洽談業務，會讓對方覺得昨日的飯局是有目的的，便會產生一種不舒服的感覺，甚至會反感。

　　在充分了解這些情況的基礎上行動的銷售員都是業績好的銷售員。

　　像我所認識的 C 先生，光是決定訪問的時間就做了厚厚一疊的資料分析。他調查了不同職業的人，了解了他們工作忙碌和空閒的時間，並以此來安排訪問行程。

　　如果對方是零售業，一大早會忙於開店準備，此時就不是談話的時候，而接近中午時分，就是好時機；醫院是幾點，餐廳是幾點……要像這樣蒐集資訊。然後自己做出效率最高的訪問計畫，並付諸行動。除此之外還要了解決策者幾點鐘能夠面談，這樣才有利於安排時間，也就是說，C 先生抓住了對方的工作行程，掌握了最容易說服對方的時間，如此一來，提升交涉成功率就是理所當然的事情了。

　　生活中經常有人這樣抱怨「拜訪過幾次都見不到面」，其實這種人失敗的根本原因往往是他訪問的時機不對。

你去說服時，就要盡可能選擇對方最空閒的時間，只有這樣，成功的可能性才更大。你得留意這一點，進而做出高效率的拜訪計畫。

說服除了取決於時機之外，還與場合有關。場合不同，說服的效果也就不同。什麼樣的場合容易說服人呢？

▌安靜舒適的場所

安靜的地方往往能使人的心情安定下來，而在吵鬧場所心情能安定下來的人是極少的。

每個人的心情因場所不同而變化很大，也都有自己喜歡的場所。在火車上，總是從最旁邊的座位開始慢慢坐滿；而在飲料店，一般不是選擇門口附近的座位，而是向店最裡面的座位移動自己的腳步。也就是說，太開放的場所令人不安，稍微有點隔離的場所較能使人放鬆，幾乎人人都是這樣認為。

說服、交涉的場合最好也是選擇在不受干擾的場所會好一點。有了寬鬆、可以放鬆的氣氛，壓力自然會減少很多，心裡也比較舒服自在。要創造說服的氣氛，以此為前提就可調整到最好。

基於這點，根據說服的內容或來往的程度，來考慮較有效果的場所，是很有必要的。

根據交涉的內容不同，有人喜歡熱鬧的場所，有人喜歡生意氣氛較濃的場所，人是有各種各樣的。

▌選擇適合對方性格的場所

在這裡我們設想一下邊用餐邊進行說服工作的場面。

「共同進餐」這種行為最適合加深親切感，能否理解這一點並加以巧妙運用，就會導致說服的成功或失敗。

█ 講究排場的場所

對於任何事都以商務模式來處理的人，你就要選擇高級餐廳或法國餐廳，類似那種稍微講究門面的場所才會有良好的效果。保持適度緊張感的氣氛可以提升說服力。

█ 能放鬆心情的場所

對待爽快型的人，選擇不講究排場而舒服、輕鬆的房間最有效果。如日本人大多數在榻榻米上就能放鬆心情，尤其是政治家在餐館等地方也喜愛盤腿而坐，大概是因為這樣就能坦率地談話吧。這可以說是最適合日本人的場所。

另外，依對方情況，選擇公司附近的飲料店或餐館也行，從公司走出去一步改換了場所就能改變心情，也較容易使對方願意聽你說。

█ 有氣氛的場所

與尚未熟悉的人在酒吧或夜總會，邊喝酒邊談是很有效果的。燈光略暗的地方能讓彼此變得親切起來，但是千萬注意，太低級的風月場所卻會導致反效果。總之，有能好好談話的氣氛永遠是必要的。

█ 公共的場所

想和下屬或女職員（有時也包括主管）進行深入的談話、或想說說你的心裡話時，在天臺上、公園、露天茶館那樣的場所交談，有時效果會很好。藍天、微風和周圍的景色，會消除人的心防。另外，在你想更進一步能有利於自己的談話時，就要利用你常去的地方，這樣一來，只要向和你熟識的店家拜託一聲（他是我很重要的客人，拜託關照了。）店家就會為你招待得很周到。

　　因為這會使自己產生像在家裡一樣的安全感,心情也比較輕鬆,就容易推進說服。

　　對於不想被人說服、防衛心較強的人,在與他打交道的時候,就要去讓對方感覺像在家裡一樣舒服的地方,他才會解除防備心。

　　然而,有些時候雖是你認為適當的場所,有時也會因一些什麼理由而使得說服進展不順利,這時就要立刻變換地點。從狹小的地方換到寬敞的地方,從寬敞的地方轉到狹小的地方,從亮的地方改到昏暗的地方,要像這樣試著變換一下說服的地點。

　　然後,如果以往一直是面對面而坐,這次就試著並排而坐,或者以肩並肩的距離來說服別人,成功的機率也會得到提升。

比較心態

　　俗話說:「請將不如激將。」想要說服別人,一個有效的方法就是刺激競爭意識。

▌ 用比較意識

　　在校園中或某些地點,我們常可見到有推銷員在推銷百科全書,據說這種書在鄉下特別容易推銷,他們最常用的推銷詞便是「某某先生也購買了」。用這種說法,對方的購買慾望就產生了。

　　實際上我們也可以發現,在客廳的書櫃裡放上百科全書的人家很多。雖然我們認為他們不一定常會翻閱這些書,但也對其充滿了嚮往。

　　在臺灣,其實有很強的比較意識,特別是在鄉下,有以某某人、某某家這樣愛互相比較的傾向。一旦說起某某先生也買了,對方就會想那戶人家如果買了的話,我們家也要買。這種比較心態就會油然而生。因此要巧

妙運用這一層心理來說服別人。

當公司將銷售業績製作圖表貼出來，也是為了刺激員工的競爭意識，使其更加努力工作。

█ 比較的對象要明確

以動機來說，這種競爭意識影響的層面很廣。比方說購買房子、買汽車、買家電用品等。的確，因為有需要而買的人很多，但那種因某某人買了，我也要買而購買的人，應該也不少。

將這種意識應用在說服交涉中，往往也能找到突破點。人是愛比較的動物，正是有了比較，才產生了競爭意識。

為了巧妙地刺激競爭意識，作為比較的東西，必須是能使對方產生強烈慾望的東西，若是提出他並不需要的刺激，也是沒有效果的。找到能激發對方強烈慾望的東西，才是關鍵。

若你要說服的對象是個孩子，你若是舉了成人的例子來說明，小孩當然不予理會。如果舉的例子不是小孩子想要比較的事情，比方玩具、學業等，就不可能成為有效的動機。

那麼，我們來探討一下什麼樣的比較才會增加說服力呢？基本上可以歸納為以下幾點：

◈ 身邊的事物

◈ 具體有形的東西

◈ 稍微努力就有可能達成的目標

◈ 能產生利益的事物

◈ 具有魅力的東西

電視廣告亦然，廣告成功的關鍵就是要找到一些可實現目標型的扮演

者。因為太過於「俊男美女」化、非大眾型的人物，也就無法產生親切感。這樣一來，那種稍微好看一點的女孩子，或普通的老太太所演出的廣告就會讓人記憶深刻。例如，當鄰居女孩拿著泡麵說道「嬸嬸，這泡麵真好吃」，就會讓你有下次去超市購買的動機。

對消費者來說，比較、對照的東西如果是非現實的，那麼吸引顧客購買的動機就會減少，這就失去廣告的意義了。

在說服交涉的場合中，若運用人們的比較心態，以這個角度來接近對方，是可以提升成功率的。

循序漸進的說服方法

想要讓對方同意你的意見，就必須先去設法了解對方的想法與根據。

「知己知彼，百戰百勝」這句老話，是很有道理的。戰爭如此，說服人同樣如此。在說服對方之前，必須清楚地了解你想說服的對象以及與他有關的一切狀況，以便能掌握說服工作的方向。了解的內容主要有：

◆ **了解對方的性格**：不同性格的人，對接受他人意見的方式和敏感程度是不一樣的。如：是性格急躁的人，還是性格穩重的人、是自負又胸無點墨的人，還是有真才實學又很謙虛的人、掌握了對方的性格，便可以按照他的性格特徵，做有策略性的說服工作。

◆ **了解對方的長處**：此處所指的長處就是他最熟悉、最了解的領域。如有人對軍旅生活較熟悉，有人對農村生活較熟悉，有人擅長文藝創作，有人擅長語言表達，有人擅長與人交際，有人擅長數字計算等等。在說服人的時候，從對方的長處下手。第一，能和他愉快地交談；第二，從他所擅長的領域出發，談話內容使他容易理解，便容易

說服他；第三，能將他的長處當做說服他的一個有利條件。如一個伶牙俐齒善於交際的人，在工作上要分配負責事項時可以說：「你在這方面比別人具有難得的才能！」或「這是發揮你潛能的一個最好的機會！」這樣的談話既有理有據，又能表現你對他的信任，還能引起他對這份新工作的興趣。

◈ **了解對方的興趣**：有人喜歡繪畫，有人喜歡音樂，還有人喜歡下棋、養鳥、集郵、書法、寫作等，人們都喜歡從事和談論他最感興趣的事物。從這裡下手，打開他的話匣子，進而說服他，便較容易達到目的。

◈ **了解對方的其他想法**：一個人堅持某一種想法，絕不是偶然的，他必定有自己的理由，而且他講的道理一般都屬人之常情。但這卻常常不是他的真實想法，真實想法怕說出來被人議論，所以難以啟齒。如果你能真正了解他的苦衷，就能使他產生「還是你了解我」的念頭，願意和你站在同一陣線，說服工作自然容易成功。

◈ **了解對方當時的情緒**：一般來說，影響對方情緒的因素有：一是談話前對方因其他事所造成的情緒仍存在；二是談話時對方的注意力正集中在別處；三是對說服者的看法和態度。所以，說服者在開始說服之前，要設法了解對方當時的想法和情緒。

◈ **了解別人的意見**：曾經有一位很優秀的管理者這麼說：「假如客戶很會說話，那麼我就有希望成功地說服對方，因對方已講了七成話，而我們只要說三成話就夠了！」

事實上，很多人為了要說服對方，就卯足全力拚命地說，說完了七成，只留下三成讓客戶反駁。這樣如何能順利圓滿地說服對方、所以，要想說服對方就要先讓自己變成一個聽者，去了解對方的想法、意見，以及

產生他這種想法、意見的原因等，這才是最重要的。

凡此種種，你都要悉心研究，才能夠有策略地採取正確說服人的方式。

首先，了解對方是門學問。許多人不能說服別人，是因為他不仔細研究對方，沒有用適當的表達方式，就急於下結論，還自以為一眼看穿了別人。這就像那些粗心的醫生，對病人病情不了解就開了藥方，當然沒有不鬧上民事法庭的。

其次，先接受對方的想法。例如：當你感覺到對方仍對他原來的想法念念不忘時，這一定還有些可取之處，所以他反對你的新提議。此時最好的辦法，就是先接受他的想法，並且要站在對方的立場上考慮問題。

你如果要說服一個人做某件事，在開口之前，最好先問問自己：我怎麼樣才能使他願意去做這件事呢？成功的人士往往都善於與別人合作，他們懂得站在對方的立場上考慮問題。

卡內基每季都要在紐約的某家大旅館租用大禮堂 20 個晚上，用以講授社交訓練課程。

在某一季，當他剛開始授課時，忽然接到通知，旅館要他付比原來多三倍的租金。而在他知道這個消息以前，入場券已經印好，而且早就寄出去了，另外，其他開課的事宜也都已辦妥。顯然，他得去和旅館交涉。怎樣才能讓屋主退讓呢？他們感興趣的當然是他們想要的東西。兩天以後，他去找經理說：

「我接到你們的通知時，有點震驚。不過，這不怪你。假如我處在你的立場，或許也會寫出同樣的通知書。你是這家旅館的經理，你的責任是讓旅館盡可能得到多一點的利潤。你不這麼做的話，你的經理職位可能就不保了。假如你堅持要增加租金，那麼讓我們來估計一下。這樣對你到底

55

是有利還是不利？先講有利的一面。大禮堂不租用做講課而是租給專門舉辦舞會、晚會活動的公司，那你必可以獲得較高利潤。因為舉辦這一類活動的時間並不長，他們卻願意一次付出高額的租金，比我能支付的金額當然要多得多。租給我，顯然你吃大虧了。現在，來說不利的那一面。首先，你增加我的租金，卻是降低了收入。因為實際上等於你把我趕走了。由於我付不起你所要的租金，我勢必得再找別的地方舉辦訓練班。還有一件對你不利的事實。這個訓練班將吸引成千個有素養的中上層管理人員到你的旅館來聽課，對你來說，這難道不是個不用花錢的活廣告嗎？事實上，假如你花 5,000 元在報紙上登廣告，你也不一定能邀請到這麼多人親自到你的旅館來參觀，可是我的訓練班學員卻全被你邀請來了。這難道不划算嗎？」

講完後，卡內基告辭了：「請仔細考慮後再答覆我。」當然，最後經理讓步了。

在卡內基獲得成功的過程中，沒有談到一句關於他要什麼的話，他是站在對方的角度想問題的。

可以設想，如果他怒氣沖沖地跑進經理辦公室，扯著嗓門叫道：「這是什麼意思！你知道我把入場券都印好了，而且都已寄出去，開課的相關事項也都準備就緒了，你卻要增加三倍的租金，你不是存心整人嗎？三倍！好大的口氣！你有病嗎？我才不付呢！」

想想，那該又是怎樣的局面呢？大吵之下訓練班必然無法舉辦。即使卡內基能夠辯得過對方，旅館經理的自尊心也很難使他認錯而收回原意。

設身處地地替別人想想，了解別人的觀點比一味地為自己的觀點和對方爭辯要高明得多，不管在談生意還是說服下屬的時候都是如此。

站在對方的角度上考慮問題，就要先接受對方的立場，說出對方想講

的話，即站在對方的立場發言。如「我也覺得你過去的做法還是有可取之處，確實令人難以放棄」。那麼，為什麼要這樣做呢？因為當一個人的想法遭到別人否決時，極可能為了維持尊嚴或嚥不下這口氣，反而變得更倔強地堅持己見，抗拒反對者的新建議。若是說服別人卻變成這樣的狀況，成功的希望就不大了。

曾經有一個實例，某家用電器公司的推銷員挨家挨戶去推銷洗衣機，當他到了一戶人家中，看見這戶人家的太太正在用洗衣機洗衣服，就忙說：「哎呀！這臺洗衣機太舊了，用舊洗衣機是很浪費時間的，太太，該換新的了！」

結果，不等這位推銷員說完，這位太太馬上駁斥道：

「你在說什麼啊！這臺洗衣機很耐用的，到現在都沒有發生故障，新的也不見得好到哪裡去，我才不換新的呢！」

過了幾天，又有一名推銷員來拜訪。他說：「這是一臺令人懷念的舊洗衣機，就因為很耐用，所以太太仍捨不得丟。」

這位推銷員先站在太太的立場上說出她心裡想說的話，使這位太太非常高興。於是她說：

「是啊！這倒是真的！我家這臺洗衣機確實已經用了很久，是太舊了點，我倒想換臺新的洗衣機！」

於是推銷員馬上拿出洗衣機的宣傳小冊子，提供給她作參考。

這種推銷說服技巧，確實大有幫助，因為這位太太已被動搖而產生購買新洗衣機的決心。至於推銷員是否能說服成功，無疑是可以肯定的，只不過是時間長短的問題了。

善於觀察與利用對方的微妙心理，是幫助自己提出意見並說服別人的前提。

　　一般來說，被說服者之所以感到憂慮，主要是怕同意之後，會發生意想不到的後果；如果你能洞悉他們的心理癥結，他們還有不答應的理由嗎？

　　至於令對方感到不安或憂慮的一些問題，要事先想好解決之道以及說明的方法。一旦對方提出問題時，可以馬上說明。如果你的準備不夠充分，講話模稜兩可，反而會令人感到不安。所以，你應事先預想一個引起對方可能考慮的問題。此外，還應該準備充分的資料，提供給客戶，用以支撐你的論點。這是相當重要的。

　　再次，讓對方充分了解說服的內容。有時，雖然有滿肚子的計畫，但在向對方說明時，對方無法完全了解內容，他可能馬上加以否定。另外還有一種情形是，對方不知道我們說什麼，卻已先採取拒絕的態度，擺出一副不會被說服的架子；或者眼光短淺，不聽我們說的也大有人在。如果遇到以上幾種情形，一定要耐心地一項項按順序加以說明。務求對方感受到我們的誠意，這是說服此種人要先解決的問題。

　　如果對方無法完全了解我們說服的內容，千萬不可意氣用事，必須把自己新建議中的重要性及其優點，一下說進他的心裡，讓他確實了解。舉一個例子加以說明，假如你去說服別人，第一次不被接受時，千萬不可意氣用事地說：「講也是白講！」或「講也講不通！浪費唇舌。」一次說服不了就打退堂鼓，這樣是永遠沒有辦法成功地說服別人的。

　　讓對方了解說服的內容並且說服他的最高境界，就是讓別人覺得你的意見是他們的主意。

　　為了表明這個問題的重要性，我們不妨先引用一下牛津人文研究者們提供的一個具有一般性的結論來作為我們闡述的一般原則和心理的基礎，那就是我們比較喜歡依照自己的意思行動。我們喜歡別人徵詢我們的願

望、需求和意見。這是每個人的潛在心理，也正是人文主義精神的主旨。

你是不是對自己的想法，要比別人提供給你的有信心、如果是的話，那麼把自己的意見強加給別人，不是很不明智嗎？我們是不是最好只提供我們的看法，再由別人想出結論？

有一家汽車公司展示中心的業務經理阿道夫‧賽茲，發現公司的業務員做事態度十分散漫，實在有待加強。於是他召開了一次業務會議，鼓勵屬下說出對他的期望。他讓大家把意見寫在黑板上，然後說道：「我會盡量達到大家的期望。現在，你們知道我對大家的期望是什麼嗎？」大家很快提出了答案：忠誠、進取、樂觀、團結精神，每天認真工作八小時⋯⋯

會議結束的時候，大家都覺得精神百倍，幹勁十足，有個業務員甚至自願每天工作 14 個小時。

沒有人喜歡被支配，或被強迫去做一件事。這是我們行事的一個原則。

讓我們再來看尤金‧威爾森的例子。威爾森先生販賣新設計的草圖給服裝設計師和成衣廠商，三年來，他每星期，或者最多每隔一星期都前去拜訪紐約最著名的一位服裝設計師。「他從沒有拒絕見我，但也從沒有向我買東西，」威爾森說道，「他每次都仔細看過我帶去的草圖，然後說：『對不起，威爾森先生，我們今天又做不成生意了！』」

經過 150 次的失敗，威爾森體會到自己一定過於墨守成規，所以決心研究人類的行為，好成功地推銷自己的設計稿。

之後，他採用了新的處理方式：他把幾張沒有完成的草圖挾在腋下，然後跑去見那位設計師。「我想請您幫點小忙，」威爾森說道，「這裡有幾張尚未完成的草圖，可否請您幫忙完成，以符合你們的需要？」

設計師一言不發地看了一下草圖，然後說：「把這些草圖留在這裡，

過幾天你再來找我。」

三天之後，威爾森去找設計師，聽了他的意見。然後把草圖帶回工作室，依著設計師的意見完成。結果呢？當然讓設計師全部買走了。

「我知道為什麼多年來都無法把東西賣給他，」威爾森說道，「我一直希望他買我提供的東西，這是不對的：後來我要他提供意見，他就成了設計人，他也的確是。我並沒有必要把東西賣給他，他自己買了。」

從上面這個例子中，我們隱隱約約地發現一個祕訣 —— 一個促使人們和我們意見一致的祕訣：讓別人覺得那是他們的主意。人們所缺乏的也許並不是才華和智慧，而是一種自信，確認自己有勝任的能力。如果你使他覺得他就是主人，那麼他還會有什麼顧慮？當然會竭盡全力去工作。

第三章　把話說得滴水不漏

凡事都要講究技巧，說話也不例外。要想把事情辦好就得先把話說好。

就地取材打開話匣子

　　無論和誰第一次見面，剛開始交談都是最不容易應付的。因受時間的限制，不容許你多作猶豫，又不能冒昧地隨便提出其他話題。「今天天氣很好」這話最常用，但除了在戶外或沙灘上散步時不妨用用之外，在別的場合上說不僅太過敷衍，而且缺乏內容，難以發展較有趣味的談話。所以在這裡，就地取材似乎比較簡單適用。

　　何謂就地取材、就是按照當時的環境而尋找話題。如果相遇的地點在朋友的家裡或在朋友的喜筵上，那麼對方和主人的關係可以做第一句的話題：「你和某先生大概是老同學吧？」或者說：「你和某先生是同事嗎？」如此一來，無論問得對不對，總可以引起對方的話題，問得對的，可依原本主題急轉直下，問得不對的，再根據對方的回答又可順水推舟，繼續暢談下去。

　　「今天的客人真不少！」雖是老套，但可以引起其他的話題。「這禮堂布置得很不錯！」讚美一樣東西，常是最穩當得體的開始。若是一般社交活動，則「山上的櫻花開得很燦爛，顏色真好看，你曾去看過嗎」或「大熱天在園子裡喝茶，實在太舒服了」都是就地取材的辦法。

　　第一句的最高境界是人人能了解，人人能加進自己的意見。由此再探出對方的興趣和嗜好，然後拓展談話的領域。如果指著一件繪畫說：「真像梵谷的作品！」或聽見鳥唱就說：「很有孟德爾頌音樂的感覺！」除非知道對方是內行，否則不僅不能討好，還會在背後挨罵。

　　如果不知道對方的職業，最好不要問他。萬一他正失業閒居在家，問

他職業無異使他承認失業，否則他還要隨便撒個謊，對於自尊心很重的人是不大好的。如果你想「開發」主題而希望知道他的職業，只能用試探他的方法：「你平常會做點球類運動嗎」如果他說「不」，你就可以問他是否很忙，繼續下去問出他每天是否有固定的工作時間。如果他說「是」呢，便可加上一句問他通常在何時去運動，從而決定他有無職業。

找不出其他話題時，那麼原有的老方法也可運用。那就是請問對方的居住地，這「府上是什麼地方」的問題，以習慣上是一點不覺得唐突的。知道了居住地，話題就容易找了。如果是同一個縣市呢，那更方便了，隨便談些兩人皆知的社會新聞、都市建設、地方習俗等都可以。

如果是遇到一些知名人士，或有特殊成就的人，或介紹者已早對你說出對方的身分底細，那麼，你大可提出話題，鼓勵對方多談談他得意的方面，一則彼此均甚愉快，同時對方會對你產生好印象。別人，也可以由交談中吸取新知，獲得寶貴經驗。

瞄準說話的目標

交談時，不僅要了解對方的需要，還要及時預測對方說話時的心情和反應，巧於周旋，緊緊盯住並靠近目標，這樣說話才能有效。

一位顧客走到玩具攤前，伸手拿起一個聲控的玩具飛碟。

「您好，您的小孩多大了？」售貨員彬彬有禮地發出試探資訊。

「10 歲。」

顧客不經意的回答卻使售貨員的話語「調控中心」頓時興奮起來，從回饋的資訊中，她能確定找到了達成目標的突破口，便立即發起了攻勢：「10 歲這樣的年齡正是玩這種飛碟的時候。」

　　她一邊說，一邊打開玩具飛碟的開關，拿起聲控器，熟練地操縱著，同時，又再次強化話語資訊：「玩這種飛碟，可以讓孩子從小培養良好的領導能力。」兩三分鐘後，介紹產品的任務完成了，顧客果然發出了新的資訊：「多少錢？」

　　「2,400 元。」

　　「太貴了！」

　　「算您 2,000 元好了。」

　　話題轉移到了價格的議定。話語調控敏捷與否，將決定著買賣能否成功，售貨員洞悉家長的心情，為了孩子的成長，一般家長都是不惜代價的，於是，她又發起了新的攻勢，「跟培養孩子的領導力才能相比，這實在是微不足道。」她對顧客微笑著說。

　　售貨員機靈地拿出兩顆全新的電池，說：「這樣好了，這兩顆電池免費贈送。」說著，便把一個保持原封的聲控玩具飛碟，連同兩顆電池，一起遞給顧客。「要測試一下嗎？」

　　話語交際又發出了新的資訊，不等顧客反應過來，售貨員根據話題轉移又迅速調控話語：「品質絕對保證。」付款，開發票，遞上發票之後，售貨員又補充說：「如有品質問題，七天之內憑發票換新。」

　　這場營業交談，雖然歷時短暫，但也十分曲折，話題由介紹商品到議定價格，到品質保證，依次遞轉，環環緊扣，這中間只要有一環調控不當，就會導致交談中斷，原定目標就無法達成。

　　話語交際的過程是一個資訊交換的過程，說話人必須堅持三思而後行的原則，始終瞄準目標，密切注意資訊的輸出和回饋情形，控制好自己的話語表達，一旦發現偏離目的，中途轉換目的，就得加以調整，盡力按照最優化原則，以完成這項交流。

聲東擊西

凡事必有正反兩面，但如何判斷孰是孰非，確實需要一點巧妙的技巧，利用言語套話，一開始避開亟需闡明的話題不談，先談一些與論題看似無關的話題，一見時機成熟，話鋒一轉，馬上拋出自己真正的談話主題，將使對方束手就範。

在《雜人趣談》中有這樣一個案例：有兩個人一起來見法官，其中一人指責另一人積欠他許多黃金不還，另一人則死不承認，堅持說：「我是第一次見他，從來沒有向他借過黃金。」

「你要他還的黃金，當時是在什麼地方給他的？」法官問原告。

「在離城不遠的一棵樹下。」原告說。

「你再去一趟，把那棵樹上的葉子帶兩片回來，我要把它們當成見證人加以審查，樹葉會告訴我真相的。」法官提出這樣一個奇怪的建議。

於是原告前去摘取樹葉，將那個大喊冤枉的被告留在法庭上。但法官沒有和他談話，而逕自去審理別的案子，這位被告也好奇地看著法官審案，正當一個案子審到高潮時，法官突然回過頭來輕輕問他道：「他現在走到那棵樹下沒有？」

「沒那麼快，還有一段路呢！」

「既然你沒跟他去過那裡，你怎麼會知道還有一段路呢？」法官頓時嚴肅起來。

被告這才發現自己不小心露出馬腳，不得不承認自己的罪行。

在這個案件中，法官不問被告是否知道那棵大樹的位置所在，而故意讓原告去找樹葉，接著又去審理別的案子，把被告放在一邊，待他的戒心鬆懈之後，再以看似輕描淡寫的問題，誘使對方在沒有防備的情況下說出

真相。法官再抓住被告的回答與原供詞相矛盾的這個漏洞，乘勝追問，使被告不得不承認自己的罪行。

關於這種欲擒故縱的說話技巧還有許多例子。過去，孟子為了讓齊宣王了解到國內四境不寧、百姓窮困潦倒的主要責任正在於國君自己身上，也採用了同樣的手法。

孟子上朝對齊宣王說：「您有一個臣子，把他的妻子兒女都託付給朋友照顧，自己到楚國去了，等他回來時，才發現妻子兒女受凍挨餓已有好長一段時間了，那朋友不顧信義到這種程度，請問對這樣的朋友，應該怎麼對待呢？」

齊宣王說：「應該和他斷交！」

孟子又問：「假如管理刑罰的長官無法管理他的下級，那該怎麼處理呢？」

「罷他的官！」齊宣王答得很乾脆。

孟子緊接著說：「假如一個國家政治處理得不好，那該怎麼辦呢？」

齊宣王方知上當，無言以對，只好「顧左右而言他」了。

從前，有個理髮師每個月都會被請到相府去幫宰相理髮。一次，這位理髮師幫宰相修臉修到一半時，不小心把宰相的眉毛剃掉了。他在心中暗暗叫苦，驚恐不已，生怕如果宰相怪罪下來，他可就吃不完兜著走了！

理髮師情急生智，連忙停下剃刀，故意兩眼直愣愣地看著宰相的肚皮，顯出一副迷惑不解的樣子。

宰相見他這樣，感到莫名其妙，於是問他：「你不修臉，卻光看我的肚皮，這是為什麼？」

理髮師忙解釋說：「人們常說，宰相肚裡能撐船，我看大人的肚皮不大，怎麼能撐船呢？」

宰相一聽理髮師這麼說，哈哈大笑：「那是說宰相的度量大，對一些小事情都能容忍，從不計較。」

理髮師聽到這裡，連忙雙腿一屈跪在地上，聲淚俱下地說：「小的該死，方才修臉時不小心，將相爺的眉毛給刮掉了！還望相爺度量大，千萬恕罪。」

宰相一聽氣急敗壞，眉毛被剃掉了，叫他今後怎麼見人呢？他正要發怒，但又冷靜一想，自己剛剛講過宰相度量大，怎能為這點小事而處罰理髮師呢？

於是，宰相便豁達溫和地說：「無妨，且去把筆拿來，把眉毛畫上就是了。」

遇事先轉移話題，在外圍打轉，然後再逐層攻入事件核心，對方就不會再有反駁的餘地，這樣的論辯方法是一個推理過程，使用這個技巧時要注意以下幾點：

第一，不要過早暴露目標，以防對方有心理準備。

第二，開始的話題要隱蔽得有分寸，不能「隱」得太深入，更不能與論題相差太遠，要注意與論題的關聯性。

第三，要注意整個論辯推理過程的邏輯性。

只要你懂得善用技巧，學會轉移話題，任何問題都難不倒你。

率先定義，先聲奪人

當我們在和他人談話時，如果明顯處於不利的位置，是就此俯首稱臣呢，還是回到談話原點，重新定義事件起源？很明顯，我們要採取第二種策略。所以，為了避免出現這種不利的局面，我們應提前作好準備，率先定義。

　　所謂「率先定義」，就是針對論題中的某些關鍵字，做出有利於己方利用事實、展開論點、爭取認同的定義，從而能先聲奪人、先發制人、位居優勢位置。而這正是論辯中最常使用的一種策略，尤其適用於當辯題明顯不利於己方的時候。

　　在一次亞洲大學生辯論會上，新加坡國立大學隊與香港中文大學隊進行了一場辯論，題目是「外來投資能否確保開發中國家的經濟高速成長」，香港中文大學隊為正方，新加坡國立大學隊為反方。

　　從命題上來看，香港中文大學隊明顯處於不利位置，因為「確保」一詞是個值得推敲的詞語，也就是說如果將「確保」解讀成「百分之百的保證」，那麼正方香港中文大學隊幾乎是無理可辯。不過香港中文大學隊靈機一動，採取「先發制人、先聲奪人」的策略，一開場就提出「確保」並非指「百分之百的保證」。他們說像乘坐大眾運輸工具時，司機常說：「為了確保各位旅客的安全，請不要倚靠車門。」這並非意味只要不倚靠車門，乘客們的安全就可獲得百分之百的保證。

　　由於香港中文大學隊率先定義「確保」一詞的含義，為自己的論點開闢了廣闊的活動舞臺，而反方新加坡國立大學隊又無法令人信服地證明「確保」一詞等同於「百分之百的保證」，因此香港中文大學隊便化不利為有利，進而牢牢掌握自己在辯論場上的主導權，並最終獲得勝利。

　　由此可見，如果不是採用了「先聲奪人、率先定義」的方法，而是在承認「確保」就是「百分之百的保證」的前提下與對方辯論，正方將很難獲勝。在日常生活中，我們如果遇到同樣不利的事情時，千萬不要忘了追溯問題的源頭，從而為自己尋找一個更有利的新定義！

掌握說話時機

我們都十分清楚，有話要好好說。如果該說的時候不說，時過境遷，便失去了說的機會。同樣，如不顧說話對象的心態，不注意周邊的環境氣氛，不到說話的火候卻急於搶著說，很可能引起對方的誤解，甚至反感。如果信口開河，閉上眼睛瞎說，後果就更加嚴重。所以，說話要選對時機。

美國前總統伍德羅‧威爾遜（Thomas Woodrow Wilson, 1856-1924）在擔任紐澤西州州長時，該州的財政部長不幸去世了。這位財政部長是威爾遜的好朋友，所以除了感覺痛失「左右手」之外，他也為失去一位知己而悲慟不已。沒有想到，就在他懷著哀傷的心情準備參加葬禮時，竟然接到了一位頗有點名氣的政界人士打來的電話：「州長，請讓我接替那位部長的位置。」

人還沒下葬，居然就有人來搶位子！接到這麼一通毫無禮貌的電話，威爾遜不禁怒火中燒。

「好啊！你快點準備好，」他努力按捺住心中的怒氣，平靜地回答：「我馬上通知殯儀館。」可想而知，後來，不但在威爾遜的州政府不可能有這個人的位置，在威爾遜總統執政以後的美國政府，此人也注定和任何職位無緣。

溝通時絕對不可以只站在自己的立場思考，還必須從對方的角度看看要溝通的事情是否得當。同時，要非常注意提出的時機是否合宜，禮節是否顧慮周全，措辭是否得當。一旦各方面都考慮清楚之後再提出自己的意見，才有可能讓對方接受，否則就不要提及，因為一提出來惹人嘲笑不說，如果因此產生了反面效果，給人留下惡劣的印象，那可就吃大虧了。

時機，在此處是指說話的客觀條件。

孔子在《論語·季氏篇》裡說：「言未及之而言謂之躁，言及之而不言謂之隱，不見顏色而言謂之瞽。」這句話有兩層意思：

一是不該說話的時候說了，叫做急躁。

二是應該說話的時候卻不說，叫做隱瞞。

三是不看對方的臉色變化，貿然信口開河，叫做閉著眼睛瞎說。

這三種毛病都是沒有掌握說話的時機，沒有注意說話的策略和技巧。因為說話是雙方的交流，不是一個人的單方面行為，它要受到諸如說話對象、設定時間、周邊環境等種種限制，所以說話要掌握時機。如果該說的時候不說，時境轉瞬即逝，便失去了成功的機會。同樣地，如不顧說話對象的心態，不注意周邊的環境氣氛，不到說話的火候卻急於搶著說，很可能引起對方的誤解，甚至反感；如果信口開河，亂說一通，後果就更加嚴重。

身體也是語言

成功的社交口才，既要有動人的談吐，又要有得體的表情動作，方可趨於完美。語言較多地顯示著內在的思想和智慧，舉止則更多地顯露著外在的風度和形象。恰當地調動姿勢和動作來幫助自己說話，會使你的表達更加富有魅力。

身體語言能彌補有聲語言的不足，它透過有形可視的、具有豐富表現力的各種動作和表情，協助有聲語言將內容準確無誤地表達出來。視聽作用雙管齊下，能給聽者完整、確切的印象，輔助有聲語言更好地表情達意。

要巧用身體語言，首先，要懂得如何設計完美的身體語言。

在日常生活中，人們的舉手投足，一顰一笑，無不傳遞著大量的資訊，顯露出主體的思想感情、愛憎好惡和學識修養。身體語言的設計和運用能使談話聲情並茂、形神皆備，使談話者風度翩翩、儀態萬千。

你會坐嗎

除了演說之外，說話時多半是坐著的。關於坐有多種不同方式，有的人喜歡坐在中間，讓大家圍坐在自己身邊；有的人喜歡坐在會場的角落，不讓別人注意到自己。其實，最好的座位是面對聽眾，讓大家清清楚楚看見自己。坐的時候，姿勢要自然，而且保持端正，切不可斜靠在椅中，或者盤腿，或者把手臂放在椅背上，這樣都會引人輕視，這些動作都必須時時注意。

不可忽略的腿

不論坐著站著，腿部常常呈現出這樣三種姿勢：兩腿分開、兩腿併攏和兩腿交叉。兩腿分開是一種開放型姿勢，顯出穩定、自信，並有接受對方的傾向；兩腿併攏的姿勢則過於正經、嚴肅；兩腿交叉是一種防禦型姿勢，往往顯得害羞、忸怩、膽怯，或者隨便散漫。

還有一種架腿的姿勢，就是常說的蹺二郎腿。架腿姿勢通常是控制消極情緒的人體訊號，專家們說它「頗有不拘禮節的意味」，對於女性來說，這是一種不可取的姿勢。

說話時，最好採取兩腿分開的姿勢。站立時，兩腿張開，兩腳平穩著地平行相對，或一前一後，軀幹伸直，不要屈膝和彎腰駝背，否則會顯得消極懶散，無精打采。坐宜端坐，即兩腿稍稍分開，間距不超過肩寬。女性更要注意不過度叉開，腰桿輕鬆地挺直，這樣顯得自然、從容，精神飽滿。

▋ 舉放自如的手

當發表意見時，如何安放手是特別值得留心的。最好是把它們忘掉，讓它們自然垂直在身體的兩邊。不過萬一你覺得它們討厭而累贅，插在衣袋裡或是放在背後也可以。總之，能讓你的情緒平和就可以了，不要過多注意它們是否有礙，更不必顧慮聽眾會留意你的手的位置。

如果在說話時將注意力集中於真情的流露，兩手就會成為你表達意思的工具，會幫助你說話。在需要時，它們會自然地立刻舉起來，或放下去。不過，千萬不要故意把手交叉在胸前，更不可勉強扶在講桌上，這樣就會使你的身體不能自由行動。而用手玩弄自己的衣服，聽眾會因此轉移注意力，而你自己會因此顯得愚拙。

▋ 傳情達意的表情

表情，即臉部表情，主要是臉部各部位對情緒感受的反應動作。它與說話內容的配合最密切，因而使用頻率比手勢高得多。

常用臉部表情的含意有：點頭表示同意，搖頭表示否定；昂首表示驕傲，低頭表示屈服；垂頭表示沮喪，側首表示不服；咬唇表示堅決，撇嘴表示藐視；鼻孔張大表示憤怒，鼻孔朝人表示輕蔑；嘴角向上表示愉快，嘴角向下表示敵意；張嘴露齒表示高興，咬牙切齒表示憤怒；神色飛揚表示得意，目瞪口呆表示驚訝等等。

▋ 會說話的眼睛

交談時，要勇於和善於和別人進行目光接觸，這既是一種禮貌，又能幫助維持一種連繫，談話在頻頻的目光交流中可以持續不斷。更重要的是眼睛能幫你說話。

交談中不願進行目光交流的人，往往叫人覺得是在企圖掩飾什麼或心中隱藏著什麼事；眼神閃爍不定則顯得精神上不穩定或性格上不誠實；如果幾乎不看對方，那是怯懦和缺乏自信心的表現，這些都會妨礙演講。當然，和別人進行目光交流並不意味著老盯著對方。

研究表明，交談時，目光接觸對方臉部的時間宜占全部談話時間的30% ～ 60%，超過這個界限，可認為對對方本人比對談話內容更感興趣；低於這個界限，則表示對談話內容和對方都不怎麼感興趣。這在一般情況下都是失禮的行為。

但是，集會中的獨白式發言，如演講、作報告、發布新聞、產品宣傳等則不一樣，因為在這些場合講話者與聽眾的空間距離大、視野廣闊，必須持續不斷地將目光投向聽眾，或平視，或掃視，或點視，或虛視，才能跟聽眾建立持續不斷的連繫，以期獲得更好的效果。

身體語言在說話過程中具有特殊的表達功能。但它畢竟只是完成表達任務的手段，而不是說話所追求的最終目標。對於口才來說，身體語言並沒有獨立價值，而只有輔助價值，在談話過程中處於從屬地位。正是這種從屬地位，決定了身體語言的設計和運用，必須由表達的內容、情緒和對象等因素的特點來決定。

高明的問話方法

在某國的教堂內，有一天，一位教士做禮拜時，忽然熬不住菸癮，便問主教：「我祈禱時可以抽菸嗎？」結果，遭到了主教的喝斥。其後，又有位教士，也犯了菸癮，卻換了一種口氣問道：「我吸菸時可以祈禱嗎？」主教竟莞爾一笑，答應了他的請求。

問話的方法不同，效果自然不同。

高明的問話使人心中喜悅，能順利地達到談話的目的，而愚蠢的問話只會貽笑大方，甚至招人厭惡。

在酒館裡點菜時，向服務員諮詢：「今天的石斑魚好不好？」這是句廢話，因為他一定會說好，除非你是那裡的常客，倘若你換一種問法：「今天有什麼好的海鮮？」那麼，效果就完全不同，你可以吃到真正的海鮮。

這兩句問話會引起兩種截然不同的心理反應。前一問句只有好或不好兩個答案，為顧全店家招牌，服務員不能說不好，並且好不好的標準也沒有固定模式。而第二種問話定義廣泛，回答甚至可以是：「今天沒有什麼好的海鮮，但今天信豐雞又肥又嫩，值得一試。」另外，服務員見有人求教於他，自尊心得到了滿足，自然會比較各種海鮮，推薦最好的。

由此看來，問話的事雖小，可提問技巧卻難於掌握。

怎樣才能問得巧，首先，要選擇恰當的提問形式。提問形式有多種：

◈ **限制型提問**：據說，香港有些客人習慣在喝可可時放個雞蛋，所以，服務生在客人要可可時必問一句：「要不要放雞蛋？」心理學家建議，服務生不要問「要不要放雞蛋」，而要問：「放一個還是兩個雞蛋？」這樣提問就縮小了對方的選擇範圍。這種問話，顯然可以有利於做生意。

這是一種目的性很強的提問技巧，它能幫助提問者獲得較為理想的回答，減少被問者拒絕或不接受回答的機率。

◈ **選擇型提問**：這種提問方式多用於朋友之間，同時，也表明提問者並不在乎對方的選擇。如，朋友到你家做客，但不知他的口味，於是問：「今天我們吃什麼？鯽魚還是白帶魚？」

◆ **婉轉型提問**：一個年輕人愛上了一個女孩，但他並不知道那個女孩是否愛他，此話又不能直說，於是他試探地問：「我可以陪你走走嗎？」如女方不願交往，她的拒絕也不會使雙方難堪。

◆ **協商型提問**：如果你要別人按照你的意圖去做事，應該用商量的口吻向對方提出。如你要祕書起草一份文件，把意圖講清之後，應該問一問：「你看這樣寫是否妥當？」

讓幽默為你說話

幽默是一種最生動的語言表現手法，與幽默的人相處、談話是一件非常有趣的事，而與人發生爭執、各持己見時，幽默常常可以讓人立於論辯的不敗之地，並化爭執為會心一笑。

風趣的幽默，雖不同於嚴密科學的理論與辯駁，但由於幽默同樣具有真實性、威懾力以及邏輯力，因而具有很強的論辯優勢。

在論辯中，幽默顯然不同於證明和反駁，它既無論辯過程，也沒有反駁的程序，而是以詼諧逗趣的方式，暗示事物的本質，達到明辨是非的目的，因而在論辯中常常可以發揮證明與反駁所無法達成的作用。

在論辯中反駁對方，有時捨棄鋒芒畢露、相互抨擊的語言，而採用風趣含蓄、詼諧生動的語言，其效果會更好。

漢武帝晚年很希望自己能長生不老。一天，他對侍臣說：「相書上說，一個人鼻子下面的『人中』越長，壽命就越長；『人中』長一寸，能活一百歲。不知是真是假？」

東方朔聽了這話，知道皇上又在做長生不老之夢了，臉上露出一絲譏諷的笑意。皇上見東方朔似有譏諷之意，面有不悅之色，喝道：「你居然敢笑我？」

東方朔摘下帽子，畢恭畢敬地回答：「我怎麼敢笑皇上呢？我是在笑彭祖的臉太難看了。」

漢武帝問：「你為什麼笑彭祖呢？」

東方朔說：「據說彭祖活了八百歲，如果真像皇上所說，人中一寸就活一百歲，彭祖的人中就該有八寸長，那麼，他的臉豈不是太難看了嗎？」

漢武帝聽了，也哈哈大笑起來。

在這個故事裡，東方朔以幽默的語言，用笑彭祖的辦法來諷諫皇帝。整個批駁機智含蓄，風趣詼諧，令正在怒不可遏的皇帝也不禁轉怒為喜並且愉快地認輸。

當然，幽默不一定都用在敵對的爭吵和攻擊中，有時也可以用在輕微的諷刺、戲謔、談笑風生中，這時巧用幽默，既能達到駁斥對方觀點的目的，還能產生和諧友好、輕鬆愉快的氣氛。

有一次，世界著名生物學家達爾文應邀赴宴，正好和一位年輕貌美的女士坐在一起。這位美女用戲謔的口氣向達爾文提出質問道：「達爾文先生，聽說你斷言人類都是由猴子變來的，那我也是屬於你的論斷之列嗎？」達爾文漫不經心地回答道：「那是當然的！不過你不是由普通猴子變來的，而是由長得非常迷人的猴子變來的。」達爾文並不用科學的道理反駁那位美女，而是以戲謔反駁戲謔，因為美女的提問屬於偷換概念的詭辯。

有理也要講求策略

我們常看到許多人，因為喜歡和人唱反調，因而得罪了許多朋友。所以，常常有些人總是勸人不可以在意見上與人作對，與人衝突。這種看法，其實是很片面的，很浮淺的，而且也是不必要的。無論一個人多麼愛面子，多麼不容許別人反駁他，除了極少數的極愚蠢或極狂妄的人外，幾乎每一個人，都更喜歡敢表達自己意見的朋友。

不信你就試一試，如果你認識一個人，如果你對他的每一句話，都隨聲附和，沒有說過一個不字，第一次見面他也許很高興，但不久之後，他就會覺得你根本是個滑頭。到處都隨聲附和的「應聲蟲」，是沒有人會看得起你的。

那麼，你會問，怎麼才能對人真誠地表達自己的意見，又不會得罪人呢？

有沒有辦法解決這個問題呢？

有的，很簡單的辦法，同時也是很有道理的辦法。

首先，你要了解一件事 —— 細心觀察社會和人生，你就會發現，只要你的意見是對的，向別人表示自己的不同意，不但不會得罪人，而且有時還會大受歡迎，使人有「與君一席話，勝讀十年書」之感。

你要知道，得罪人的不是你的意見本身，而是你對別人意見的態度。如果在你表示不同意見時，把自己的意見看做絕對是對的，而別人的意見，簡直是愚蠢幼稚，荒誕無稽，那你就傷了人了，而且這傷害還真不小。

因此，你只要遵守一個不變的原則：在你表示自己的意見時，你要假定自己的意見也可能有錯。你不要逼人們立刻相信你的意見，你要容許別

人有充分的時間來考慮你的意見，而且還要提供給別人考慮你的意見的根據。若要別人也和你自己一樣地堅持你的意見，你必須得給對方相當充分的資料，你的意見才有立足點，既不是盲從，也不是武斷。

在這同時，你還要表示願意考慮別人和你不同的意見，請對方也提出更多的說明、解釋和證據，使你相信。你要表示，假使對方能夠使你相信他的意見，那麼，你就立刻拋棄你自己原來的看法，這樣，一方面老老實實地說出自己真正的看法，一方面又誠誠懇懇地尊重別人的思考能力。這樣才是最理想的互相交談的方式。

有的時候，如果你自己的看法和一般人的意見相差太遠，你可以事先作這樣的聲明：「也許這是我的偏見。」或者再加以補充，說：「我希望我的意見能夠和大家一致，可是目前我還沒有得到足夠的理由去這樣做。」

許多人在家人面前，常常無話可說，這就是因為他到處都遇到和自己持不同意見的人。如果他不願意隨聲附和自己不認同的意見，一方面又怕說出自己的意見會得罪人，那麼怎麼辦呢？那當然只有不說了。

暗示的妙用

暗示，是人與人之間相互影響的一種特殊方式，暗示者出於自己的目的，採取隱晦含蓄的語言，巧妙地向對方發出某種資訊，並以此來影響對方的心理，使其不自覺地接受一定的意見及資訊或改變自己的行為。

美國經濟大蕭條時期，有位 17 歲的女孩很幸運地在一家高級珠寶店找到了一份售貨員的工作。這天，店裡來了一位年輕人，衣衫襤褸，滿臉悲愁，雙眼緊盯著那些寶石首飾。

這時，電話鈴聲響了，女孩去接電話，一不小心，碰翻了一個碟子，有六枚寶石戒指掉到地上。她慌忙拾起其中五枚，但第六枚怎麼也找不

到。此時，她看到那個衣衫襤褸的年輕人正慌張地朝門口走去。頓時，她意識到那第六枚戒指在哪裡。當那年輕人走到門口時，她叫住他，說：「對不起，先生！」

那年輕人轉過身來，問：「什麼事？」

女孩看著他緊張的臉，沒作聲。

那年輕人又補了一句：「什麼事？」

女孩才神色黯然地說：「先生，這是我的第一份工作，現在找工作很難，是不是？」

那年輕人緊張地看了女孩一眼，緊張的臉這才浮出一絲笑容，回答說：「是的，的確如此。」

女孩說：「如果把我換成你，你在這裡會做得很不錯！」

終於，那年輕人退了回來，把手伸給她，說：「我可以祝福妳嗎？」

女孩也立即伸出手來，兩隻手緊握在一起。女孩仍以十分柔和的聲音說：「也祝你好運！」

那年輕人轉身走了。女孩走向櫃檯，把手中握著的第六枚戒指放回原處。

這本是一起盜竊案，人們一般的處理方法，不外乎大喊大叫，設法抓住偷竊者。而這位女孩卻用一席彬彬有禮的暗示，達到了使小偷歸還偷竊物的目的，那小偷也沒有當眾出醜，非常體面地改正了自己的錯誤。試想一下，如果女孩也是大喊大叫，能有這樣的結局嗎？不可能。說不定她還會為此受到傷害。

南唐名臣申漸高也善用這種方法。有一年，南唐稅收苛嚴，百姓不堪重賦。很多大臣勸諫烈祖減輕賦稅，都沒有結果。當時逢京師又遇大旱，民不聊生。

　　一天，烈祖問群臣：「外地都下了雨，為什麼唯獨京城不下？」大臣申漸高一聽，正好抓住這個機會進諫，又不能直言，便詼諧地說：「因為雨怕收稅，所以不敢入京城。」

　　烈祖天生睿智，知其話中暗示之意，大笑一陣後，即頒發聖旨，減輕稅收，讓百姓休養生息。

　　大臣申漸高借助一句幽默的話，暗示烈祖要減輕稅收，想不到竟獲得如此奇效，為百姓做了一件好事。

以退為進

　　大戰期間，有幾名日本戰俘和幾名德國戰俘一起被關在西伯利亞的某個地方。日本軍官集中營的日本軍官，每天都可配給 15 克的砂糖，但後來不知出於什麼原因，這種供應竟停止了四、五天，因此，日本的軍官們都非常生氣！

　　「這不是對我們的漠視嗎？我們就這麼不值錢嗎？喂！朋友們！我們一定要嚴重抗議。」

　　於是，這群義憤填膺的日本軍官一見到蘇聯財務官來了，他們就大聲責問：

　　「喂！你們！為什麼不再配給我們砂糖了？」這話說得理直氣壯，而且帶有點咄咄逼人的味道。

　　「很簡單，因為倉庫裡已沒有砂糖可分配給你們了。」財務官愛理不理地說。

　　「哼！你們這叫什麼話、按照國際俘虜法的規定，我們有每天得到一定砂糖的權利，你們這麼做是違法的，你們這是虐待俘虜！」

「哦！國際俘虜法？我也知道這一點，但砂糖不是國際俘虜法買來的啊，上級沒配下來，我們怎麼配給你們？」說完，他注意到房間裡掛著一幅畫，「這是什麼呢？」

「這是我們神聖日本的象徵！」

「象徵？」財務官搖搖頭，「你們日本很神聖？」

這似乎把這群日本軍官激怒了，他們大聲叫著：「天地、正氣……」

財務官揚長而去，他來到了德國軍官的集中營，一抬頭就見到了房間的正面懸掛著史達林的畫像。他微笑地說道：「嗯！好！好！」

這時，一些德國戰俘畢恭畢敬地泡了杯茶請他喝，並畫龍點睛地說了句：

「不成敬意，如果這茶裡放入些砂糖就好了。」

財務官喝了幾口茶便走了。

第二天，德國戰俘營裡便配給了砂糖，而日本戰俘卻沒配給砂糖。

古代有很多古話，比如「大丈夫能屈能伸」，「站人屋簷下，不得不低頭」等，說的就是德國俘虜的這種做法。

日本人一味要強，用這種不聰明的方式，使對方感到惱怒，他們當然得不到好處。而德國俘虜卻懂得變通，他們看似軟弱，但他們的軟弱與討好只是表象，根本不能代表他們的內心，看似為退，實則為進；看似柔弱，實則剛強。所以，他們達到了目的。

總結這一點，我們可以認為：交涉的時候，最重要的就是讓對方對自己產生好感，而不是尋找一些理由來使對方屈服。在一般的交談中也是如此。

有一次，比利搭計程車，因為司機正在收聽棒球比賽的實況，所以比利和他也順口聊些有關球隊的問題。如乙隊如何，甲隊又如何等等，當然

在比利尚未明了他心中真正的想法之前，例如他較欣賞哪一隊。他不隨意答話，唯恐引起對方的不快而影響到自己乘車的安全。

剛開始時比利只是適當附和對方，當確知對方想法與自己不相符時，就暫依其意，之後再慢慢地說服他，使他贊同自己的意見。比利這麼做更容易讓對方接受，而且能避免彼此間的不快。不過這種方式也得看對方是否有明確的主見，或他的見解不如你的理想時才適用。

譬如：對方正發表高見時，你不妨頻頻點頭以表同感，使對方感到你與他屬「同一國」，即使你提出或多或少的異議，他也不會在意，於是，你便可一步步將對方誘入自己的圈套，最後，對方已不知不覺地將自己的整個看法推翻。

若一開始便與對方唱反調，反而對自己不利。

欲進還退不僅可以用在交際中，而且還可以用在辯論中。在唇槍舌劍的交鋒中，一味地強攻疾進是不可能的，就像打出拳頭之前要先收回拳頭一樣，有時為了出擊有力，還應適當退卻。只有始終牢記目標，洞察進退的利害，掌握進退的時機和分寸，以退為進，才能控制主動，穩操勝券。

晏嬰是齊國有名的辯士。有一次，齊王派晏子出使楚國，在酒席上，狂妄強橫的楚王見晏子身材矮小，出言嘲弄他：「難道齊國沒有人了嗎？怎麼派你這樣的人來當使臣？」

面對楚王的挑釁，晏子不慌不忙地說：「齊國首都臨淄大街上的行人，只要舉起衣袖，就能把太陽遮住，人們流的汗像雨一樣，走起路來肩碰著肩，腳尖碰著腳跟，怎麼會沒人呢？」

楚王繼續揶揄地說：「既然有那麼多人，為什麼派你這樣的人當大使呢？」

這時，晏子說：「是啊，我們齊王委任使臣是有規定的，最有本領的

人，就讓他出使到最賢明的國君那裡去，沒有本事的，就出使到無能的國君那裡去，我正因為無才又無貌，才被派來出使楚國！」

晏子面對驕橫的楚王先示弱，承認自己正如楚王說的不行，這是他的退。這讓楚王更加志得意滿，然後在楚王最興奮的時候，接著說齊王派遣使臣的規定，得出的結論是正因為我最無能，所以被派到了最不賢明的楚國這裡來。給楚王一計當頭棒喝。這種以退為進的辯術保住了自己的國格和人格不受楚王的汙辱，同時又對楚王出言諷刺和讓他深受打擊，比直接無禮地喝斥楚王，效果要好得多。

巧踢皮球

有些人喜歡把掌握別人的「祕密」作為自己的樂趣，並經常透過向你提出問題，要求回答，以證實自己的猜測。有時他們甚至還提出眾所周知的問題，刻意從你的話中證明些什麼，讓你難堪不已。這時你可以採用皮球反踢、回鋒逆轉的方法，將他們踢來的球，毫不費力地順勢踢回去。不過，在運用這種方法時，回答要準確無誤，無懈可擊，只要把球踢回對方腳下，他就很難再發起攻勢。

1972 年 5 月，美蘇舉行高峰會談。27 日凌晨，美國國家安全事務特別助理季辛吉，在莫斯科的一家旅館內，向記者介紹關於美蘇簽署限制策略武器協議會談的情況。季辛吉微笑著說：「蘇聯生產導彈的速度，大約是每年 250 枚。各位先生，如果我在這裡被當成間諜抓起來，我們都知道是誰的原因。」這時，無孔不入的美國記者馬上接過話題，開始探問美國的軍事祕密：「我們的情況呢？美國有多少潛艇導彈正在配置分導式多彈頭？又有多少導彈正在配置呢？」季辛吉聳聳肩膀說：「我確實不知道正在配置分導式多彈頭的導彈有多少。至於潛艇，我的苦處是，數目我知

道，但我不知道它是不是保密的。」記者說：「不是保密的。」季辛吉立刻反問道：「不是保密的嗎？那麼請你告訴我是多少呢？」這位記者頓時愣住了，只得一笑置之。

在此，季辛吉想避開記者的追問，所以佯裝不知數字是否保密。乍看之下，他似乎是在暗示記者，如果這不屬於保密之列，就可以公諸新聞界。因此，急於搶新聞、爭時效的記者才連忙告知「不是保密的」。不料季辛吉放的是煙霧彈，煙霧一過，他便留給記者一個難題：「既然你們說是不保密的，那就是公開的了。既然人所共知，那麼就讓消息靈通的記者自己回答這個眾所周知的數字吧！」當記者突然遇到這個難題時，季辛吉也就輕易地擺脫困境了。

如何更換話題

人們對話，有時話題枯竭，有時情況突變，都應立即更換話題，以擺脫談話困境，使對話繼續進行下去，達到自己的目的。

在什麼情況下必須更換話題呢？

原定的話題已經談完，對話無法進行下去。

對話中意外失言，出現尷尬場面。

對話中的一方對此話題不感興趣，甚至出現厭煩的情緒。

對話中出現對立意見，繼續談下去，可能引起雙方不快。

對話中情況突變，給一方造成了危敗的頹勢。如此等等。

出現這些情況時，如何更換話題呢？試舉兩例。

一次，劉備與曹操飲酒。曹操以手指劉備，又指自己，說：「今天下英雄，唯使君與操耳！」劉備一聽，大吃一驚，一不小心，手中拿的筷子

竟然掉到地上。此時正值大雨將至，雷聲隆隆。劉備急中生智，立刻把曹操的話題更換到雷雨上，從容地說：「一震之威，乃至如此！」曹操並未察覺，笑了笑，說：「丈夫亦畏雷乎？」劉備說：「聖人迅雷風烈之變，安得不畏？」劉備巧妙地將聞曹言失箸之窘境引到迅雷的話題上，悄悄地掩飾了內心的驚恐，而不致引起曹操的懷疑。這種在緊急情況下更換話題的方法，能使你不致洩漏自己的隱私，招致禍患或留下笑柄。

另一則是美國前總統林肯在競選國會議員時，與卡特萊特牧師對峙的故事。

彼得‧卡特萊特（Peter Cartwright）牧師到處散布林肯不承認耶穌、誣衊耶穌是私生子的言論。林肯當然知道，這個伎倆是卡特萊特牧師蓄意降低自己在選民中的威信。

一次，卡特萊特牧師在一座教堂裡布道時，林肯也在座。卡特萊特便以信奉耶穌為話題，對信徒們說：「願意把心獻給上帝、想進入天堂的人站起來。」刷地一聲，信徒們幾乎都站起來了。唯有林肯坐著不動。卡特萊特看在眼裡，暗暗高興。他叫站起來的信徒坐下，又緊扣話題，對信徒們說：「凡是不願下地獄的人都站起來吧，我要為你們祈禱，上帝保佑你們！」信徒們又刷地一聲站了起來。又只有林肯一人不動聲色地坐在那裡。卡特萊特高興極了，目光迅速掃向林肯，嚴肅地說：「大家都願意把自己的心獻給上帝，進入天堂，都不願下地獄與魔鬼為伍。可是，我注意到只有林肯先生一人例外。請問林肯先生，你到底想到哪裡去？」

林肯早就胸有成竹，馬上從容不迫地站起來，更換話題說：「牧師先生提出的問題很重要，我可以坦率地告訴牧師先生，我既不去天堂，也不去地獄，我要到國會去！」隨之，林肯以競選為題，大力宣傳自己的政見，在座的教友深深敬佩他能在不利的談話局勢下更換話題，把教堂瞬間

變為競選國會議員之講臺，拚命地為他鼓掌喝采。

如果林肯不接過話題，進行更換，仍以耶穌為題說下去，必然落入尷尬的場面。

更換話題需要很高的智慧，也需要很好的口才，而且要巧妙、自然，不露痕跡，氣氛才能平和，才能讓自己立於不敗之地。

巧妙插入別人的談話

一個溝通能手在交談過程中應該如何插話，才能有助於達到最佳的交際效果呢？一般的方法有以下幾種：

◆ 當對方在和你談某件事，因擔心你可能對此不感興趣，顯露出猶豫、為難的神情時，你可以伺機說一兩句安慰的話。

「你能談談那件事嗎？我十分想了解。」

「請你繼續說。」

「我對此也是十分有興趣的。」

此時你說的話是為了表明一個意思：我很願意聽你的敘說，不論你說得怎樣，說的是什麼。以消除對方的猶豫，堅定他傾訴的信心。

◆ 當對方由於心煩、憤怒等原因，在敘述中不能控制自己的感情時，你可用一兩句話來疏導。

「你一定感到很氣憤。」

「你似乎有些心煩。」

「你心裡很難受嗎？」

說這些話後，對方可能會發洩一番，或哭或罵都不足為奇。因為，這些話的目的就是把對方心中鬱結的一股異常情感「誘導」出來，當對

方發洩一番後，會感到輕鬆、解脫，進而能夠從容地完成對問題的敘述。

值得注意的是，說這些話時不要陷入盲目安慰者的盲點。你不應對他人的話做出判斷、評價，說一些諸如「你是對的」、「他不應該這樣」一類的話。你的責任不過是順應對方的情緒，為他架設一條「輸導管」，而不應該「火上澆油」，強化他的憂鬱情緒。

◈ 當對方在敘述時急切地想讓你理解他的談話內容時，你可以用一兩句話來「綜述」對方話中的含義。

「你是說……」

「你的意見是……」

「你想說的是這個意思吧……」

這樣的綜述既能及時驗證你對對方談話內容的理解程度，加深對其的印象，又能讓對方感到你的誠意，並能幫助你隨時糾正理解中的偏差。

以上三種交談中的插話技巧都有一個共同的特點，即不對對方的談話內容發表判斷、評論，不對對方的情感做出是與否的表示，始終處於一種中性的態度上。不過，有時在非語言傳遞資訊中你可以流露出你的立場，但在語言中切不可流露，這是一條重要界限。如果你試圖超越這個界限，就有陷入溝通盲點的危險，從而使一場談話失去了方向和意義。

第三章　把話說得滴水不漏

第四章　交談口才

一次愉悅的交談，除了可以為你贏得友誼外還可以讓你贏得尊重、信任。而要達到成功的交談，除了掌握基本的談話內容外，還要學會談話的藝術。

和陌生人談話的技巧

一見如故，相見恨晚，歷來被視為人生一大快事。當今世界人際社交極其頻繁。參觀訪問、調查考察、觀光旅遊、應酬赴宴、交涉洽商……善於跟素昧平生者打交道，掌握「一見如故」的訣竅，不僅是一件快事，對工作和學習也是大有裨益的。那麼，如何才能做到「一見如故」呢？

首先，要從自我介紹入手。

所謂自我介紹，是指人們在社交場合中向他人介紹自己的過程。這是推銷自己的形象和價值的一種方法和手段，因此，這種推銷是否成功，往往決定雙方能否達成更深入的人際交流。

我們不能簡單地認為自我介紹就是自報姓名，在某種意義上，自我介紹是一種學問和藝術，有許多必要的技巧和尺度需要掌握。

▋ 說好「我」字

自我介紹少不了說「我」，如何說好這個字關係到別人對你產生什麼樣的印象。有的人自我介紹時，左一個「我」怎樣怎樣，右一個「我」如何如何，聽眾滿耳塞的都是「我」字，不反感才怪呢。還有的人「我」字說得特別重，而且有意拖長，彷彿要透過強調「我」來樹立自己的強大形象。更有甚者，說「我」時得意揚揚，咄咄逼人，不可一世。這種人的自我介紹不過是孤芳自賞，只能給人留下妄自尊大的印象。

想給人留下良好的印象，就要在合適的時候平和地說出「我」字，目

光親切，神態自然，這樣才能使人從這個「我」字裡，感受到一個自信、自立而又自謙的美好形象。

獨闢蹊徑

自我介紹獨闢蹊徑，是指從獨特的角度，選擇使對方感到有意義，又覺得順其自然的內容，採用生動活潑的語言把自己「推銷」給別人。而絕不是指那種借助別人的威望給自己貼金的介紹，也不是指那種靠「吹」來取悅對方的介紹。一些人介紹自己時常說：「某某副市長，是我的老朋友……」「你知道著名的某某專家嗎？我們曾住在一棟宿舍裡……」「我對某某問題很有研究。昨天我收到了某某雜誌的約稿信……」等等，這樣的自我介紹也許能給人留下深刻的印象，但印象不會很好。

詳略得當

在一些特定情況下，自我介紹的內容需要較全面、詳盡，不僅要講清楚姓名、身分、目的、要求，還要介紹自己的經歷、學歷、資歷、性格、專長、經驗、能力和興趣等等。為了取得對方的信任，有時，還得講一些具體事例。比如：求職應徵時就要做到這一點。

另外，為了適應某種情境的需要，自我介紹有時不需要面面俱到，將姓名、愛好、年齡、性格等一股腦和盤托出。話不在多，表意就行。在自我介紹中運用「以點代面」、「抓住一點不計其餘」的方法，反而能獲得意外效果。

巧妙注釋「姓」與「名」

自我介紹少不了「自報家門」，為了使對方準確聽清自己的名字，往往要對「姓」和「名」加以注釋，注釋得越巧，給人的印象就越深。對

姓名的注釋不僅可以反映一個人的知識水準、性格修養，更能展現一個人的口才。

一個人的姓名，往往包含豐富的文化累積，或史實，或反映時代的樂章，或寄寓雙親對子女的殷切厚望。因此，推衍姓名能令人對你印象深刻，有時也會令人動情。

不過，說好第一句話，僅僅是良好的開始。要談得有趣，談得投機，談得其樂融融，還要注意交流的態度。

有人在交談時，交頭接耳，目光游離，心不在焉；或只談論自己感興趣的話題，高談闊論，漫無邊際；也有的十分拘束，沉默冷場；更有甚者，信口開河，東拉西扯，唯己正確，我說你聽，淡而無味，結果往往不歡而散。

所以，與那些素昧平生者交流時，應避免傲慢與偏見，尤其在最初見面的幾分鐘裡，要心平氣和，全神貫注，不失禮節地傾聽。只有這樣，才能做到推心置腹地交談，達到一見如故的目的。

批評的方法

批評是生活中最難掌握的一種表達方式，許多人都渴望掌握批評的技巧。在生活中，我們常常會看到一些人在大眾場合，倚理欺人、居高臨下地指責、批評對方，試圖把自己正確的觀點強加給對方，其實這樣的批評方式往往會事與願違。

要想正確地掌握批評的方法，需要注意兩個方面：

◇ **要注意批評的態度和語言**：批評人時要心平氣和，做到誠懇、認真、

冷靜、耐心、不能急躁，不能怨恨，更不能存心找麻煩。要使用一種溫和的語言及有效去除僵硬與冷淡的方式。當你心中憤怒、埋怨、焦慮，並想責怪對方時，最好先克制一下情緒，整理一下思路，甚至可以先聽聽音樂，散散步，看會兒電視，等冷靜時再實施批評。在實施批評時，最好先適當地表揚對方，透過提及對方的好，而使對方認為自己並非全都不對，從而改善氣氛，以保護他們的自尊，使他們心甘情願地去改進。

◆ **因人而異，對症下藥**：批評他人要注意根據不同對象採取不同的方法和語氣。對長輩和上級，要巧妙地提醒，聲東擊西，含蓄委婉；對中年人，要旁敲側擊，點到即止；對年輕人，批評時要語重心長，要寄予希望；對那些「老虎屁股摸不得」的不講理者，要理直氣壯，以正壓邪，在嚴厲批評之後再輔之以耐心地說服。

總之，批評的方法要以教育為主，用事實教育人，用道理開導人，用後果提醒人，從而達到使對方心悅誠服地改正錯誤的目的。

不要傷了孩子的自尊

父母與孩子的關係雖然親密，但對孩子說話也不能隨隨便便。因為，孩子與父母在年齡、閱歷、心理等方面存在著很大的差異，如不注意這一點，對孩子說了不該說的話，勢必不利於孩子的健康成長。父母是孩子的第一任老師，父母的言行時時刻刻都在潛移默化地影響著孩子。因此，父母在與孩子交談時要注意自己的措辭。

父母對孩子說話時要有所忌諱，概括起來，主要有以下幾點：

▌忌說損傷話

有些性格急躁的父母，恨鐵不成鋼，動輒損孩子。什麼「你這個笨蛋」、「一點出息也沒有」、「活著做什麼，還不如死了」等等，孩子耳濡目染，身心定會受到創傷。

「你怎麼不像你姐姐，她每科功課都拿滿分！」這樣的話語，無疑會對孩子的自尊心造成一定的傷害。而許多家長卻並沒有意識到自己給孩子造成不安的情緒。「是啊，為什麼我不能像她一樣、父母不喜歡我了。」他的反應往往是：第一，覺得被貶低了，一無是處甚至沒有希望；第二，擺脫人見人愛的姐姐；第三，為沒人喜歡自己而憤憤不平。

這時，更為恰當的表達是：「我知道你擔心你的成績不如姐姐好。我要你記住：你倆各有所長。我們也很看重聰明的孩子，你們各有惹人疼愛的優點。」

▌忌說嚇唬孩子的話

「如果你不立刻跟我走，我就把你一個人拋在這裡！」這種爭執往往發生在公共場所，一旦你失去控制，孩子就贏了。較有效的方法是：當他太不守規矩時，你就把他抱起來。這樣，他就會了解你不允許他在公共場所胡鬧了。

▌忌說命令話

有些父母在孩子面前耍威風，不給予任何自由。有的家長一味限制孩子，什麼也不准。說話就是下禁令。例如：「放學後不許和同學玩，不許到同學家裡去，不許把同學帶到家裡。」「你每天除了念書，別的什麼都不准做。」這種生活在命令中的孩子就會慢慢地變得遲鈍，沒有創造力。

▌忌說氣話

　　有些缺乏修養的父母，稍不順心就拿孩子出氣。在家沒好臉，說話沒好氣。孩子不敢接近，又躲避不了。如「去去去，滾一邊去。」「不要說話，給我裝啞巴。」有時孩子問點事情，也會沒好氣地說：「不知道，別問我。」「每天一直問，沒完沒了……」這些使孩子感到受冷落的氣話，是父母應該忌諱的。

▌忌說侮辱話

　　有些不理解孩子心理的父母，當發現孩子有什麼「不端」，則認為大逆不道，不是冷靜地弄清楚情況，而是憑主觀臆斷，說什麼「你這個不要臉的小畜生」、「小流氓」……

　　有的稍文雅的父母也有旁敲側擊、指桑罵槐的現象，弄得孩子反駁也不是，解釋也不是，只好委屈地忍受著。

　　有傷孩子心理的話，也是父母與孩子交流時應該忌諱的。

▌忌說埋怨話

　　當孩子犯錯誤之後，他會感到很無助。「我怎麼會這樣、我真傻。」他後悔當初沒聽從父母的話。就在這時，媽媽說：「我早就跟你說過會這樣。」轉眼間，孩子的無助變成了自衛。

　　出於反抗母親輕蔑的語氣，出於擺脫自視蠢笨的自卑，他開始辯解。要麼在絕望中屈服，要麼在憤怒中反叛；兩樣都不利於孩子的成長。

　　較好的表達方法是，媽媽說：「你試過自己的方法了，可是沒成功，對嗎？真為你難過。我也是這麼過來的。」

▌忌說欺騙話

我們經常會聽到一些父母這樣對孩子說：「聽媽媽的話，明天為你做好吃的、買漂亮衣服。」

「好好念書，考好給你獎金。」

這些話不實踐，久而久之，孩子就再也不信了。這種話比沒說的後果還糟糕。

▌忌說寵愛話

有些不夠理性的父母，溺愛子女，總說「你是媽媽的心肝寶貝」。有時孩子耍賴，要什麼給什麼，「好，媽媽就買給你。」甚至罵父母也笑，打父母還說「好好好」。這樣溺愛容易造成孩子許多的壞毛病，應該改正。

委婉拒絕的藝術

拒絕除了要委婉外，還要講究一定的技術。

▌暗示拒絕

透過身體姿態或非直接的語言把自己拒絕的意圖傳遞給對方。當想拒絕對方繼續交談時，可以做一些轉動脖子、用手帕擦拭眼鏡、按太陽穴以及按眉毛下部等漫不經心的小動作。這些動作意味著一種訊號：我較為疲勞、身體不適，希望早一點停止談話。顯然，這是一種暗示拒絕的方法。此外，微笑的中斷、較長時間的沉默、目光旁視等也可表示對談話不感興趣、內心為難等心理。也可以是語言暗示，如：「找我有什麼事嗎？我正打算出去。」「還要給你倒點茶嗎？」等，從而間接地表達了拒絕的願望。

▌先肯定後否定

對對方的請求不要一開口就說「不行」，而要先表示理解、同情，然後再據實陳述無法接受的理由，以此獲得對方的理解，使對方自動放棄請求。

劉曉萍和李麗雯是大學同學，劉曉萍這幾年做生意雖說賺了些錢，但也有不少的債務。兩人畢業後一直無來往，忽然有一日李麗雯向劉曉萍提出借錢的請求，劉曉萍很為難，借吧，怕擔風險；不借吧，同學又不好拒絕。思忖再三，最後劉曉萍說：「你在困難時找到我，是信任我，看得起我，但不巧的是我剛剛買了房子，手頭一時沒有積蓄，你先等幾天，等我過幾天帳結回來，一定借給你。」

▌轉換話題

對方提出某項事情的請求，你卻有意識地迴避，把話題引到其他事情。這樣既不讓對方感到難堪，又可逐步減弱對方的請求心理，達到婉轉拒絕的目的。

▌假托直言

某雜誌的推銷員登門拜訪，希望你訂閱他們發行的雜誌，可是你不想訂閱。你可以很有禮貌地說：「謝謝。你們的服務很周到，可是我家已經訂閱了其他幾家雜誌了，目前沒有多的預算了，真不好意思。」

像這種採取假藉的方式，以非個人因素作為藉口而拒絕別人的方法，就是假托直言。

「直言」是對人信任的表現，也表示與對方關係不若常人。

▌裝聾作啞

1945 年 7 月，蘇、美、英三國領袖在波茨坦舉行會談。一次在會議休息時，美國總統杜魯門對史達林說，美國已研發成功一種威力強大的炸彈。這是用暗示的方式來試探史達林對原子彈所持的態度。史達林就像沒有聽見一樣，既沒有露出絲毫的驚訝，也沒有做出任何回答，以致許多人回憶說，史達林好像有點聾，沒有聽清楚。其實，史達林聽得清清楚楚，會後他告訴維亞切斯拉夫‧莫洛托夫（Vyacheslav Molotov, 1890-1986）說：「應該加快我們研發工作的進展。」四年後，蘇聯成功地爆炸了第一顆原子彈，打破了美國對世界的核壟斷局面。

在對方提出問題時佯裝沒有聽見，當然就用不著回答。

▌以情感人

某電臺「年輕人信箱」的廣播節目主持人曾收到三位年輕聽眾的來信，說因為他們聽了節目主持人優美動聽的聲音，很想見節目主持人一面，但知道這不可能，所以希望能得到節目主持人的照片。節目主持人理解聽眾的心情，說了這樣的話：「三位聽眾朋友，首先，我非常感謝你們的好意。你們也許聽過這句格言：『知人知面難知心。』看來，交朋友最難的是交心。那麼，還是讓我們做知心朋友吧。」可以想像，這三位聽眾聽後一定會感到十分欣慰。

▌引薦別人，轉移目標

對於別人的請求，不妨實事求是地講清自己的困難，同時熱心地介紹能為其提供幫助的人。這樣，對方不僅不會因為你的拒絕而失望、生氣，反而會對你的關心、幫助表示感謝。

蔡老師是國小五年級的班導師，生活負擔很重，恰巧班上新轉來一名學生，課程落後一段，學生家長很信任蔡老師，想請蔡老師為孩子補課。蔡老師抽不出空間，很不好意思。她對家長說：「真對不起，我實在擠不出時間，這樣吧，我有個姪女剛畢業，分發到某小學工作，讓她幫忙補習可以嗎？」家長聽了非常高興。

▍緩兵之計

對方提出請求後，不必當場拒絕，可以採取拖延的辦法。你可以說：「讓我再考慮一下，明天答覆你。」這樣，你不但贏得了考慮的時間，又使對方認為你對這件事很認真。

吳曉靈一心想當一名記者，於是想從學校調到某報社工作，她找上了她的師丈 —— 某報社的李總編，李總編知道報社不缺人，但又不好直接拒絕，於是對吳曉靈說：「最近剛剛招收一批畢業生，短期內社裡不會有徵人的需求了，過一段時間再說吧。」李總編沒說這事不行，而是以條件不利為理由，雖然沒有拒絕，但為後來的拒絕埋下了伏筆。

▍詼諧幽默

一次，舉辦歌唱比賽，一個社會聲響不太好又根本不懂藝術的企業家找到比賽主持人說：「我贊助 10 萬元，你讓我當評審怎樣？」

比賽主持人拍了拍對方的肩膀說：「老兄，你錢多得沒地方花嗎？這10 萬元扔在這個比賽上，不如扔到河裡，還能看到個漣漪呢。」

這是在對方提出要求後，機智地以詼諧幽默、插科打諢的話語，避開問題焦點的回答，巧妙地拒絕了對方提出的要求。

拒絕時，還應該注意以下幾個方面：

當遇到敏感的問題或難做出承諾的要求時，除了應向對方誠懇地表示

尊重、理解和同情之外，還要沉著冷靜，絕對不要焦躁。對於無理的要求或挑釁的問題，既可主動出擊，也可以防衛為主。也就是局勢由我們所主導，進可攻，退可守。

對於合情合理但目前還無法做到的要求，可以「拒此應彼」。就是在拒絕對方這個要求的同時，為了補償他，減少他的遺憾和失望，可以真誠地為對方著想，提供一些意見，建議他改變方法，另作其他的打算等。

如果對方樂於接受你的說法，最好也及早向他說明你拒絕的原因，以便他另作安排、打算。如對方承受「逆境」的能力很差，猛然被拒，輕則可能煩憂、痛苦不堪，重則可能精神失常，最好是用商量的方式再委婉地告訴他，以拖延戰術再加上旁敲側擊，逐步暗示對方，讓他自己發現到已被你拒絕了。

如對方是你的上級、長輩，與其讓他一再催促你做出答覆，不如你主動登門拜訪說明原因，委婉拒絕，以免有失禮貌。如對方是你的下級、晚輩，即使所提的問題不便回答，所提的要求不合理，也不宜當眾恥笑、訓斥，而應耐心解釋或暗示拒絕的原因。如對方對拒絕的理由仍存疑惑，還想糾纏你，不妨再加上一些「證據」，讓你拒絕他的理由更有可信度。

當然，你在拒絕的時候應該給予對方以希望。合理的要求，一時還不能解決，不妨如實告訴對方，經過努力，等一切條件都具備了，問題自然就會迎刃而解。事情若是經由他自己的努力，便可以達成的，那你的拒絕也許會變成他進步的動力。但若事情受許多客觀條件的限制，非他個人的努力所能改變的，那你也應該多給他點希望和鼓勵，使他感到這件事雖無法完成，但工作還是有意義的，生活還是美好的，從而發現你那樂於助人的「俠義心腸」。

如果是實在不能接受的要求，那必須做到不遷就、不猶豫，堅決拒

絕，言辭絕不含糊。切忌模稜兩可，使對方產生誤解，仍抱有不切實際的幻想，但是，口氣要委婉。

　　拒絕時，應採用靈活多變的委婉方法，才能做到拒「事」不拒「人」。

如何與戀人交談

　　第一次與情人交談是需要技巧的，它直接決定你們以後感情的發展。它能使你在情竇初開時，把豐富的思想、微妙的心聲用適當的話語表達出來，和對方的思想情感碰撞，擦出愛情的火花，點燃熾熱的熊熊烈火。但是，這不僅是一門複雜的學問，也是一個難題，正如戀愛沒有固定的模式一樣。

▍和「搭橋式」戀人交談

　　一般來說，經人介紹，發生戀愛關係的雙方，大多是些戀愛無方、忠厚老實、性格較內向的人。赴約相見的時候特別容易忐忑不安。但是，初次見面既不能木訥寡言，也不能羞羞答答，而應落落大方，主動啟齒。

　　如何展開交談呢？

　　先談些閒話，進而轉入正題，開門見山、有所修飾地自我介紹一下，諸如年齡、文化、工作、脾氣、嗜好、家庭狀況，以及對未來的嚮往等等。接下來說些雙方都熟悉的或感興趣的事。對於感情方面的表白，可委婉、含蓄些，留有一定的轉圜餘地。交談的內容，必須注意對方的理解能力和接受能力。不然，對方就難以了解你的意思，甚至產生不必要的誤會。如果認為自己是看上他了，那麼，就可直言不諱地說：「我覺得今天與你認識很愉快，你呢？」如果雙方或一方需要有待進一步認識和考慮，

那你可以說：「我希望我們的談話以後能繼續下去……你有這個意思嗎？」
如果雙方或一方感到不滿意，可以委婉地表示：「讓我們都慎重地考慮考
慮吧……」或者說：「我將徵求我父母的意見……」以此作為託詞，努力
避免不滿情緒的流露，保持交流的禮儀，互相尊重。

▋ 和「一見鍾情式」的戀人交談

　　俄國詩人普希金的長篇小說《葉甫蓋尼·奧涅金》（*Evgeny Onegin*）
中，女主角達吉雅娜是個樸素熱情、富於幻想、熱愛自然的女孩，她見到
男主角奧涅金後立即愛上了他，並大膽地寫詩向他表白，詩中寫道：

> 我知道，你是上帝派到我這裡來的，
>
> 你是我終身的保護者……
>
> 你在我的夢裡出現過，
>
> 雖然看不見，你在我面前已經是親愛的……

　　達吉雅娜見到奧涅金，真可謂是一見鍾情。平時人們所說的一見鍾情
的愛戀，是由雙方的直覺感官產生的，是由對方的形象、印象引發的，如
外貌、風度、言談等等，男女雙方的「情」就產生於「一見」之際。

　　1920 年，在巴黎的一次舞會上，上尉戴高樂邀請旺德魯小姐說：「小
姐，認識你我非常榮幸，是一種莫名其妙的榮幸……」

　　而旺德魯則說：「不是嗎，上尉先生，我不知道還有什麼比你的話更
動聽，比此刻的時光更美麗的東西……」他們一邊跳著舞，一邊傾訴著，
當跳完第六支舞時，已經山盟海誓，定下終身了：這閃電式的戀愛，的確
是一見鍾情。

　　由於人們的個性不同、職業各異、文化修養和氣質有別，因此與一見
鍾情的戀人進行第一次交談，也沒有固定的模式，表達方式、言談內容都

不盡相同。但總體的原則是：在學識上要顯得渴求些；在心靈上應流露得美好些；在理想上要談得遠大些；在感情上要表達得豐富些；在語氣上要表現得謙虛些；在情態上要表現得誠懇些；在情愛上要表達得含蓄些。

如能這樣，和戀人的初次交談定會成功。

夫妻的交流之道

生活中有這樣一類男人：他們在社交場合很活躍，妙語連珠，海闊天空。在他們看來，談話是自我表現的一種方式。這時候，妻子則可能因為丈夫從未如此興致勃勃地對待自己，而感到自尊心大受傷害。

張梅儀與丈夫趙大峰應該說是幸福的一對。即便這樣，他們也有各自的煩惱。張梅儀對別人抱怨說，當她對丈夫談起自己的思想感情時，丈夫總是一言不發地聽著；當她想聽聽丈夫的看法時，他就是三個字：「沒什麼。」

向親人和朋友吐露自己的心聲對張梅儀和許多女人來說，是生活中必不可少的內容。但對於趙大峰和許多男人來說，談話的目的是獲得資訊，感情應該深埋在心底。

首先，夫妻之間說話時，相互尊重不可忽視。

在慶祝的晚宴上，心情極好的史達林當著大家的面，對妻子娜佳喊道：「喂，你也來喝一杯。」如果是在家裡這樣說，這是一句充滿人情味的話。可是當著蘇聯黨政高級官員和外國代表的面，這樣就顯得不夠莊重得體，甚至可以說太隨便了。偏偏娜佳是一位個性極強且年輕氣盛的女人，從來就不認為自己是附屬物，聽了此話，感到受了羞辱，一時又未想到化解的方法和語言，於是就大喊一聲：「我不是你的什麼『喂』！」接

著便站起來，在所有賓客的驚愕中走出了會場。

第二天早晨，人們發現，時年 32 歲的娜佳躺在了血泊中，手裡握著手槍。

一句話，斷送了一條正值青春年華的生命，實在讓人惋惜。從史達林方面說，他的過錯在於在自尊這個人際關係的巨大暗礁前不知退讓和繞行，沒有尊重妻子。禍根是他潛意識中的大男子主義。從娜佳方面看，身為第一夫人，且不論個性，單就化解突發交際矛盾和處理意外事變的能力以及語言表達能力方面都存在著較大的欠缺。其實，這個尷尬場面用一句玩笑話就可以處理了。但她選擇的方式令人遺憾。

「喂！去買醬油！」或「喂！把房間打掃一下。」，夫妻在日常生活中，一方對另一方用命令的口吻分配工作或下達任務，是常有的事情。這種命令式的語言毫無商量之意，只有理所當然之感。過多地這樣做，容易引起不良後果，尤其在對方情緒不佳時，特別不順耳，甚至會成為發生口角的導火線。如果多商量少命令就可以避免這種情況發生。「能抽出時間去買瓶醬油嗎？」「等下打掃一下房間好嗎？」這樣就順耳多了。即使對方手中正忙著什麼，也會愉快地應允。這樣，才有利於維護夫妻關係。

但是，這種商量的語氣也不是對每個丈夫都適用。

雅婷喜歡用這樣的語氣對自己的丈夫說話：「我們把車停到那裡吧。」「我們午餐前先打掃環境吧。」

這語氣讓她的丈夫胡曉明很惱火。胡曉明把雅婷的「我們這樣吧」、「我們那樣吧」當成了命令。和很多男人一樣，胡曉明討厭受制於人，但是，對雅婷來說，她並沒有指使，只是建議。和許多女人一樣，雅婷竭力避免正面衝突 —— 她把要求化做建議而不是命令。可是，對有些男人來說這種委婉的方式反而更糟。一旦他們意識到別人用含蓄隱蔽的方式指使

他們，就會感到受人操縱而惱怒，他們寧可接受直截了當的要求。

身為丈夫，要對妻子多加讚美。在眾多的讚美話中，女性最愛聽的，必定是出自丈夫口中的讚美了。「你今天煮的菜真好吃」「謝謝你把我們的家整理得如此乾淨整齊」「你穿圍裙的樣子真是可愛極了」，沒有比這些讚美話更令妻子心動的了。相信聽到這些讚美話後，妻子會更認真地照顧這個家。

夫妻雙方應該多說「我愛你」、「我喜歡你」，千萬不要有「即使自己不說，對方也能感應到」的愚蠢想法。也千萬不要認為時常將「我愛你」一類的話掛在嘴邊，是件肉麻的事，有損自己顏面，這是錯誤的觀念。多多表達自己的情感，能使彼此的關係更加融洽。如果你足夠聰明，就應該表現出自己的愛，並且讓對方知道。

道歉貴在誠懇

與人來往，不可避免地會說錯話、做錯事，得罪人也就在所難免了。嚴重時，甚至給別人造成沉重的精神負擔和巨大的經濟損失。對此，我們需要及時意識到自己的錯誤，誠懇道歉，並且主動承擔責任，一般情況下，總能得到別人的原諒。

道歉必須及時。即使不能馬上道歉，也要日後找對時機表示歉意。認錯、道歉還要真心實意，不必為作過多的辯解而找客觀理由。即使確有非解釋不可的客觀原因，也最好在誠懇道歉之後略為解釋，而不宜一開口就辯解不休。這樣只會擴大雙方思想感情的裂痕，加深彼此的隔閡。

誠心誠意道歉，不必躲躲閃閃、羞羞答答，更不要誇大其詞、奴顏婢膝，一味地往自己臉上抹黑。那樣，別人不僅不會接受你的道歉，甚至還

會覺得你很虛偽。而應該語氣溫和、坦誠直率、堂堂正正。

有時，沒有錯也需要道歉。例如：由於客觀原因：變幻無常的天氣情況、出乎意料的交通事故等等，你沒有準時赴約或耽誤了時機，造成了對方的許多麻煩和損失，為什麼不道歉呢？如果一味找客觀原因，雖然對方表面上不會責怪，但內心還是有所抱怨的，那就不利於增進友誼。

如果你有求於人，對方盡了最大的努力辦成了事，但對方因此遇到了超乎想像的麻煩；或由於受多方條件的限制，事未辦成，而他為此付出了艱巨的勞動。這時為什麼不能表示自己發自肺腑的謝意和歉意呢？這展現了對他人勞動的尊重，而且以後有求於他時，也好再開口。

對方不聽勸告，闖下大禍，他本人已經遭受到生命和財產的巨大損失，沉浸在悲痛之中。這個時候，你絕不能急於批評對方的錯誤，更不能埋怨他不聽你的勸告，而應先表示慰問，再對自己沒有再三勸阻表示歉意。以後，再利用適當的時機和場合，共同總結經驗教訓。凡通情達理者，必會萬分感激，並把你當成可信賴的朋友。

道歉也要選合適的時機

道歉之事不宜拖延。很難想像幾十年後的一句「對不起」還能有多大的效果。太遲的懺悔是沒有任何意義的。所以，道歉的時間宜早不宜遲。有時拖延數日就可能錯過適當的機會，過後再後悔莫及也沒有用了，只能抱憾終生。

所以，在需要道歉的時候，就應該立即道歉，越拖延越難以啟齒。

小張有個感情不錯的朋友。一次，朋友興奮地請小張對他的第一份企劃書提些意見。小張當時心情很不好，竟然想都沒想，就把朋友否定得一

塌糊塗，而且是在朋友的同事面前。

事後他想起來，覺得朋友的企劃書並不是那麼糟糕，自己之所以要對其橫加指責，完全是藉以發洩自己心中的不滿。他很想打個電話跟朋友道歉，但因為工作忙，便一拖再拖。等他真的拿起電話來，已經是兩年後了，朋友的電話早已變更。當小張輾轉幾次，終於撥通朋友的電話後，他提起了那件往事，準備道歉。朋友卻淡淡地說，他已經不記得那件事了，現在他很忙，以後再聊吧。電話掛了。小張知道，自己已經失去這個朋友了。也許朋友一直在記恨他，也許朋友真的忘了，但小張已永遠失去了道歉的機會，因為他們的友誼已不存在了。

所以，記住，道歉的第一個原則是快，最好是立刻表達你的歉意。千萬不要讓時間來沖淡對方的憤怒，時間帶走的將不僅是怒氣，就連寶貴的機會也會一併帶走。

同時，道歉要懂得察言觀色。在對方被激怒、火氣正旺的時候，你的道歉不會有太大作用，甚至還會遭到侮辱。此時最好的辦法就是靜靜走開，等對方把火氣發洩出來，冷靜下來了，再想辦法道歉。

類似的不宜立刻道歉的情況還有：如果你說錯了話，對方的反應也可能不是發怒，而是悲傷，這也許表明情況更嚴重。這時，你需要審時度勢，如果貿然上前，很可能碰一鼻子灰，不但達不到解釋的目的，反而遭遇冷淡。不如先找其他親近的人幫忙勸勸，然後自己再上場，效果可能要好一些。另外，如果有外人在場，私密的道歉話也不好說，不要急，另找合適時機；還有，如果你的問題不是很嚴重，對方工作正忙、正在為其他事情焦急的時候，不要打擾對方強行道歉，這樣反而會令對方更加不滿。

小夏因為說話不小心，無意中傷害了朋友小靈，為此她感到很內疚，很想找機會向小靈道歉，但是小靈當時很生氣，根本聽不進她的話。於是

小夏想了一個好辦法，過幾天就是小靈的生日了，她決定等小靈生日那天，藉著為她祝賀生日的機會，向她表達自己的歉意。小靈生日那天，小夏在小靈每天必聽的一個電臺節目裡，為她點了一首她平時非常喜歡的歌，並請主持人轉達自己的歉意說：「小靈，對不起，我不是故意要傷害你。你能原諒前幾天惹你生氣的朋友嗎？今天是你的生日，祝你生日快樂！我希望我們永遠是朋友！」小靈聽到以後很感動，兩人和好如初。

所以，道歉要掌握時機，掌握最合適的時機。

另外，還可以用一些小招數使對方的心情好起來，比如：約對方到一個環境優雅安靜的地方，雙方都能平心靜氣，自然也就容易推心置腹、開誠布公地談一談心，化干戈為玉帛，或者送一份別緻的小禮物，不一定貴重，但一定是對方想要卻不易找到的東西，這樣可以用誠意來打動對方，道歉就成功了一半了。

另外不同性格的人對憤怒的反應方式也是不同的，因此道歉還應根據對方的性格特點來選擇合適的方式、估計難易程度。所謂「知彼知己，百戰不殆。」下面我們就來針對不同星座的人的性格特點作一下分析，看看針對他們更適合採用哪種道歉方式：

◈ **牡羊座**：怒氣來得快，去得也快，只要在合適的時間向他道歉就行了。

◈ **金牛座**：容易記恨，所以應用「慢慢哄」的方式，比如請他吃頓飯。

◈ **雙子座**：別太正經，可以營造出輕鬆俏皮的氣氛，使他樂於接受道歉。

◈ **巨蟹座**：因為比較容易遷怒，所以要巧妙設計，盡量以若無其事的方式向其道歉。

◈ **獅子座**：自尊心很強，向其道歉時要請親友團來調解，效果才好。

◈ **處女座**：大可直接道歉，明理的他會先從自我反省做起。

◆ **天秤座**：很會幫人調解，心胸比較開朗，只要向其真誠道歉即可。

◆ **天蠍座**：由於復仇心較強，需要在衝突後迅速向他道歉以明哲保身。

◆ **射手座**：生性樂天且無責任感，生氣後很快就沒事了。隨便怎麼道歉都行，但一定要有誠意。

◆ **魔羯座**：責任感強且超級倔強，想要求得其諒解，請拿出愚公移山的精神來。

◆ **水瓶座**：吵架常因意見不合，隔天在他有興致地談論某一話題時附和兩句就好了。

◆ **雙魚座**：感情豐富易受感動，道歉要以情動人，盡量肉麻。

　　道歉是化解對方負面情緒的行為，一定要有誠心和耐心，「精誠所至，金石為開」，如果能做到這一點，打開朋友和家人的心結也就不是難事了。

迂迴的說服法

　　迂迴的說服法，就是為了達到自己的目的而透過曲折隱晦的語言形式，把自己的思想、意見暗示給對方的方法。這種表達方式既可以達到批評的目的，又可以避免難堪的場面，所以常被當做說服的有效手段。

　　戰國時，公輸般替楚國製造雲梯，準備攻打宋國。墨子聽到這個消息後，就從齊國徒步到楚國郢都，希望勸說公輸般不要為楚國製造雲梯。

　　兩人見面後，公輸般問：「先生有何指教？」

　　墨子故意說：「現在北方有人侮辱我，我想借您的力量殺了他。事成之後，我送您一千斤黃金。」

　　公輸般很不高興，斷然拒絕：「我是講仁義的人，所以不能隨便殺人。」

墨子見公輸般滿口仁義，正中下懷。於是他立即借題發揮，慷慨激昂地說：「請允許我向您進言，我在北方聽說您製造雲梯，想攻打宋國，但宋國有什麼罪呢？楚國本來就是地廣人稀，卻拚命地在戰爭中葬送自己本就不足的人民。這只不過是為了爭奪自己早已擁有的很多土地，這樣不能算是聰明。宋國沒有罪，而您卻要攻打它，這不能算仁愛。懂得這個道理，卻不身體力行，不能以理據爭，這不能算是忠臣。如果爭取達不到目的，這也不能算堅強。殺一個人認為不義，卻殺多數人，這不能算是懂得類推事理。」

公輸般被墨子說得無言以對，只好承認自己為楚國製造雲梯攻打宋國是錯誤的。

在此，墨子以先請求公輸般幫助他殺人的話來「聲東」，誘使公輸般亮出「我是仁義的，不能隨便殺人」的觀點，並為墨子的「擊西」提供了大前提。因此，墨子立即抓住時機，雄辯分析，連連責難，使公輸般欲辯無辭，除認錯之外，別無他路。

如何說服父母

許多子女都說與父母有代溝。的確，父母因為年齡的原因，與社會有些脫節。而因為缺乏交流的藝術，雙方經常產生摩擦。家庭中父母與子女間的摩擦，大多都是兩代人之間的思想分歧，解決起來不大容易。而偏偏長輩固執，後輩執拗，他們覺得自己正確的時候，往往靠爭辯解決問題，這就進一步刺激了矛盾的產生。

在這種情況下，如何說服父母，是需要一定技巧的。說服父母是一個特殊的交流和溝通過程。

▌獻殷勤，套交情

獻殷勤，不是虛情假意，而是要實實在在地孝敬父母。雖然父母有許多缺點，但做兒女的總應該真心實意地愛他們，關心他們的冷暖和健康，為他們分憂解愁。有了這個心理，你就會有許多「獻殷勤」的辦法，也會有誠懇、禮貌、親切的態度，自然而然就會說得順耳，講得動聽了。

需要提醒的是，當父母問你什麼事情時，你一定要耐心地、認真地正面回答或解釋。因為這是送上門的「獻殷勤」的好機會，處理得恰當一定會換得父母更多的憐愛。長輩總想更多地了解晚輩的生活，你只要耐心地陪著他們就足夠了。

人與人之間應該相互尊重，子女和父母更應該如此。而這種尊重，很重要的一個方面就是經常向老人請教和商量問題。除了那些自己能夠預料到肯定與父母的觀點存在明顯分歧，而又必須堅持己見的問題之外，其他的事情，都應該經常及時地與父母商量，聽聽他們的意見，這無疑是有好處的。即使清楚地知道自己與父母的觀點絕對一致，也不妨走走過場，以求得意見一致時所帶來的愉快心情。

▌利用類比講明道理

在說服過程中，可以巧妙地把父母的經歷和自己目前的狀況類比，以求得他們的理解，使他們沒有反對的理由。

比如：有一位大學畢業生想到北部闖一闖，家長不同意，他就這樣找理由說服父親：「爸，我常聽你說，你16歲就離家到外地上學，自己找工作，獨自奮鬥到今天！我現在比你當時還大兩歲呢，我是受你的影響才這樣決定的，我想你會理解和支持我的。」

這樣一來，兒子成功地說服了父親，父親無法再堅持自己的意見了。

一般情況下，做父母的都有自己認為輝煌的過去，他們免不了以這些資本教育子女。對於已成年的子女，如果要做一番事業卻受到父母的阻撓時，就可以拿他們的經歷作為論據，進行類比，這樣說服力就會增強很多。

以父母的期望作為自己的旗幟

父母對子女的未來都寄予厚望，望子成龍是他們夢寐以求的。在日常生活中，父母常常教導子女要敢闖敢做，將來要做一個有作為、有成就的人。

在說服他們時，抓住提出的意見與他們的目標一致這面旗幟，作為有力的武器，為己所用，說服也就成功了一半。

有一位剛畢業的年輕人在一家公司找到一份工作，而父親不同意兒子的選擇正在託人給他連繫某政府機構。這個年輕人說：「這個公司我了解過了，很有前途，生產的是高科技產品，和我學的專業很符合。再說，政府機構好是好，可是人才濟濟，我到那裡要想做出一番事業，恐怕機會不多。可是，在這個公司就不同了，我去那裡，總經理要我馬上把技術工作帶領起來，這是多好的機會。我從小就依靠你們，沒有主見，我現在長大了，覺得你說得對，這個決定就是我自己獨立思考定下的。我想你一定會支持我的。」

聽到這裡，父親還能說什麼呢？

一般來說，父母很注重自身的尊嚴，對過去說過的話不會輕易失信，而且會及時兌現。

所以，在說服他們時，就可以適當利用這種心理，用他們的話作為自己的旗幟，說服他們就會很容易。

▌發揮堅決的態度的震撼力

子女在說服父母時要表明自己的堅決態度，讓他們了解自己的選擇是慎重的，是下了決心的，無論遇到什麼情況都不會動搖，即使決定錯了，也準備獨自承擔責任，絕不後悔。

這種堅決的態度具有柔中寓剛的作用，對於父母有強烈的震撼力。父母從中可以看到子女的主見和責任感，不但不會把事情弄僵，反而會順水推舟，同意子女的意見。

一位女孩的父母不同意女兒和那個男孩談戀愛，她對父母說：「在這件事情上我決心已定，希望你們能理解女兒的心思。以後吃苦受累我也心甘情願。如果你們還是不同意，那也沒有辦法，就當沒有生我這個不孝的女兒吧。不過，我是多麼希望你們能理解和支持我呀！那樣，我會感謝你們的。」

話說到了這裡，父母還能說什麼呢？他們並不想失去女兒，既然女兒已經鐵了心，為什麼還要苦苦相逼呢？這個事例中，女兒的決心有著重要作用。

最後，需要指出的是，如果自己的意見不正確，甚至完全錯誤，那就用不著為說服父母而大費周章，而是趁早愉快地放棄自己的意見，採納他們的意見。當然，這同樣也需要勇氣和理智。

如何面對羞辱

生活中也許會有一些衝動或沒有教養的人對你說下面的話：

▌「說話之前應該先想一想。」

當對方如此指責你時，不一定是提醒你多思考，也可能是指責你說了令他不快的話。這時，你可以把重點放在時間的問題上：「很抱歉，是我疏忽了，那麼依您看，說話之後該怎麼樣呢？」

或者接受他的好意：「你說的是，我盡力而為。不過，我一向習慣在你開口說話之前，先思考我該說什麼話。」

或者你可以表示為他打抱不平的態度：「可是如果我想了而你沒有想，對你不是太不公平嗎？這樣太失禮了。」

最簡單的方法就是報以微笑，然後默默不語，如果對方等得不耐煩，想再說什麼，你就打斷他：「噓！我正在想呀！」

▌「你父母是怎麼教你的？」

談話之中突然牽扯到你的父母，這是最令人生氣的事，但你一定要保持冷靜，千萬別因為父母受到對方指責而生氣，因為可能是對方一時衝動說出的氣話。

這時你不妨默默想一會兒，再說：「我不記得了，恐怕得麻煩你親自去問他們。」

或者態度謹慎而肯定地回答他：「我很抱歉使您惱怒，但是我想這麼沒禮貌的問題，不應該從一位紳士口中說出來。」

▌「你以為你是誰？」

這種話通常是對方惱羞成怒時，容易脫口而出的話。這時，你不妨謙和一點，請教他：「我倒沒想過這個問題，你呢？你認為自己是誰呢？」

或者以開玩笑的方式說：「我不太確定，不過我應該算是個大人物吧！有不少人找我說話呢！」或是：「現在嗎？我覺得我是受害者。對於你的怒氣，我覺得十分無辜。」你也可指指旁邊的人：「我自認為是他，你可以問問他自認為是誰。」

▌「你連這點小事都做不好嗎？」

如果對方如此詢問你，這時你可以向他求教：「我不知道，請問你可以告訴我第一步該怎麼做嗎？」

在人與人的交談中，難免會因一時惱怒而說出氣話，也許對方話一出口就已經後悔了，但是因為你的憤怒反應，使他不甘示弱而與你針鋒相對。因此，判斷對方是無心之語時，你不妨較有技巧地應對，讓對方心平氣和，自覺失言。

當然，假如對方很明顯是蓄意惹怒你，你不妨機靈地回敬他一句，然後選擇離開，但千萬不可大發雷霆，使場面一發不可收拾。

公然直接羞辱人的語言大多有一個共同點：說話的人很衝動，而且被逼得無話可說，你千萬不要因為對方的一句辱罵，變得像他一樣失去理智，否則你們兩個人之間的關係將會絕裂，無法補救。最好的對策是保持冷靜，從容應對。

讚美的方法

讚美別人，就像是用一支火把溫暖了別人的心，不僅讚美了對方的美德，還能讓彼此之間產生良好的互動關係。讚美是一件好事，但絕不是一件容易的事情。讚美別人時如不能掌握讚美的技巧，即使你是真誠的，也會讓好事變為壞事。

▍讚美要看對象，注意讚美的內容

在愛漂亮的女孩子面前，你就讚美她的打扮；有小孩的母親，讚美她的小孩聰明可愛準沒錯；對於熱愛工作的女孩子，你除了讚美她的外表之外，還可以讚美她優秀的工作成績；至於男人，最好從工作下手，你可稱讚他的能力。

讚美要看對象，人的氣質有好壞之分，年紀有長幼之別，因人而異，突出個人獨特的性情，這種有特點的讚美比一般普通的讚美更能獲得好的效果。稱讚別人，要盡可能具體些。

有特點的讚美，比一般普通的讚美更難能可貴。對於任何一個人，最值得讚美的，不是他身上早已眾所周知的優點，而應是那些藏在他身上尚未讓人發現的優點。這種讚美，不但會讓他覺得驚訝，也許還會因為你的一句話，讓他發覺自己深藏的潛力，從而改變他的人生際遇。

▍要多讚美小人物

俗話說：「患難見真情。」最需要讚美的不是那些早已功成名就的人，而是那些因為被埋沒而產生自卑心理或身處逆境的人。他們平時很難聽到一句讚美自己的話語，一旦被人當眾真誠地讚美，便有可能恢復自信進而振作起精神，成就一番事業。因此，最有建設性的讚美不是「錦上添花」，而是「雪中送炭」。

透過第三者的讚美更能打動人心。許多讚美的話由他人口中傳來，心中的確十分喜悅，或是另一種經由長輩和主管口中傳來的讚美，更是讓當事者除了感到喜悅之外，還有一份驕傲與感動。雖然做事並不是為了得到別人的好評，但如果你的成功能得到別人的肯定，連自己所敬重的人也深表贊同，那麼這些肯定和贊同定會使你更進取更努力。

但讚美絕不是越多越好，這就應記住一句古語：過猶不及。因為，對人讚美只是拉近人們距離的一種手段而不是維持人際關係的最終目的。因此，讚美的話不能濫用，應點到為止，而後要在和諧的氣氛中，迅速轉入談話的主題，讚美只是「開場白」罷了。

▌讚美要自然真誠

雖然人們都喜歡聽讚美自己的話，但並非任何讚美都能使對方高興。能讓對方有好感的只能是那些確為事實並發自內心的讚美。相反，你若無憑無據、虛情假意地讚美別人，他不僅會感到莫名其妙，更會覺得你油嘴滑舌、虛偽做作。

真誠的讚美是發自內心的，它是把對方的優點「秀」出來並由衷地讚賞，所讚美的內容的確是事實，不是虛假的。讚美的語氣通常親切自然，表情真摯，使人感到情真意切。如果讚美他人時，掛著一副冷冰冰的臉孔或滿嘴訕笑的口吻，那麼，對方八成會認為你虛情假意、別有用心，完全是在耍弄他。這樣的讚美就變了味，反而和諷刺沒兩樣。

當你見到一位外貌普通的小姐時，卻偏要對她說：「你真是美極了。」對方立刻會認為你真是虛偽，盡說些違心的話。但如果你真誠地讚美她的服飾、談吐、舉止等，她一定會十分高興地接受。

對親朋好友的讚美，當然是出於善意的鼓勵，但往往不自覺地會帶有偏愛或捧場的成分。你可以態度更熱情，語氣更熱烈，但對人對事的評價絕不能脫離客觀的角度，措辭也應該有一定的分寸。

安慰人的方法

　　人生的道路是曲折的，就是說人的一生中會遇到許多艱難困苦。如事業受挫、家庭不和、病痛纏身、親人故去等等。這時候，人們既需要自己面對現實堅強振作，也需要別人的安慰。俗話說「良言一句三冬暖」，友人的關心與體貼，猶如雪中送炭，會使當事者的痛苦得到一定的緩解。面對別人的痛苦，送去真誠的安慰，是一種做人美德。

　　人在痛苦的時候，考慮問題往往會陷入極端，這時就需要有人幫他轉變思考方式，一分為二地看問題。如久病的親人故去，人們在勸慰當事者時常常會說：「他走了，也免受病痛的折磨」；有人遺失東西，安慰者會說「破財消災」，就是這個道理。對於不同的問題引起的痛苦要採取不同的安慰方法。其實，安慰人的過程，就是啟發當事者自我節哀、自我解脫的過程。

　　在他人最需要情感的「攙扶」時，適時地給予安慰，既是愛心的展現，也是品德高尚的表現。可以這樣說，安慰是從哀愁走向愉悅的跳板，是驅散心靈烏雲的陽光。

　　一般來講，安慰的方法有以下幾種：

▌多用鼓勵性話語

　　當他碰到困難時，說一些堂而皇之的勸慰話固然容易，但沒有多大實際價值，這樣的安慰是屬於淺層次的。比如：有一位年輕人愛好寫作，凡是有徵文比賽的活動，他都踴躍參加，屢次投稿，卻都被退回。面對著一封又一封的退稿，他有些心灰意冷。這時如果說一句「沒關係，再來」、「你這樣努力，總有一天會重見天日」，似有一分鼓勵，但仔細想想，這

樣的安慰話卻不能給對方以實惠。如果能和他一起仔細分析投稿不中的原因，找出關鍵所在，就有助於他從「山重水複疑無路」中走向「柳暗花明又一村」。這種安慰的話就事論理，實用性強，對方能從中受益，就顯得很有分量和作用了。所以，安慰話不在多，而在於精；不在於禮尚往來，而在於讓人受用；不在於華麗漂亮，而在於切中要害。

啟發對方自我解脫

外在因素是變化的條件，內在因素是變化的依據，外在因素透過內在因素而起作用。這個道理在安慰人的時候同樣適用。我們無法代替當事者去經受痛苦，但我們可以幫助他們分析問題，鼓勵他們正確看待發生的事情，從而達到解脫。人們常說的「勸勸他」、「開導開導他」就是這個意思。

根據不同性格給予安慰

正像「鑼鼓聽音」一樣，說安慰話也要因人而異。即使是說安慰的話也要尊重人格，充分考慮到對方的性格和習慣。對性格內向的人，一般不宜在眾人面前直接給予安慰；對不喜歡別人的安慰的人，一般不要隨意賜予。尤其是涉及到別人的隱私，萬萬不可「好心辦錯事」，不宜在公開場合「走漏風聲」。在說安慰話時，還得「差別對待」，以不同方式應對不同對象。

摸清原委，給予安慰

在沒有了解對方之前，安慰充其量只是禮貌性的交流，說的話大多是客套話，比較膚淺。只有弄清了對方的思緒，了解了煩從何處來，才能把安慰話真正說到對方的心坎上，順耳、中聽、受用。

　　小燕從鄉下轉學到城市裡讀書，由於教學進度不一，課業跟不上，十分焦急。她看到父母為了讓她上學而含辛茹苦，更有一種負罪感。她怨恨自己不是讀書的料，常常罵自己笨。她的老師對她說：「成績跟不上，不是你頭腦不好，更不是因為你不用功，而是由你原來的學校與現在學校的教學進度不同造成的，只要把落後的功課補上，以你的用功程度，你會比大家學得都好。」小燕聽了很高興，也不再焦急。可見只有深入了解了對方內心特定的「苦悶」和「障礙」之後，安慰話才能對症下藥。

▌送出同情與體貼

　　人是有感情的高級動物。安慰人其實就是人的一種感情活動。情相同，才能心相通。要想使自己說出的話讓對方感到親近，被對方接受，就必須從感情上與當事者發生共鳴，把別人的痛苦當做自己的痛苦，對當事者給予同情和體貼。同情和體貼被安慰者，可以說一些親切、安慰的話；也可以認真傾聽對方的訴說。要耐心地聽當事者的感情宣泄，不能表現出著急和不耐煩。要知道，在知心人面前訴說出自己的痛苦，或者是痛哭一場，有時會勝過許多安慰的話。

第五章　社交口才

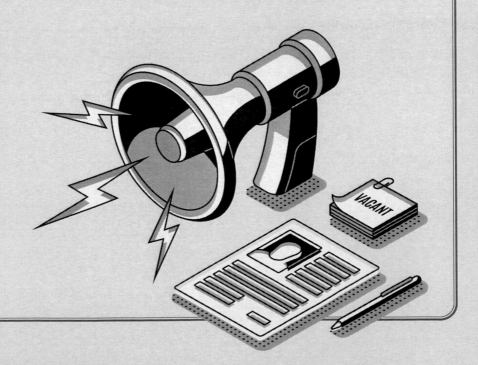

社交離不開口才，口才決定社交能力。

打破初次見面的沉默

初次見面，人們很容易先入為主、評判他人，所以我們應盡量用和善的語言和對方交談。而問候語則是我們的首選語言，也是必不可少的。

在朋友之間，一句問候語往往包含了三種含義：我把尊重送給你；我把親切感送給你；我十分珍惜我們的友誼。當我們把這三樣禮物透過一句問候語送給對方時，熱情、開朗、風度以及涵養就自然表現出來了。

西方有位文學家說：「只要熱情猶在，哪怕青春消逝。」所以西方人見面時總是滿面笑容地彼此問候：「你好嗎？」、「早啊！」此類的話。而類似的問候語，能夠使我們和他人之間產生和諧、友善、熱情和尊重的氣氛，就像「請」、「謝謝」、「對不起」一樣，都能顯示語言調適心靈的樂趣，顯示我們對他人的尊重、與人為善的功能，所以我們千萬不能忽略它們的作用。

兩人初次見面時，對彼此都不太了解，往往會陷入無話可說的尷尬場面。這時我們不妨以一些寒暄語為開頭，比如：「天氣似乎熱了點！」或者「最近在忙些什麼呢？」等等。雖然這些寒暄語大部分並不重要，然而，正是這些話才使初次見面者免於尷尬的沉默。以下幾種方式可供參考：

1. 從對方的行動談起。

   例如：看到對方下班，可以問一句「下班了？」
2. 從天氣談起。
3. 愉悅的態度會給他人留下良好的第一印象。

4. 詢問對方的工作進展、身體狀況等。

　　例如：「這陣子工作忙嗎？」「快要畢業考了吧？」「你看起來神清氣爽，是不是有喜事呢？」

　　寒暄語的運用就像一把打開話匣子的鑰匙，它可幫助你和他人順利談話，但有幾點必須注意：

　　首先，寒暄語要適當。

　　有一則小故事：小張和小趙是好朋友，有一次小趙得罪了小張，兩人陷入冷戰。兩天後，小趙覺得對不起小張，於是決定向小張道歉。

　　這天，小趙在路上碰到小張，趕緊上前笑嘻嘻地說：「你吃飽了嗎？我請客。」

　　小張一聽，沒好氣地說：「你看我剛從小吃店走出來，竟然還問我有沒有吃飽，你這不是白問嗎？」

　　小趙頓時感到十分難堪，此後兩人不相往來。

　　這樣的小故事很可能就發生在我們的日常生活中，所以當你在使用寒暄語時，應該注意它的時間、場合是否適當，以免弄巧成拙。

　　其次，在寒暄語中加入自己的意見。

　　寒暄語雖然能代替你與對方開啟話題，但要繼續維持談話，就不妨在寒暄語中加入自己的想法。比如說今天天氣非常涼爽，你便可以說：「今天天氣真舒服。」如果對方回答：「是啊！」這時你就可以加上一些想法，比如：「這麼涼爽的天氣，實在適合郊遊踏青，不知道你喜不喜歡到郊外走走？」這就是說，你可以利用詢問對方的意見，使得雙方的話題繼續下去。

　　人與人的談話通常是由禮貌性的問候開始。如果認為打招呼只是一種形式，進而忽略了它，我們就無法開啟主要的話題。因此我們和別人初次

見面時，還是應該禮貌地與對方打招呼，再逐步深入話題，以便讓溝通過程更順暢。

此外，有些人因為天性害羞內向，在聚會或公開場合中不太與他人交談，這時候你應主動和他們說話。也許你認為和他們說話是件很累人的事，往往你說一句，他們才會答一句，所以建議你不妨以對方為談話中心。比如：「聽說你從小就學鋼琴，相信你一定彈得很棒。」或者是「你在學琴過程中，有沒有什麼印象深刻的趣事？」等等類似的話題。這樣做，能使對方覺得親切，比較容易產生反應，然後等對方完全放鬆了，自然就能愉快地談論其他話題。

運用合適的稱呼

運用稱謂，看來似乎是一件再簡單不過的事情。然而，它在語言藝術中，卻是一個不可掉以輕心的關鍵。

與人談話，稱呼是必不可少的。在社交中，人們對稱呼是否恰當十分敏感。尤其是初次交流，稱呼往往會影響交際的效果。有時因稱呼不當會使交際雙方發生溝通上的障礙。不同時代、不同國家、不同地區、不同社會集團之間都有不同的稱呼，但也有共同的稱呼，如太太、小姐、女士、先生。

有時候，稱呼別人是為了滿足別人，並不是為了滿足自己。

如果遇到一位朋友，最近升任主任，就應該先跟他打招呼：「某主任，真想不到能在這裡見到你。」如果他聽到你跟他打招呼，就會顯得特別高興，跑過來和你並肩坐。就算平時他是個不太健談的人，那天卻也會顯得很健談。

當瑞典國王休伯特斯（Carl Gustaf Folke Hubertus）訪問舊金山時，一位記者問國王希望自己怎麼被稱呼。他答道：「你可以稱呼我為國王陛下。」這是一個簡單明瞭的回答。

最重要的是，不論我們如何稱呼人，這其中最主要的是要傳達這樣的意思：「你很重要」、「你很好」、「我對你很重視」。

使用稱呼還要注意主次關係及年齡特點。如果對多人稱呼，應以先長後幼、先上後下、先疏後親的順序為宜。如在宴請賓客時，一般以先董事長及夫人、後隨員的順序為宜。在一般接待中要按女士們、先生們、朋友們的順序稱呼。使用稱呼時還要考慮心理因素。如有的 30 多歲的人還沒有結婚，就被稱為「老張、老李」，會引起他的不快。對沒有結婚的女人稱「太太、夫人」，她一定很反感，但對已婚的年輕女人稱「小姐」，她一定會很高興。

除此之外，稱呼應該根據社會習慣來進行，例如稱呼一般分為職務稱、姓名稱、職業稱、一般稱、代詞稱、年齡稱等等。

說好第一句話

初次見面的第一句話，是留給對方的第一印象。其好與壞，關係重大。說第一句話的原則是：親熱、貼心、消除陌生感。常見的有這麼三種方式：

▌敬慕式

對初次見面者表示敬重、仰慕，這是熱情有禮的表現。用這種方式必須注意：要掌握分寸，恰到好處，不能胡亂吹捧，不說「久聞大名，如雷貫耳」之類的過頭話。表示敬慕的內容也應該因時因地而異。

例如：「您的大作我讀過多遍，受益匪淺。想不到今天竟能在這裡一睹作者風采。」、「我很高興能在這裡見到您這位著名的山水畫家。」

一般來說，這種說話方式在遇到長輩或你很崇拜的人時使用比較合適，在同學之間運用得不太多，你只要看好場合使用就好了。

▌攀認式

赤壁之戰中，魯肅見諸葛亮的第一句話是：「我，子瑜友也。」子瑜，就是諸葛亮的哥哥諸葛瑾，他是魯肅的摯友。短短的一句話就定下了魯肅跟諸葛亮之間的交情。其實，任何兩個人，只要彼此留意，就不難發現雙方有著這樣或那樣的「親」、「友」關係。

比如：「你是四班的吧，我經常在學校裡看到你。說起來，我們還是『鄰居』呢！我是五班的。」

「聽說你特別愛踢足球，而且還踢得很棒，改天我們『較量』一番怎麼樣？」

「你是某地的呀？我也是那裡的呀，我們還是同鄉呢！最近有沒有回家看看？」

▌問候式

這種方式很簡單，只是簡單地向對方表示問候致意。別看簡單，但如果你能因對象、時間的不同而使用不同的問候語，效果非常好。

比如：如果你遇到了德高望重的長者，對他說「您老人家好」，以示敬意，他會很高興；對年齡跟自己相仿者，可以對他說「你好，很高興認識你」，顯得很親切；如果遇到老師，那麼說「李老師，您好」，讓人感覺自己很被尊重。

如果遇到節日期間，還可以跟朋友說「節日好」、「新年好」，給人祝賀節日之感；在早晨說「您早」、「早安」等則比說「你好」更得體。

總之，口才的提升並沒有你想像的那麼困難，只要你用心去學，努力嘗試，很快你就會發現自己的口才在不斷提升。

難以忘懷的第一印象

在人際社交中，第一印象對今後的發展具有決定性的作用。

一般情況下，和別人初次見面，彼此都會感到緊張與尷尬。但只要雙方能找到共同點，有共同的話題，就能很容易地拉近彼此的距離。比如說，雙方都是離鄉背井、外出求職的，又是同一所學校畢業，還有共同認識的人等，在交談過程中自然就會倍感親切。再比如剛開始見面時，一方問另一方：「請問你是哪裡人？」或者是「你是哪所學校畢業的？」如果另一方回答：「我是彰化人。」他就會接著說：「彰化啊！我去過。我記得那裡最具特色的特產有……」這樣用不了幾分鐘，兩人便可以聊得非常熱絡，彷彿是多年不見的朋友一樣。

所以，當你準備參加座談會時，如果即將碰面的對象是陌生人，而你想和他初次見面就增加熟悉感，你就應該盡量找出彼此的共同點。先查閱一些對方的資料，或者向他人詢問對方的相關背景，對他有一個初步的了解。只有這樣，對方才會因為你對他有所了解而對你產生好感，進而回答你的提問並樂於與你談話，你們的關係也就會水到渠成。

當然，要留給對方良好的第一印象，這只是一方面，此外，你還要注意運用技巧，同時注意以下幾點：

█ 避免不禮貌的姿勢

有一位學生，每次聽課時，都會習慣性地把手臂交疊著抱在胸前。一次，一位教授從上課開始，就一直注意他，讓那個學生內心感到十分不安。下了課，教授走到他面前，問道：「這位同學，你是否對我的教法有什麼質疑啊？」他很驚訝地回答道：「沒有啊！您為什麼會這麼問呢？」他不知道，就是因為他抱胸的姿勢，才引起教授的疑問。抱胸的肢體動作，往往隱含或者代表「拒絕、不滿、質疑」的意思，所以才引起這個誤會。從此以後，只要聆聽他人說話，這個學生都會提醒自己不要再犯這種愚蠢的錯誤。

一般人都知道和長輩談話時，抱胸蹺腿是不禮貌的行為，其實與朋友或同事交談，也應避免類似不禮貌的姿勢。尤其對初次見面者，這種姿勢的出現，會使對方認為你不願與他作進一步的溝通，甚至認為你的態度傲慢，從而對你產生不良的印象。

█ 使用優雅的談吐

優雅的談吐就像整潔的儀表，會使人感到十分愉快。如果你平時行為舉止粗魯，滿口粗話，對方會認為和你談話是一件非常辛苦的事，甚至是浪費時間，不願和你來往。相反，如果你已經習慣運用高雅的辭令與人交談，即使偶爾開個玩笑，說些俏皮話，對方仍能夠感受到你內在的涵養和氣質，並且樂於與你來往。因此，平時我們也應練習談話的技巧和優雅的舉止，進而給對方留下良好的第一印象。

█ 盡量不涉及對方的隱私

由於初次見面時，雙方的信任還未達到一定的程度，所以你最好不要詢問太過於深入的話題，尤其是隱私。

如果貿然提出不當問題，極有可能造成對方的尷尬，以至於形成交談時的障礙。因此我們在與人初次交談時，應該盡量避免談及自己不清楚的問題，以免無形中侵犯到他人的隱私，引起對方的不悅。

▍不要隨意打斷對方的話

當你想與對方建立一種無話不談的信賴關係時，不要隨意打斷對方說話。

有位資深的心理輔導老師，總能與初次見面的學生在短短一小時內建立起無話不談的深厚友誼，他的祕訣便是讓學生說話，並且從不中途打斷。他知道，對方的話題一旦被打斷，心中就可能產生不滿，認為你不夠尊重他，這樣他不僅不願繼續與你交談，甚至還會對你產生敵意。所以這位輔導老師總是耐心聽完學生的話，再從談話中找出問題，一起討論，從而建立起彼此的親密關係。但是有人比較急躁，一聽到意見，或者想起什麼，就馬上脫口而出，打斷他人說話，這樣做很容易引起對方的不悅，應極力避免。

▍不要談及敏感話題

當和他人談話時，如果能找出引起共鳴的話題，比如喜歡的運動、旅行或者文藝嗜好等，的確有助於縮短彼此之間的生疏感。但是，對於宗教、政治等敏感問題，除非是很親密的朋友，否則最好不要談論，以免出現牴觸的情緒。

另外，關於學歷、家世等方面的問題也應該避免。因為談論對方的學歷、家世等個人背景問題時，或多或少都會帶有評價的感覺。如果對方很在意自己的學歷或家世，這種談論將會刺傷對方的自尊心，甚至使他感覺到受傷害。所以，即使你擁有足以自傲的學歷，當你在人群中發表談話，

或者是與他人初次見面時，你仍應該盡量避免談論對方的學歷。假如你已經脫口而出，不好收回，就要仔細觀察對方的反應，如果對方面有難色、不願多談，你就必須馬上轉移話題，避免讓對方感到不受尊重。

自我介紹的技巧

當我們與不熟悉的人第一次見面時，通常採取的第一個步驟便是介紹自己。讓人有一個印象深刻的自我介紹，是雙方正式談話時最為重要的第一步。所以無論是主動自我介紹，還是經過他人代為介紹，都不應該採取太冷淡或者太隨便的態度。

自我介紹是一種接近對方的語言藝術，這種藝術絕不是花言巧語，而是以真誠、熱心、禮貌、得體作為基礎的。所以，當你希望掌握這種初次見面就能迅速和對方建立良好關係的語言藝術時，請務必保持誠懇的態度。

還有一點必須注意，我們應該善於掌握每次自我介紹的機會。因為很多人在做自我介紹時，常常把自己的名字說得不清楚，只是含糊帶過，或者僅僅是遞出一張名片便草草結束，這樣就白白浪費了製造好印象的機會。

此外，我們還應該注意自我介紹的方式，以下兩點可作為參考：

▎清楚地介紹自己的名字

在聚會場所中，我們每個人的名字往往代表著我們的獨特性，所以當介紹自己的名字時，我們應該正確告訴對方名字的讀音和寫法。

一位名叫「柳亭玉」的女士便善於運用這種技巧，每次她都能給對方留下深刻的印象。每當她做自我介紹時，她就會說：「我姓柳，柳樹的

柳，名亭玉，亭子的亭，玉佩的玉，合稱柳亭玉。希望在夏天能夠經常和大家一起在柳樹下的亭子裡乘涼！」這席話常常引來聽者一陣大笑，大家都對她的名字印象特別深刻。

因此當你在自我介紹時，也不妨稍微花點心思，為自己的名字設計一下介紹方式，這樣就能讓對方更容易記住你的名字。

▌簡單介紹自己的背景、嗜好、興趣等

如果只是介紹姓名，我們傳遞給對方的資訊就太少，而這會讓對方無法找出話題與你交談。所以，當你介紹完姓名後，可以簡單補充一些個人資料，使聽者能更進一步了解你，從而獲得較多的資訊和你談話。比如當你補充說明：「我喜歡徒步旅遊。」對方也許十分高興地問你：「真的嗎？我也很喜歡。那你都去過哪些地方呢？」只要你接著回答：「陽明山、阿里山、墾丁……你呢？」如此一來，你們兩人不就能開始愉快的交談了嗎？

另外，我們在做自我介紹時，要特別注意自己的言談舉止是否恰當得體。可是，怎樣的介紹才算恰當得體呢？一般而言，自我介紹時的語言既要簡潔明了，又要能使對方從中找到繼續交談的話題，還要讓對方對你有所了解的同時不覺得你是在自吹自擂。你可以比較下列三種介紹方法的不同：

◆ 我是○○○，請多多指教；
◆ 我是○○集團業務部經理○○○，請多多指教；
◆ 我是○○集團業務部經理○○○，我畢業於○○大學經濟系，我的老師是○教授，我曾在○○集團擔任過行銷顧問。

第一例的介紹詞明顯過於簡單，對方在聽完後，除了名字以外其他一無所知。同時，你們又會感到很難繼續談論話題，進而無法作進一步的交

談。至於第三例則顯得有些囉唆，又有自吹自擂之嫌，很容易引起對方的反感，從而不願與你作更深入的交談。

相比之下，第二例既簡潔又能使對方找到繼續交談的話題。比如：「啊，○○集團，我在網路上看過介紹你們公司的文章。你們公司現在經營得怎麼樣？」或者「原來你是做行銷工作的啊，我對這項工作也很有興趣，我想你一定很有經驗，可以在這方面指點我嗎？」如此雙方就能很自然地開始交談，並且讓氣氛迅速熱絡起來。

消除障礙

溝通障礙多因細節處照顧不周而造成，消除溝通障礙，可以從以下幾個方面著手：

▌找到那個合適的中點

溝通是彼此的事，一個巴掌拍不響。當你運用技巧時，別人也會運用技巧。當然，溝通是有目標的，你可以使自己的願望處於優勢，並且盡可能達到這個對自己有利的結果。但這多少有些一相情願，因為別人也運用技巧，彼此力量的消長有一個合適的中點，那是雙方可以接受的結果。溝通能達到這個目的，雙方都應該滿意，雖然這個結果跟你渴望的結果有些差別，但也應該坦然接受。

▌暗示

尊重他人的妙招不得不提暗示，暗示就是為了保全他人自尊而採取的一種比較含蓄的不直接指責、指使他人的方法。也就是間接地讓人做出你希望其做的事。

暗示可以成為他人行動的動力，別人在接受暗示時，已經感到了受尊重的意味，就會主動幫你達到你渴望的結果。暗示可以讓人心甘情願地和你溝通。

學會使用漂亮的語法

世上每一種語言都有其特殊的美，其中都有很漂亮的語法。溝通也是一種語言交流，漂亮語法的運用就很合適。

當然，漂亮的語法絕不是指濫用形容詞。它的的確確是一種語法，它將各種詞語巧妙地運用，不僅限於形容詞。

「然後……」「這時……」等等語法可以給人流暢感，容易使人順著你的思路，在起承轉合之間，自然而然地形成溝通。使用「因為……，所以……」等語法，則給人很講邏輯、很講道理的感覺，他人就會心服，誰願意跟一塌糊塗不講理的傢伙打交道呢？

語法是有玄機的，成功運用有玄機的語法都是漂亮的語法。

在漂亮語法當中，先尊重對方的態度，然後，說出自己的要求，只要語法得當，就算前後矛盾，對方也不會覺得受到傷害，可以接受你的觀點和建議，並願意合作。

先接納再削弱

在溝通時，接納對方的觀點，然後再削弱他人的觀點，是一個尊重他人的好辦法。生活中人的觀點多種多樣，紛繁複雜地圍繞在你周圍。這些觀點不乏會有摸不著頭腦令人難以掌握的。觀點是容易衝突的，人都不願放棄自己的觀點，所以，溝通時不要破壞對方的觀點，只能悄無聲息地移動他人的觀點，讓它靠攏自己的人生觀。記住：移動，不是改變。

▌利用喜歡表現的心理

世上總有很多人喜歡表現自己的力量和能耐，在他們眼中，他人總不如自己。這種人很可能令你討厭，但你可以利用他們。既然他們喜歡表現，就給他們表現的機會嘛。

最簡單的辦法就是在他們面前故意表現得笨手笨腳，他們會哼著走過來說：「真是的，讓我來！」於是，他們就自己動手做起來。這個方法兒童都會用，何況成人。

最聰明的辦法是詢問，如果用表現得很虛心的樣子去求教，他人怎麼會不理睬，說不定一邊做還一邊教你怎麼做呢。

八面玲瓏的交際語言

看過《紅樓夢》的人一定會知道鳳姐，她的能言善辯讓人印象深刻，真可謂「八面玲瓏」。當她一見到才進賈府、站在賈母面前的林黛玉時，說了一句：「天下竟有這麼標緻的人物，我今兒總算見著了……竟是個嫡親的孫女兒。」別看這麼簡單的一句話，足可以代表鳳姐說話的水準，也可謂是「八面玲瓏」的典範。「天下竟有這麼標緻的人物」討得了林妹妹和賈母的歡心，可也許會讓站在旁邊的迎、探、惜三春不高興，這等於說她們不及林黛玉標緻，於是鳳姐馬上又添一句：「竟是個嫡親的孫女兒。」就討得了「三春」和王夫人、邢夫人的歡喜，也又一次討得了賈母的歡喜。這一句話，討得了七人的歡心，真正說得有水準，找不到缺點。

我們在交際中，往往也很講究話語的「八面玲瓏」。所謂「八面玲瓏」，是指一句話令每一位聽者的心中都能感到愉快，也就是照顧到每一個人的情緒，維護每一個人的面子。

要做到這一點不是很難，就是言辭間不要鋒芒太露，「見面說話留三分」就是這個道理。同時，話沒說出時，要多多考慮一下它可能會引起的各種反應，好的壞的，而加以「去蕪存菁」，若每一位聽者都可能滿意於你的這句話，你就達到了所謂「八面玲瓏」的境界。

這很難做到，但也必須做到，才可以成為一個成功的交際者。但這不是說事事都要講求「中庸」，它表現了說話之最高水準，猶如《紅樓夢》中鳳姐的言辭。

提問的方法

我們在社會交際中，避免不了要向別人提問。一個善於提問的人，不僅能掌握會話的進程，控制會話的方向，同時還能開啟對方的心扉，撥動對方的心弦。

◈ **怎樣才能使提問達到預期目的**：提問要有所選擇，不要提出明知對方不能或不願作答的問題。一開始提問既不要限定對方的回答，也不要隨意攪亂對方的想法。

　不要故作高深、盛氣凌人、賣弄學識。只有給人真誠和可信的印象，形成坦誠信賴的心理感應和交談氣氛，交談才能正常愉快地進行。

◈ **如果一次提問沒有達到問話的目的，運用續接提問是較為有效的**：例如，你可以繼續問「你是如何想辦法的」、「為什麼會這樣呢」，或者以適當的沉默表示你正在等待他進一步回答，使對方在寬鬆的氣氛中更詳盡地講述你想知道的內容。

◈ **提問要看時機**：亞里斯多德說過：「思想使人說出當時當地可能說的和應該說的話。」說話的時機，就是說話的環境。它包括談話者所處

的自然環境、社會環境、語言環境和心理環境。一般來說，當對方傷心或失意時，不要提會引起對方傷感的問題；當對方很忙時，不宜提與此無關的問題；在業餘時間裡和醫生、律師等談話，也不要動輒請教有什麼病該怎麼治或有什麼糾紛該如何處理，對於這類過於具體的問題，大部分情況下，往往都是人們不願涉及的。所以提問要像伊凡‧屠格涅夫（Ivan Turgenev）所說的那樣：「在開口之前，先把舌頭在嘴裡轉十圈。」這樣你的提問才能得到滿意的回答。

◈ **對象不同，提問的內容和方式也不同**：人有男女老幼之分，有千差萬別的個性，有不同的工作職位和生活環境，有不同的知識水準和社會閱歷等等，所以，提問必須以對象的具體情況為準。對象不同，提問的內容和方式自然會有所區別。

◈ **提問一定要講究得體，便於對方回答**：提問能否得到完滿的答覆，在很大程度上取決於怎麼問。適當的提問，能使人明知其難也喜歡回答。當我們需要對方毫不含糊地作明確答覆時，適當提問是一種較理想的方式。

總之，提問是開啟對方話題的金鑰匙。提問要形象、貼切，不可生搬硬套，提問是主要，說明問題為次要，說明問題只是為提問服務。

靈活運用機智和幽默

《聖經》上有這麼一句格言：「人們有著一顆快樂的心，更勝於懷著一個藥囊，可以治療心中的百病。」

機智和幽默如果運用得當，可以帶給人們喜悅，通常造成化險為夷的作用。

機智是以智力為基礎的，憑著機智可以把不相關的事情巧妙地連繫在一起。它可以在文句上耍弄花樣，但是不一定會讓人發笑。

幽默與機智，在交際上的功用可說是「出奇制勝」。不僅可以在顯示出你的聰明的同時引起他人的興趣，還可以緩和緊張的局面，甚至給大家帶來歡樂。

用機智和幽默去引起他人的興趣，相對的，別人也會十分感激你。因為你說的那句玩笑話像一縷陽光似的驅散重重疊疊的烏雲，一切的懷疑、煩悶、恐懼，都會在一句恰當的玩笑話中消失得無影無蹤。

機智運用得當，可以使與你敵對的人啞口無言，也許還可以解除尷尬的場面，贏得別人的鼓掌喝采。

有一則笑話，足以看出幽默大師馬克・吐溫的機智。馬克・吐溫去拜訪法國名人波蓋，波蓋取笑美國歷史很短，便說：「美國人無事的時候，往往愛想念他的祖宗，可是一想到他的祖父那一代，便不得不停止了。」馬克・吐溫則以充滿挑釁的語氣回說：「當法國人無事的時候，總是盡力想找出究竟誰是他的父親。」

這一類的機智是危險的，不是一般人所能使用的，因為它足以引爆一場「口水戰」，你和對方爭辯的結果不是你得到壓倒性的勝利，就是一敗塗地，所以，除非非用不可，否則就不要隨便嘗試。

幽默是有區別的，有些是文雅，有些是別有用意，有些高尚，有些低級。低級的幽默如同譏笑，往往一句普通的譏諷話會使人當場丟臉，反目不悅。所以說幽默話應該使它高尚、得體才好，一味地說俏皮話，無限制地幽默，其結果反而不會覺得幽默。

譬如：你把一個笑話反覆講了三遍、五遍，起初人家還以為你很風趣，到後來聽厭了就不會感到有趣。

如果你要使人對你保持著端莊高貴的印象，那麼，你就要避免說幽默話。我的朋友張先生，在擔任教師的時候風趣得很，可是一旦當上了地方首長之後，因為自己知道在政壇上不應該再隨便詼諧幽默，知道一味的幽默會失去民眾的愛戴，所以下了決心，毅然做了一次「肅清幽默」的工作。

人的生活不能過度嚴肅，精神若時時保持緊繃狀態，生活就會缺少情趣，所以應該偶爾放鬆才行。而時常與人說笑，說些逗趣的話，這正是舒解壓力的好方法之一。

但說笑也要注意，有時也會使人不高興，問題在於說得既不恰如其分也不恰當其時。譬如大家聚精會神在研究一個問題，你忽然插進一句毫無關係的玩笑話，則眾人不但不會感到好笑，可能還會報以白眼。

如果對方與你交情很深厚，彼此之間無所不談，你拿他開玩笑，也許不會發生誤會；如果彼此只是泛泛之交，你拿他開了玩笑，他往往認為你是惡意的，心裡難免有些不愉快。即使彼此交情很深厚，若對方氣量狹小，你開他玩笑，也會引起他不高興的。

說話的最高境界就是能夠運用巧妙的語句，化腐朽為神奇，雖然輕描淡寫，卻讓人捧腹大笑，這就是幽默式的說笑方法。

一般而言，歐美等國的人由於生活上的需要，必須與陌生人建立人際關係，因此個個似乎都具有渾然天成的幽默感，而較欠缺幽默感。如今的社會已不同以往了，幽默感正是教導人與人之間如何相處的生活智慧。

實際上，幽默的話題並不難找，幽默有一些技巧，但是仍要不斷地累積和揣摩。

◇ 思路要清晰

某個講座在結束前不知誰放了個屁，這時，主持人正在作最後結語。而為了不再讓眾人的臉上掛著尷尬，他靈機一動說：「竟然全部

『放』完了，大家散會吧！」

以上就是幽默的小技巧，你可以記下某段讓你覺得好玩且幽默的話語，在適當的時機加以靈活變通，就可以豐富你的談話技巧了。

◆ **逆向思考**

「開會時如果有人在臺下起鬨，你會感到洩氣吧？」

「不會啊！他們不起鬨，我才煩惱沒有挑戰！」

◆ **厚顏幽默，即厚著臉皮，巧妙地尋找笑話**

比如：主任：「喂，你怎麼可以在上班時間吃東西？」

職員：「啊，沒關係，吃東西這段時間不必付我薪水。」

◆ **重複、反覆別人的話**

「高爾夫球會員票太貴了，我簡直連想都不敢想。」「你不敢想是件好事，我倒是『敢想』了一下，所以現在出現了經濟危機。」

◆ **誇張的態度**

「哎，我從早上開始已經打了一百多次電話給你！」

「你讓我站了半天，你看，我至少瘦了 5 公斤！」

◆ **用輕鬆的態度談些失敗經驗**

因為失敗經驗往往是表達幽默的好話題。

「那家新開的商店把玻璃擦得一塵不染，也太明亮了。我興沖沖地東瞧瞧、西看看，走到玻璃前還渾然不覺，竟直接撞了上去！」

這段話博得眾人的哄堂大笑，最後的結局是我的臉上留下了一塊瘀青。當然，這個結局不一定要講出來，其實不講會更有「笑」果。

◆ **放開胸懷，自我評價**

客觀地評價自己的所作所為，採取完全不在意的態度，此時幽默自然而然就產生了。

「我昨天在老闆面前真是出盡洋相，打翻了水，說錯話，還遲到了。」適時地說說這種自我解嘲式的幽默，也省得別人把你當做茶餘飯後的話題。

融洽的交談氣氛

人都各有各的癖好，各有各的脾氣，有的人喜歡娓娓而談，有的人喜歡深思，有的人拙於應對。面對我們交談的對象，我們應該多關心別人，重視別人的口味。善於跟人交談的人，很善於適應別人，並能夠調節自己去遷就一下別人的興趣與習慣，如果對方軟弱時，就多給予一點鼓舞和激勵；失意時，多給予一些安慰與同情；對方有滿腹牢騷，就讓他盡情地宣泄。假如對方對某一個問題不想多談，就應及時轉換話題把談話引到另一個方面；假如對方對某一個問題產生特別的興趣，就讓對方在這方面暢所欲言。

真誠、溫暖的微笑，是打開別人心靈的鑰匙，也是造成良好交談氣氛的清新劑。如果遇到憂鬱的、冰冷的表情，人的心情就會僵硬起來；如果遇見了歡樂的、溫暖的笑容，人的心就柔軟了、融化了、活躍了。因此，快樂生動的目光，舒暢悅耳的聲調，將使談話的氣氛活躍，令人心曠神怡。反之，如果我們沒有良好的談話態度，就不可能製造良好的交談氣氛，沒有一個良好的交談氣氛，別人就會敬而遠之，討厭你、不願和你交談。

總之，好的態度有如磁石，吸引著朋友和聽眾。

摧毀對方的拒絕之意

當你在街上遇到商家向你推銷東西時，如果你以一聲「不」而予以回絕的話，任何人都會感到不舒服。當然這不是我們的本意。凡說「不」時的表情大多不很自然，相反如果答應說「好的」，不僅對方愉快，自己也感到舒暢，而這種舒暢的情緒很自然地就會呈現在你的臉部。

可見回答說「不」的人與說「好的」的人，兩者在表情上一定有很大的差異，這完全是由於心裡的感受不同。你若想要將對方不愉快的心理減到最低限度，那麼最好利用「引導」的方式。

經常抗拒、不被他人說服的人，他的潛意識中常存有「不」這個字眼。對付這種人也絕不可硬碰硬，而必須設法引導他，使他感到不得不回答「是」。

現在我們舉一個例子，譬如：「兔子比烏龜跑得快，對不對？」

對方答：「是。」

又問：「有時兔子是不是也會在賽跑的途中睡覺？」

答：「是。」

問：「這時烏龜的進度就會比較快，對不對？」

答：「是。」

問：「如此一來烏龜會比兔子先抵達終點，所以烏龜比兔子跑得快，對不對？」

對方答：「是。」

於是，你的目的便已達到了。

尤其是女性對於這種邏輯性的說服方式，最無法招架。所以對於很難說服的女性，採用這種方式是十分有效的。

本來對方的反應會是「不」，而我們就以漸進的方式很自然地引導他，讓他的「不」改為「是」。用漸進引導的方式使對方答「是」，而阻止他說「不」的意願。到最後對方也會很自然、很樂意地答應下來。

見風使舵的談話策略

在交際中，除了要注意別人的忌諱之外，還要留心對方的交際風格。如果能控制交際風格，你就能掌握大多數場合的交際效果。

▌候選人式

他們待人親切、耐心，相信透過交談即能解決雙方的問題。與他們交談，便會發現他們熱情、隨和，善於分析，但說話過於囉唆，就如同輕聲細語地講著故事，卻希望博得別人的青睞。這類人物非常希望透過敞開心扉縮短與對方在感情上的距離，與別人建立良好的人際關係。

雖然「候選人式」人物最健談，但因為他說話不傲慢，所以比「蘇格拉底式」或「長官式」人物更容易讓人接受。和「內省式」人物一樣，在對方敵意增強時，「候選人式」人物也會躲到一邊；但又和「蘇格拉底式」人物一樣，他還會第二次、第三次、第四次去嘗試說服別人。其論點或證據都圍繞在自己或朋友的親身經歷上。

「候選人式」人物詞彙豐富。要是辯論占下風，他會絞盡腦汁地翻出詞反擊，害得對方與其承認聽不懂他的話，還不如趕快舉手投降。

說服「候選人式」人物要有耐心，並善於洗耳恭聽。除了必須聽完他喋喋不休的談話之外，用個人經驗去說服他必是成功的關鍵。也就是要設法讓他把你納入其個人經驗的範圍裡，因此你若要說服他，你也必須這麼做。

▌長官式

這類型人物認為，誠實地交換意見和資訊、分析細節是交談的主要目的。「長官式」人物能成為啟迪人們思想的領袖，但人們會覺得他像潛在的獨裁者。

這種類型的人物感情強烈，常常盛氣凌人，他認為沒有必要什麼時候都得誠實。如果認為你錯了，他會直截了當地說出他的看法。否則，會用較緩和的方式指出你的錯誤。

「長官式」人物既關心最終成果，也關心細節。因此，他不用別人幫助就能得到完美的結果。然而，這是一把雙面刃：因為別人會把他這種獨立解決問題的能力，看成是他自命不凡的證據。

在公開場合，「長官式」人物能言善辯，但在人際社交中卻一籌莫展。身為雄辯的演說家，他能振作成千上萬人的士氣，哪怕移山填海都行，但在一對一時，卻有可能是十足的「啞巴」。

「長官式」人物在工作中往往處理不好與同事的關係。這種類型的人易與別人發生爭執，自找麻煩，因為他的特點就是 —— 只愛說不愛聽。

和「長官式」人物交流，最好採取「貴族式」交談。在著手說服他之前，不妨先奉承他幾句，讓他知道你對他評價頗高。接著，再指出若是採納你的意見更會提升他的威信。要讓他有機會驗證你的看法。這樣，當他再來找你討論計畫時，他就會把你的主張看成自己的意見。

▌議員式

「議員式」人物也許是所有類型的人物中最聰明的一種。他們把交談看做獲取成功的策略，並有意識地控制環境。說話之前，他們總是眼觀六路、耳聽八方，研究說話對象，選擇最有效的交談方式。

　　「議員式」人物像「內省式」人物一樣善於傾聽，但說起話來又像「貴族式」人物。人們覺得「議員式」人物和「內省式」人物一樣親切，不會有疏離感，因而總會向他吐露實情。因此一旦讓「議員式」人物掌握足夠的實情，他就會反攻。

　　「議員式」人物是障眼法專家，從來不讓別人知道他的真實想法，還用障眼法破壞他不贊成的計畫而達到報復目的。

　　「議員式」人物也有其獨有的問題：讓人捉摸不透。如果在不止一種場合觀察，就會發現這是一批心緒反覆無常的人。要控制議員式人物就要在多種場合觀察他們，當心他們從「內省式」轉向「貴族式」，因為這種轉變表明他想利用情報優勢打擊對方。說服「議員式」人物是一種挑戰，須時刻小心謹慎。

▌內省式

　　這一類人在與人來往中較關心人際關係。在他們看來，維護人與人之間的關係最重要，而傳遞資訊、闡述觀點以及是否贏得威望都是相對次要的。如果實話實說，會使對方惱怒或不快，「內省式」人物寧可一言不發。為了避免衝突，他會說你想聽的話，而不是他想說的話。

　　「內省式」人物不願意發表強硬的觀點，但卻會向人敞開心扉，願意與別人分享自己內心深處的喜怒哀樂，也樂於傾聽別人的真情實感。由於善於傾聽，人們願意向這類人物訴說自己的難題。「內省式」人物善於使他人敞開思想，無疑是一種有用的管理才能。

　　「內省式」人物還很會給別人回饋。比如點頭，或者說「我了解了……啊，嗯……我懂了」等強調他在傾聽。演講的時候，你不難在聽眾中找出這種人。他們會不停地向你點頭、微笑，給你鼓勵。

由於不願指導別人，也不願堅持己見，這類人一向不易建立威信。因為說起話來自信不足，他們在會議上發表的意見常常得不到重視。其他意志力強的人往往利用他們這種謙恭的態度來忽視或打斷他們。

讓「內省式」人物做你想讓他做的事很容易，但要讓他毫無怨言或不搞破壞卻不容易，因為他們並非付出不求回報的人。頑固的內省式人物有可能假裝忘記你交代的事，進而激怒你，使你出糗。要避免這些消極行為，就應該在日常交流中建立起感情連繫，交談時要吸引他加入對話，避免使用極端言辭，而且在任何時候都要關心他們內在的需要。

▌蘇格拉底式

這類人物說話有說服力，喜歡討論、爭辯、談判，善於統攬全局，從晦暗的局勢中找到出路。這種能力對工作，尤其對化解衝突大有好處。但慣於教訓人的特點卻在一定程度上影響他們發揮這種能力。

「蘇格拉底式」人物說話愛用注解。先說一件事，然後用相關資訊注解這個話題，再回到主題，然後又轉到注解，就這樣轉來轉去。不習慣這種交談方式的人會被他們說得暈頭轉向。

與「蘇格拉底式」人物打交道別指望會很簡潔。另外，即便他教訓你，你也不要感到不快，因為他就是這種風格，與他怎麼看待你毫無關係。如果你的主管或客戶是這類人，千萬記住，在他看來沒有完美的事物，別指望你的方案和建議一次就被他接受，否則肯定會碰一鼻子灰。就算修改了好幾遍，但他還會要你修改「定稿」，弄得你怒不可遏。所以，不要等到最後才給他看成品，而是把各階段的產品都讓他過目，每一階段都徵求他的意見。

▌貴族式

「貴族式」人物有話直說。他們最典型的特徵是敢說別人只會放在心裡的事情。他們認為每個人都應該想說什麼就說什麼，有所保留就是不誠實。往往不在意別人怎麼看待自己。

「貴族式」人物與人交談是為了解決問題，但常常忘記在交談開始時先建立良好的關係。他們總是闊步而入，進門便坐，然後說：「好了，開始工作吧。」半句廢話也不說。就算你正在流鼻血，他還是一坐下便說：「好，工作吧。」就像沒事一樣。

「貴族式」人物與人交談只關心結果。他們喜歡直接進入主題，不喜歡為細節傷腦筋，也不靠細微處來統合主題。看小說也跳過大段描寫，只挑引號裡的話看，因為那裡才有情節。

講話時，「貴族式」人物喜愛使用「或者」一詞，而且次數頗多。說起話來觀點明確，看事情黑白分明，絕無灰色地帶。遇事即刻做出反應，對多數問題只想得出兩種方案 —— Yes 或 No。

「貴族式」人物不難打交道，因為他們看事情十分透澈、想法單純、不易受傷害。跟他們交談要坦率，先說明意圖或結論，把主要觀點擺出來，再問他們需不需要進一步的資訊。可別被貴族式人物嚇著，要學會不理會他們說的某些話。他們不是有意要傷害你，只不過是說話不加考慮罷了。

開玩笑別沒有分寸

開玩笑，是人與人之間交流最常見的一種說話取樂方式。它可以活躍氣氛，調節情緒，創造一個和諧、輕鬆的氛圍，使你的語言更具魅力。但是，開玩笑的內容必須高雅，如果笑料過於庸俗，或開過了頭，傷害了人

家的自尊和感情，則會適得其反。所以，開玩笑一定要注意場合，掌握尺度。

有位鋼琴家在某地一家歌舞劇院演奏貝多芬的名曲時，因天氣寒冷，進場的聽眾不多，劇場內有一半的座位空著，一些來聽鋼琴演奏的人也左顧右盼，心裡似乎很不安。這有點出乎鋼琴家的意料。為了改變這尷尬的局面，這位鋼琴家開了一個十分幽默的玩笑，他說：「朋友們，我發現一個奇怪的現象，這個城市裡的人都很有錢，因為我看到你們每個人都買了兩三個座位的票。」

聽眾一聽，頓時開心地大笑起來。

因為這位鋼琴家的一個玩笑，聽眾們的心情立即活躍起來，使尷尬的局面在哄堂大笑中頓時化解。接著，大家便聚精會神地聽他演奏了。

但是，如果開玩笑不掌握分寸，將會造成非常嚴重的後果。

有一次，美國總統雷根到國會去參加一項會議。開會前，為了試一試麥克風是否已接通，他便信口開了一個玩笑，說：「先生們請注意，5分鐘後，我將對蘇聯進行轟炸。」

一語出口，全場譁然。後來，蘇聯針對此事提出了強烈抗議，搞得雷根很難堪、狼狽。

由此可見，開玩笑過度，將會造成無法挽回的後果。

當然，開玩笑還要看對象，因為每個人的性格、身分、心情不盡相同，對玩笑的承受能力也不同，所以，一個玩笑，你可以對此人開，卻不可對那人開。

一般來說，男性不宜和女性開玩笑，下級不宜和主管開玩笑，晚輩不宜和長輩開玩笑，普通人不宜和身心障礙者開玩笑。即便可以開一些玩笑，也只限於逗笑之類，而且要隱含尊敬、褒揚，不能放肆、輕佻、諷

刺。切忌揭人之短，尤其是殘疾人之短處，他們對自己明擺著的短處已經深感自卑，如果你再和他開玩笑，他會認為這是一種有意的羞辱，因而易造成惡言相對的局面。

總之，開玩笑應是善意逗樂，促進彼此的感情交流，而不是惡意地取笑，占對方的便宜。所以，在開玩笑時一定要掌握好分寸，這樣才能真正成為溝通高手。

切忌自我吹捧

在浩渺無邊的談話題材中，有一些小小的「礁石」，要留心避免。記住，人無完人，即使你在某方面有所成就或者高人一籌，也並不能代表你每一個方面都出類拔萃。記住：不要沾沾自喜更不要大肆渲染。

「那一次的糾紛，如果不是我給他們解決了，不知要弄到怎樣。你們要知道，他們把任何人都不放在眼裡，不過，當著我的面，就不敢輕舉妄動了。」

即使那次糾紛真正是因為你的努力而得到完滿的解決，這樣說也未必就一定能討到對方歡心。這個時候這樣說一句：「當時我恰巧在場，就替他們解決了糾紛。」效果就會大不相同，會更令人敬佩。當別人發覺你默默地做了一件值得稱讚的事，自然會對你崇敬有加，但若自己誇誇其談，所得結果則恰恰相反。不要一心只想求得別人的讚賞，而把事情說得神乎其技，這樣別人會覺得你沽名釣譽，其手法無異於乞丐討飯。

別向陌生人誇耀個人的生活，例如你的成就、你的富有或是你的兒子如何出色。

永遠不要在主管面前誇耀自己的才幹，你若渴望取悅於他，試圖給對方留下深刻的印象，不要自我吹捧。展現自己的才華，位居你之上的人不

會因此而喜歡你，因為你激起了他們的嫉妒與不安，引起了他們的反感。

　　說話時，既要有實事求是的態度，又要給人謙虛的印象，坦白地承認你對某些事情的無知，這絕不是恥辱。相反，別人會認為你的談話很真實，沒有自我吹噓，這樣就能贏得好口碑。

不可澆滅他人談話的熱情

　　曾有一次，七位年輕人聚餐，席上有六位 T 大生和一位哈佛生。當這六位 T 大生談論學校的制度及上課情形時，哈佛生不斷打岔，並在言談中強調「我們哈佛」如何如何。

　　餐畢，這六位 T 大生向人表示，他們對那位哈佛生沒有好感。因為 T 大是首屈一指的學校，學生有很強的榮譽感，這位哈佛生言談間不斷提及「哈佛」二字，彷彿在他們的優越感上重重地刺了一刀。

　　又比如：第一次做母親，任何人都情不自禁地想把為人父母的感受與他人分享，每一位母親談起自己的孩子時，都喜形於色。如果對方告訴你她的小孩有多可愛，你最好表示同感，並不斷往正面去誇獎小孩。而最差勁的應答方式是打斷對方的話，告訴她你也有此經驗，並且你的孩子也很可愛，甚至要比她的小孩可愛很多。

　　別人正眉飛色舞地告訴你一些得意的事時，你即使知道也要假裝很有興趣地傾聽。不要在話頭上澆人冷水，一旦你插入談話並也將自己在這方面得意的經驗告訴對方時，極容易引起他人的不快。

　　如果你所說的內容與對方得意程度相仿，而能讓大家談得更起勁，當然再好不過，但是，一旦你的經驗比他好得多，難保對方心裡會想：「你在輕視我。」

　　所以當對方正在高談闊論時，插嘴表示「我知道的比你多」或「我的經驗比你好」實在是不智之舉。你應該讓對方暢所欲言而不是潑人冷水。

特殊場合的忌諱

　　隨著社交圈的擴大，人們常常要出入於各種場合應對進退。所以在各種場合中，無可避免地要說話，說話內容與環境氣氛如果不協調，不僅會使大家掃興，還會因此影響人際關係。例如在葬禮儀式中，開玩笑的話便顯得極不尊重死者的家屬；在婚宴上大談新郎或新娘與別人曾經的羅曼史則會煞風景。

　　自古以來就有一些不同場合的說話忌諱，雖然毫無科學根據，但很多已成為約定俗成的說話規則。

▎其他聚會的場合

　　參加同學會時，要坦率、自然，多提及一些往事，引起大家的共鳴。

　　新春聚會時，最好不要以演講或訓誡的口氣來談論未來計畫，應以自然的態度談天。另外，最好不要談太多關於工作的話題。

　　參加朋友的生日聚會，要盡量以輕鬆的口吻，談論生活中的小插曲，談到壽星時，應該多多稱讚。參加長輩生日聚會時，說話不要強調年紀，少論及生死問題，以免使老人家心生傷感。

　　參加孩子的家長會時，可選擇印象較深刻的話題來說，並謙虛地向老師及其他家長表達謝意。要提及孩子的近況，談談學生受到老師照顧頗多，並婉轉地表達家長對老師的期望。

▎婚禮的場合

婚禮談話中較忌諱使用「斷」、「散」、「離」等字眼。另外，賓客致詞時最好避免自我炫耀或自我宣傳，畢竟婚禮上的談論重點不是你。

朋友與熟人向新郎、新娘敬酒時，雖然可以態度較輕鬆活潑，但不能過度隨便，否則會遭人嫌惡。開玩笑時，口氣宜適度俏皮，避免失禮。

▎喪禮的場合

由於那是個傷心悲痛的場合，說話者的表情及說話內容要非常慎重。這種場合下，說話不宜太多，也嚴禁幽默、風趣的對談。談話的內容應集中表現對故人的哀悼與懷念之情，並稱讚其優點。也不要忘記用簡短、真誠的話來安慰、鼓勵亡者的家屬。

不要說容易得罪人的話

小齊到客戶那裡接洽生意後，回到公司已經下午 6 點了，公司只有一位女職員還在工作。小齊心裡想：她這麼認真，也應該休息一下了。但是說出來的時候卻變成：「咦，你怎麼還在公司？」

結果對方一臉的不高興，憤然地說：「現在就回去！」

本來是想安慰她，卻反而惹她生氣。這樣下去，不但被她誤會，而且會影響到以後的工作。問題出在「怎麼還在公司？」這句話上。這句話聽在對方的耳中，好像是：「怎麼不快點回去？」何況又加上「咦」的疑問詞，難怪她會有那樣的反應。如果是男同事之間的交談，也許一句「怎麼？不行啊？」的玩笑話就帶過了，但是，對方是女性，情形就不一樣了。很明顯，是他的措辭不當。

另外，大家都熟知這樣一個笑話：

張三請了甲、乙、丙、丁四位朋友來吃飯。乙、丙，丁三人如約而至，只有甲遲到。

張三一邊看著錶，一邊自言自語地說：「該來的怎麼還不來？」乙聽了很不高興地問：「那麼，我是不該來的了？」說完就氣呼呼地走了。

張三連連嘆氣：「唉，不該走的又走了！」丙覺得張三弦外有音，暗想，既然乙不該走，那麼是自己該走？他也不辭而別了。

張三更急了：「我又不是說他！」站在一邊的丁再也忍不住了，暗想：「既然不是說丙，那麼只能是說我了。」他也悄悄地走了。

一會兒，甲來了，張三唉聲嘆氣：「不該走的都走了。」甲聽了暗想，原來是我該走，於是也走了。

結果來的客人一位不剩，只留下了不知所措的張三。

上述第一例中，小齊應該怎麼辦？首先他要了解女同事的一些忌諱，少說一些讓她們不高興的話。容易讓女同事感覺不夠體貼，讓女同事討厭的話有：「你現在沒事，幫我一下。」「要是換了某某，就不用我操心了。」「我說過你沒那個能力。」「你怎麼總是出錯！」「應該早就完成了吧，怎麼總是拖拖拉拉？」等等。讓女同事覺得粗魯無禮的話有：「喂，聽著！」「先等一下，急什麼？」「什麼？連這也做不好！」「還發呆什麼？」「你聽不懂國語嗎？」等等。讓女同事覺得討人嫌的話有：「你越來越胖了。」「你的妝好濃。」「這衣服退流行了。」「女人真是麻煩。」等等。

如果你不小心說了類似的話，就應該毫不遲疑地立刻表示道歉，並且要用令她吃驚的音量，大聲地賠不是。然後，做一次深呼吸，再委婉地說明：「我說錯話了。其實我是覺得讓你留下來工作真不好意思。是我的嘴

太笨啊！」大多數的情況下，對方聽了這番話後心情都會好轉，接著再交談幾句就沒事了。如果對方仍舊不理時，那就不要再說下去了。第二天早上，碰到她時，先向她大聲地問早，她的不快就煙消雲散了。

在日常交流中，與人談話往往是很愉快的事，但也有自己說的話被別人誤解的時候。因為我們日常交談的話語，有不少詞語在不同的條件下使用，往往有不同的含義，有的甚至完全相反，它給我們帶來不少麻煩，正如第二例中張三說的那些話。遇到這種情形言辭一定要慎重處理，切勿魯莽行事。

所以，話一定要說得明確、具體，措辭得當，千萬不要模稜兩可，不要用那種話中有話的句子，以免引起別人多心的誤解。

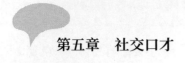

第五章　社交口才

第六章　職場口才

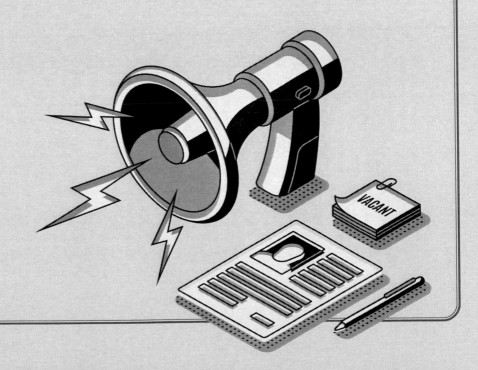

好的口才可以讓你在職場上游刃有餘。

與同事和諧相處

同事總是避免不了天天見面的，那麼如何才能與其和諧共處呢？

◆ 與同事相處一如和朋友來往，貴在誠信：當對方誠懇地向你請教問題時，你應該誠懇地回答對方，不要敷衍塞責。遇到我們無法回答的問題，應該誠實地表示自己並不清楚，不可隨口胡謅，子曰：「知之為知之，不知為不知，是知也。」

◆ 和藹可親的態度使人願意親近：如果你在辦公室整天拉長著臉，好像大家都對不起你似的，同事自然不敢與你交談，與同事的關係則停滯不前，那麼你的人生樂趣就會減少許多，因為你拒人於千里之外，就等於畫地自限。如果不能與同事建立良好的關係，上班很可能會成為你的噩夢！

◆ 當有同事邀請，如不願意，最好明確婉謝：有時候，我們會因為「太客氣」了，而不好意思拒絕同事的邀請，結果玩得既不開心，內心又懊悔不已，實在太划不來了。

◆ 懂得欣賞同事的優點，最容易獲得對方的好感：每個人都希望能引人注意，希望別人知道自己的優點，因此，當你的同事有傑出表現時，你應該誠心誠意地表示稱讚，這樣會使對方認為你是他的知己而對你推心置腹。

◆ 要言出必行，信守承諾：如果你對同事有過承諾，那麼一定要盡力做到。有信用才能贏得別人的信賴，同時自己也才能心安理得，一旦你獲得同事的信賴，做事就能無往不利了。

◆ 尊重同事的隱私權，避免讓關懷成為惡意的試探：一向喜歡以噓寒問暖來表達關懷之意，最後往往流於議論別人的私事，因此，與同事相處時要尊重他人的私生活，避免東家長西家短的，因為很多事情局外人是無法了解的，如果以訛傳訛，將會造成嚴重的傷害。

◆ 與同事相處要公私分明：有些人因為私交很好，在辦公室時仗著私下關係親密，而態度隨便或有所偏袒，這種公私不分的態度很容易引起他人的反感。如果夫妻或情侶在同一公司辦公，上班時間最好公事公辦，不要常常膩在一起談話，以免引起其他不必要的風言風語。

◆ 和同事談話時，記得切勿吹毛求疵：如果有人對你無理取鬧，你應該保持適當的反應，不可太過暴躁。這種寬容的態度，並非不辨好壞或是忍氣吞聲，而是可使他人覺得你平易近人。提升自己地位最好的辦法就是虛懷若谷，而非任意貶損他人的優點及成就。

◆ 不要因一時意氣之爭，與同事發生口角：同事是和自己站在同一條線上奮鬥的夥伴，不要為了逞一時口舌之快而損害對方的自尊心和利益，否則以後就很難再獲得他們的友誼和合作了，所以，你必須抑制自己激動的情緒。

◆ 如果你需要同事的合作，首先就要驅逐對方反對的情緒和態度：大家身為同事，其目標、工作原則和意見往往很接近，但對於實施辦法等具體問題，則見仁見智。所以在彼此意見相持不下的時候，應該心平氣和地討論，從爭執中尋求共同的動機和目標，然後在大原則不變的情形下，達成協定。

◆ 有時，同事之間為了維護自己的利益和地位，常會在心理上築起一道藩籬，如果要把藩籬去掉，那麼我們應該在言行舉止上表示自己的善意和坦白，並常常考慮對方的立場，言行及態度不要太過嚴肅或太注

重形式，盡量和同事打成一片，不要強調自己高人一等，或擺出高高在上的姿態。

◆ 當你想要他人自動地、熱忱地與自己合作時，你應該先站在對方的立場，設想對方如何才能與你合作。如果你能把對方的利益設計成計畫中的一部分，向對方說明你們利害的一致性，便會使對方樂於與你合作。

◆ 要時常反省：平常多多反省自己的行為，是很重要的。不要輕易動怒、發牢騷，或對別人冷嘲熱諷、斤斤計較，否則大家會對你望而生畏，自然會刻意避開你，這樣你就很難與同事相互合作。

◆ 當同事指責自己的錯誤時，應該虛心受教：與同事相處難免會有意見不合的時候，如果對方批評自己的過錯，應欣然接受，並請對方清楚說明。被人責怪難免自己有三分錯，所以當別人糾正自己的錯誤時，千萬要虛心接受。

◆ 與同事交談時，應該讓對方認為你是他們堅強的夥伴：如果你想要得到同事的協助，有時甚至需要採取較低的姿態，因為驕傲和冷漠的態度，是無法贏得同事的友誼的。

◆ 不論是在私底下或是大眾場合和同事交談，應該避免言之無物，最好能提出有建設性的意見，使對方認為你不僅為公司設想，同時也兼顧到同事的利益。

　　當你對某位同事或主管不滿時，也要盡量避免在他人面前提及；如果是對方有所抱怨，你不妨暫時充當聽眾，最好不要反駁或是加以附和批評，如此不僅可以與對方維繫良好關係，也可減少不必要的誤解。

◆ 如果你有才能應該表現出來，但不可鋒芒太露，否則容易遭忌：當你提出自己的見解後，別人自然會判斷此見解是否可行，不接受人家的提醒又批評別人的意見，這樣貶損他人而褒揚自己實在是下下之策。

◆ 使人有安全感是你與同事相處的關鍵：因為你不計別人的過錯，讓人不覺得你有報復的意圖；與人談話不要次次都搶風頭、占便宜，如此一來，別人自然會認為你是最忠誠可靠的朋友，就會毫無顧慮地與你合作。

◆ 誠懇地聆聽同事的意見：莎士比亞（說：「對於他人的話，你要善意聽之，則你將得到五倍的智慧。」你如要改善與同事之間的人際關係，那你就要承認對方的長處，而且時常表現出他對公司、對自己都是十分重要的，讓對方覺得被重視。

辦公室裡不宜談論的話題

在職場中我們要多長點心眼，尤其在說話時更要仔細斟酌，有些話，在辦公室裡是不宜談論的，否則一句錯話會為你招來不必要的麻煩。下面這幾個問題，在職場中最好不要談起：

▌個人感情問題

一定要牢記這句話：靜坐常思自己過，閒談莫論他人非。

職場上風雲變幻、錯綜複雜，自己的感情問題，輕易不讓職場中的人涉足，其實是非常明智的一招，是競爭壓力下一種有效的自我保護措施。

如果你不先開口打聽別人的私事，自己的祕密也不易被打聽。

千萬別聊私人問題，也別議論公司裡的是非長短。你以為議論別人沒關係，用不了多久就可能「燒」到你自己頭上，引火燒身，那時再「逃跑」就來不及了。

▌家庭財產問題

不是你不坦率，坦率是要分人和分事的，從來就沒有不分原則的坦率。什麼該說什麼不該說，心裡必須有底。就算你剛剛新買了新房或利用假期去歐洲玩了一趟，也沒必要拿到辦公室來炫耀。有些快樂，分享的圈子越小越好。被人嫉妒的滋味並不好受，因為容易遭人算計。無論炫富還是哭窮，在辦公室裡都顯得做作。與其討人嫌，不如識相一點，不該說的話不說。

▌薪資問題

現在，「同工不同酬」已經是老闆常用的一種獎優罰劣的手法。它是把雙面刃，用不好，就容易引發員工之間的矛盾，而且最終會調轉槍口，矛頭直指老闆，這當然是他所不想見到的。很多公司不喜歡職員互相打聽薪水，因為同事之間薪資往往有不小的差別，所以發薪水時老闆有意單線連繫，不公開數額，並叮囑不要讓他人知道。他對好打聽薪水的人總是特別防備。

所以你不要做這樣的人，如果你碰上這樣的同事，最好做好如何應對他的準備。當他把話題往薪資上引導時，你要盡早打斷他，說公司有紀律不談薪水。如果他語速很快，沒等你打斷就把話都說了，也不要緊，用外交辭令冷處理：「不好意思，我不想談這個問題。」有來無回一次，就不會有下次了。

▌雄心勃勃的話

但凡能做大事的人，都不是喜歡說大話的人。

首先，在公司裡，要是你沒事整天惦記「我要當老闆，我要創業」，

很容易被主管當成敵人，或被同事看做異己。如果你說「在公司我的能力至少夠當主管」或者「40 歲時我一定能當上部門經理」，那你很容易把自己放在同事的對立面上。在辦公室裡大談人生理想顯得滑稽。工作就安心工作，雄心壯志回去和家人、朋友說。

其次，你公開談自己的野心，就等於公開向公司裡的同事挑戰。做人姿態低一點，是自我保護的好方法。你的價值展現在做多少事上，在該表現時表現，不該表現的時候就得韜光養晦。

用溫和的討論代替爭吵

與同事意見有分歧，完全可以討論，但不要爭吵。只要出於善意，討論也始終對事不對人，同樣會令雙方像促膝長談一樣有所收穫。相反，那種毫無分寸和理智的爭吵，一方激烈地攻擊另一方，同時拚命地維護自己，這正是有良好教養的人所不為，也不該為的事。

不能說凡是發怒的人，看法都是錯誤的，只能說他根本不懂得如何表述自己的見解。

討論的原則是：要用無可辯駁的事實及從容鎮靜的聲音，努力不讓對方厭煩，不迫使對方沉默而達到說服對方的目的。應該保持冷靜、理智和幽默感。只要你能夠聽我說，我也願意聽你講。如果我們能讓自己專注於問題的討論而不是引向感情用事或固執己見，那麼討論就不至於降格為爭吵。

爭吵使人們分離，而討論卻能使人們結合在一起。

不論你用什麼方式指責別人，如用一個眼神，一種說話的聲調，一個手勢等等，你告訴他錯了，你以為他會同意你嗎？絕不會！因為你直接打

擊了他的智慧、判斷力、榮耀和自尊心，這反而會使他想著反擊你，絕不會使他改變主意。

　　因此，永遠不要這樣開場：「好，我證明給你看。」這句話大錯特錯，這等於說：「我比你更聰明。我要告訴你一些事，使你改變看法。」那是一種挑戰。那樣在同事間會引起爭端，在你尚未開始之前，對方已經準備迎戰了。

　　即使在最溫和的情況下，要改變別人的主意都不容易。為什麼要使你自己的困難更加增多呢？為什麼要採取更激烈的方式使他更不容易改變呢？如果你要證明什麼，不要讓任何人看出來。這就需要運用技巧，使對方察覺不出來。300多年前的義大利天文學家伽利略說：「必須用若無實有的方式教導別人，提醒他不知道的事情好像是他忘記的。你不可能教會一個人做任何事情，你只能幫助他自己學會做這件事情。」

　　如果有人說了一句你認為錯誤的話，你如果這麼說不是更好嗎：「是這樣的，我倒另有一種想法，但也許不對。我常常會弄錯，如果我弄錯了，我很願意被糾正過來。我們來看看問題的所在吧。」用這種句子確實會得到神奇的效果。無論在什麼場合，沒有人會反對你說：「我也許不對。我們來看看問題的所在。」

　　在同事面前你承認自己也許會弄錯，就絕不會惹上困擾。這樣做，不但會避免所有的爭執，而且可以使對方跟你一樣寬宏大度，承認他也可能弄錯。

　　怎樣和同事進行富有成效的討論呢？

◇ **學會提問**：在你與他人的討論中，提問是一個重要的驅動力量。透過對重要問題進行提問的方式，你就能對某個話題進行探討、思考。提問的過程會逐漸揭示出支持各種觀點的理由和根據。

◆ **增進了解**：當你與他人探討問題時，你常常是從不同意他人的觀點開始的。實際上，這是你之所以參加討論的重要原因之一。然而，在一個有效的討論中，你主要的目的應該是增進了解，而不應該不遺餘力地去證明自己觀點的正確性。

　　如果你決定證明你是正確的，那麼，你就不可能容納他人的觀點或與你不同的看法。而身為一個成熟的思考者，努力地從不同的角度看問題，特別是站在與你有不同觀點的人的立場上看問題，這也是擴大你的視野，確立有根據的信仰的唯一方法。

◆ **觀點講清楚，理由講明白**：每一次有意義的思想交流，都要從參加者清楚地表達他們的觀點開始。為了讓他人準確地理解你在討論什麼，你需要「界定概念」，並為你的觀點提供有說服力的支持：你得出這樣的觀點是基於怎樣的理由和根據。

◆ **聽懂對方的意思，做出思考的反應**：進行富有成效的討論是參加者共同的責任，也是平等交流的一個過程。其中，每個參加者必須注意對方觀點的細微之處。在這種情況下，聆聽不是一個被動的活動，而是一個積極的思考活動。你需要設法去理解你正在聽的對方的思想活動過程，然後你需要對對方提出的觀點做出直接的回答，而不能簡單地試圖闡明自己的觀點。

應對主管之術

　　主管並不難應付，掌握以下幾點，就可以做到。

◆ **盡可能為主管做好公共關係**：在他人面前，委婉說明主管的優點長處以及對屬下的照顧。在主管面前，也要常常讚許同事的品德和才能，

以拉近公司上下的距離，增進公司內部的團結。一個好的主管並不會喜歡有人在他面前搬弄是非，他會認為「說人是非者，必是是非人」。

◆ **在主管情緒激動時，最好暫時保持緘默**：當主管因某事生氣時，不妨先謙遜地接受批評。如果不全是你的過錯，等到主管心平氣和時再加以解釋，這不僅可以避免關係破裂，同時也是為主管分憂解難的表現。

◆ **要懂得察言觀色，適時說話**：當主管身體不適或心情不愉快時，最好不要向他請示一些無關痛癢的小問題。另外，不要常常向主管報告業務進展的困難之處，如果遇到困難，一定要同時提出解決困難的有效辦法。否則，很容易使主管低估你的做事能力。

◆ **請示主管時避免過度強調某一種理由**：有事要向主管請示時，應該就問題的正反兩方面說明其理由，再依實際的情況以及未來可能的發展，提出難易程度不同的幾種處理辦法，讓主管考慮、決定。盡量避免過度強調某一種理由或是直率地肯定某一辦法，以免引起主管的質疑和反感。

◆ **不要在同事面前公開批評主管**：無論醜化主管的私生活或者嘲笑主管的專業，這些不單是隱私和自尊心的問題，而且違背做人的基本原則。

◆ **對主管應該忠誠**：如果在負責的事務上有兩位以上的主管，你應該認清誰是你真正的頂頭主管，如果有相關事務上的問題，應向直屬的主管請教，並獲得他的信賴與支持。另一位主管交代的事，如果無衝突，你要盡力去做好；如果與直屬主管的意見相衝突，你應該以委婉謙遜的態度拒絕。千萬不可心存投機，想兩面討好，否則很可能會左右為難，得不償失。

◆ **尊重主管決定**：當他交代你做事或批評你的成果時，你不可與之爭辯；在主管尚未做出決定之前，你可以向他表明自己的看法、建議，一旦他已經決定，最好不要堅持己見。

◆ **不要當面批評主管的錯誤**：主管也會做錯事情，他和我們一樣會有偏見、喜怒，當然也會有判斷失誤的時候。因此，如果主管犯錯誤，千萬不可當面指責，更不能在其背後取笑，以免使主管對你心存芥蒂。

◆ **凡是關於公事都應該告知主管**：主管對於公司的業務、行政必須下判斷、作決定，因此他需要對事情有全盤的了解。所以，當你與主管談話時，應該詳細告知你所了解的情況。

◆ **與主管談話，態度應不卑不亢**：儘管我們個人在能力和成就上有所差異，但人格是平等的，雖然對主管必須保有敬意，但這並不表示和主管說話時要態度卑微、千方百計討好他。一般而言，許多主管並不喜歡職員太過謙卑，反而希望自己的職員能自信地表達自己的想法及見解。

向主管提出建議或構想時，可以引述一些成功的先例，或是一些哲理，讓主管在無意之中採納你的意見。

另外，與主管談話時的態度不要太過嚴肅，不妨以較輕鬆自然的口吻和對方討論，並向主管請教自己的提議是否有需要改進的地方。

◆ **要了解主管的脾氣**：有些主管喜歡你有事隨時和他商量，有的主管則要你先打電話預約或是先用文書說明。如果你有事要和主管討論，應該先想清楚自己要討論的主題是什麼，立場是什麼，時間最好是選擇主管較有空閒、心情較佳的時機，你的意見也較容易被接受。

怎樣拒絕主管的要求

在職場中，我們也時常碰到一些主管的要求。當你力不能及而不得不表示拒絕時，千萬不要馬上表示不可接受。而應先謝謝他對你的信任和看重，並表示很樂意為他效勞，再含蓄地說明自己愛莫能助的困難。這樣，彼此都可以接受，不至於把事情弄得很不愉快。

你也不可一味地拒絕。儘管你拒絕的理由冠冕堂皇，但是主管也許仍堅持非你不行。這時，你便不能一味地拒絕，否則，主管可能會以為你只是在推託，從而懷疑你的工作幹勁兒和工作能力，以致失去對你的信任，在以後的工作中，有意無意地使你與機會失之交臂。那麼，如何才能兩全其美呢？

提出合理的接替方法。對主管所交代的事，你不能接受又無法拒絕，這時，你可得仔細考慮，千萬不可怒氣沖天、拂袖而去。你可以與主管共商對策，或者說：「既然這樣，那麼過一天，等我手頭的工作告一段落，就開始做，你看怎麼樣？」你也可以在向主管表示自己一定會去給他出點子的同時提建議推薦一位能力相當的人。這樣，你一定能進一步贏得主管的理解和信任，也會為你以後的工作、生活鋪開一條平坦的大道，因為主管也是和你一樣普普通通、有血有肉、有感情的人。

三國時期的華歆在孫權手下時，名聲很大，曹操知道後，便請皇帝下詔召華歆進京。華歆起程的時候，親朋好友千餘人前來相送，贈送了他幾百斤黃金和禮物。華歆不想接受這些禮物，但他想，如果當面謝絕肯定會使朋友們掃興，傷害朋友之間的感情。於是他便暫時來者不拒，將禮物通通收下來，並在所收的禮物上偷偷記下送禮人的名字，以備原物奉還。

華歆設宴款待眾多朋友，酒宴即將結束的時候，華歆站起來對朋友們

說：「我本來不想拒絕各位的好意，卻沒想到收到這麼多的禮物。但是，匹夫無罪，懷璧其罪。我單車遠行，有這麼多貴重之物在身，諸位想想我是否有點太危險了呢？」

朋友們聽出了華歆的意思，知道他不想收受禮物，又不好明說，使大家都沒面子，他們內心裡對華歆產生了敬意，便各自取回了自己的東西。

假使華歆當面謝絕朋友們的饋贈，試想千餘人，不知道要推卻到什麼時候，也不知要費多少口舌，搞得大家都很掃興，使大家都非常尷尬。而華歆卻只說了幾句話便推卻了眾人的禮物，又沒有傷害大家的感情，還贏得了眾人的嘆服，真可謂一箭雙鵰。

華歆為什麼能夠成功地謝絕饋贈呢？

這主要是因為華歆注意保全朋友們的面子，他在拒絕朋友時，沒有坦言相告，而是找了一個危害自身安全的理由，雖然朋友們也知道他是在故意推辭，但不會以此為意，因為華歆委婉的拒絕並沒有讓他們丟臉，也沒有令他們跌身分。

找一個適當的藉口拒絕對方。拒絕的理由一定要充足。正如上例，首先設身處地，表明自己對這項工作的重視，希望自己能接受的心情；然後表明自己的遺憾，具體說明自己為什麼不能接受。如說：「我有件緊急工作必須在這兩天趕出來。」充足的理由、誠懇的態度一定能取得主管的理解。

選擇恰當的離職原因

當你去面試的時候，往往會被問到你離開原公司的原因。對這個看似簡單的問題，回答時切不可掉以輕心。因為面試考官能從中獲得很多關於你的資訊，關係到你是否會被錄用。

下面一些原因要謹慎再謹慎，否則，很有可能使你的面試陷入僵局。

▌關於人際關係複雜

現代企業講求團隊精神，所有成員都要求具有與別人合作的能力。你對人際關係的膽怯和躲避，可能會被認為你心態不佳，處於憂鬱、焦躁、孤獨的心境之中，從而妨礙了你的就業機會。

▌分配不公平

現在企業中實行效益薪水，浮動薪資制度是很普遍的。目的在於用物質刺激手段提升業績和效益，同時，很多公司採取了員工收入保密的措施。如果你在面試時將此作為離開原公司的藉口，一方面你將失去競爭優勢，另一方面面試考官會認為你有愛打探別人收入乃至隱私的嫌疑。

▌關於競爭過於激烈

隨著市場化程度的提升，無論企業內部還是同業間，競爭都日趨激烈，這是無法避免的。身為現代企業的員工，你必須具備適應激烈競爭環境的能力。

選擇一個合適的離職原因，有利於你贏得主考官的好感，從而避免自己與新的工作職位擦肩而過。

▌關於主管的不好

對你的前任主管切不可妄加評論，要知道現在應徵你的考官可能就是你未來的主管，既然你可以在他面前說過去的主管不好，難保你今後不在別人面前對他說三道四。一個人要在社會中生存，就得與各種各樣的人打交道，挑剔主管說明你對工作缺乏適應性。

　　小劉是一位很有工作經驗和工作能力的女祕書。當應徵她的女經理問她：「小姐，你人這麼美，學歷又高，舉止又優雅，難道你原來的主管不喜歡你嗎？」小劉微笑著說：「也許正是因為美的緣故，我才離開原來的公司。我寧願老闆事多累下人，也不希望他們『情多累美人』。我想在您手下工作，一定會省去許多不必要的累。」小劉並沒有說「老東家」的好與不好，但一句「情多累美人」既讓人同情又讓人愛憐，結果小劉很順利地走上了新職位。

▌關於工作壓力太大

　　在這個快節奏的現代社會，無論是在企業內部還是在同業之間，競爭都很激烈。競爭不僅來自於社會壓力，同時也要求員工處於高強度的工作狀態。如果你動不動就說，在原公司工作壓力太大，很難適應，很可能讓現在的應徵公司對你失去信心。

　　小寒原是某工商報紙的記者，報社不僅要求記者一個月完成多少字的文稿，而且還要負責拉廣告。中文系畢業的他對家電、電腦的市場行情一竅不通，要寫這方面的文章，感到壓力太大，於是他到工商報紙應徵新聞記者。負責應徵的考官問他：「你是否覺得在工商報紙的工作壓力太大？」小寒說：「身為年輕人，工作壓力大點沒關係，最重要的是希望找到能發揮自己專長的工作職位。」結果小寒如願以償地進了報社，文章也頻頻得獎，很快當上了新聞部主任。

▌關於收入太低

　　如果你直截了當地說出這句話，面試考官一定認為你是單純地為了收入，而且太計較個人得失，並且會在心裡說：「如果有更高收入的工作，你肯定會毫不猶豫地跳槽而去的。」這種理念一旦形成，考官就可能對你

不理不睬。

　　李曉敏原在一家效益較差的企業做文案工作，到現在的公司應徵時，考官便問他：「你是不是覺得原來收入太少，才跳槽過來的？」李曉敏說：「在原公司我的薪資還算高的，重點是我學的是財會專業，又有會計師職稱，來應徵會計職位是最適合不過的了。」

　　在回答這類問題的時候，求職者既要表明對原公司的薪水不滿，又要表明這並不是你離開原公司的主要原因。這樣既有利於你在新公司獲得更高的薪水，又讓面試考官覺得你並非只是因為薪水問題才離職的。

向老闆提出要求

　　向老闆提出要求通常都要做到以下幾點：

◆ **一定要有十足的把握**：如果你準備換個部門工作的話，在新的工作職位，你會比在原職位做得更好，否則，不僅使你自己處在很不利的境地，而且還會讓主管很沒面子。

◆ **要勇於向你的主管提出要求，要勇於爭取自己的利益**：一般來說，除非你的工作十分出色，不然主管是不會主動褒獎你的。有些時候自己的利益還是要靠自己來爭取。所以當涉及自己的利益時，一定要勇於爭取，向主管提出你的要求。

　　當然每個人的表達方式都會不同，關鍵一點是要有技巧地表現自己。向老闆提要求，一定要注意心平氣和、面帶微笑地陳述你的主要原因，然後再委婉地提出你的要求，盡量多用徵詢的話。

◆ **向你的主管提出要求之前必須對你的要求作好考慮，權衡一下**：如果你是主管，你能否接受這樣的要求。倘若你自己都覺得這樣的要求不

能接受的話，那最好不要向你的主管提出，否則目的達不到，還會給主管留下壞印象。

◇ **選好時機向主管提出要求**：最好是在主管心情愉快，較為空閒的時候，這時候主管高興，你的要求被接受的可能性較大。

巧言應對下屬的藉口

一位士兵不想服役，於是找了各種藉口要求退役。

一次，他對軍事長官說：「你看我身體瘦弱，在戰場上和敵人肉搏時，肯定不是敵人的對手，所以不適宜當兵。」

軍事長官說：「這沒有關係，經過一段時間軍訓後，你的體能和技能將有很大提升。何況現在的戰爭是現代化戰爭，通常不需要肉搏。」

那位士兵馬上說：「可是我個子不高啊。」

軍事長官笑著說：「這更好啊。個子太高，露在戰壕外的頭顱很可能被敵人的流彈擊中。」

士兵忙著又說：「長官，我跑得不快。等到衝鋒時，我已經在別人的後面！」

軍事長官說：「沒關係，等你先跑到敵人眼皮底下，我們再行動。」

那個士兵看到這些理由不奏效，急了，趕緊再次辯解：「長官，我是個色盲，顏色都分不清，怎麼能上戰場呢？」

軍事長官說：「年輕人，這正是你的優點啊，一旦戰鬥中受傷，流了血，而你又分辨不清紅綠顏色，這樣就不會過度刺激你的大腦神經。」

士兵發現還是不行，就拿出了自己的最後絕招：「長官，我是一個近視眼，您總不能讓一個連靶子都瞄不準的人上戰場吧？」

軍事長官微微一笑：「那我就把你送到最前線的陣地上去，你就能看見敵人了！」

這個士兵本想找個藉口不再服役，結果反而把自己推到了陣地的最前線，真是可悲。但也可看出，軍事長官一開始就摸透了士兵的真實用心，利用語言的技巧，既暴露了對方的意圖，又達到了自己的目的。如果直接批評和指責士兵，效果就遠沒有這麼好了。

向下屬下命令的語言技巧

下達命令是一種需要技巧和專長的微妙藝術。如果你想要在你所選定的領域中獲得高度的成功，就必須知道如何透過你的命令指揮控制別人的行為，因為你不能一味地強迫下屬去做你想讓他們做的工作，你必須學會如何運用特殊的領導手段讓他們心甘情願為你效力，使他們既尊重你又服從你。

掌握了以下幾條技巧，你下達命令時便會胸有成竹，你的下屬除非故意冒犯，否則找不出任何理由不貫徹執行命令。

◇ **命令不要太複雜，要盡量簡單**：在商業上，那些利潤最多的公司都是在各方面力求簡潔的公司，他們有簡潔的策略思想，有簡單的計畫和執行綱領，對做決策的責任也有專門的安排，簡化行政管理程序，取消繁文縟節，採用簡單的直接連繫。成功的商業公司各個方面都盡可能地保持著簡樸的工作作風。

在軍隊中也使用同樣的原則，簡單是戰爭的一個準則。最好的計畫應該是在制訂、表達和執行上都不複雜的計畫，這樣的計畫也更便於大家理解。一個簡單的計畫也會減少錯誤的機會，其簡潔性也會加快執行的速度。

◇ **命令應簡要中肯，只強調結果，不強調方法**：為了達到這個目的，可採用任務式的命令。任務式的命令是告訴一個人你要他做什麼和什麼時候做，而不告訴他如何去做。「如何做」那是留給他去考慮的問題。任務式的命令為那些替你工作的人敞開了可以調動他們的想像力、主觀能動性和獨創性的大門。不管你的路線是什麼，這種命令的方式都會把人引導到做事的最佳道路上去。如果你是在為你自己做生意，改善方式和方法就意味著增加利潤。

當人們準確地知道你所需要的結果是什麼的時候，當他們準確地知道他們的工作是什麼的時候，你就可以分散權威和更有效地監督他們的工作。

當你下達簡潔、易懂、清楚的命令時，人們就會知道你想做什麼，他們也就會馬上開始去做。他們沒有必要一次又一次地回到你那裡只是為了弄清楚你說的話。在多數情況下，一個人沒有為你做好工作的主要原因就是他或者她沒有真正弄清楚你要做什麼。如果你希望別人絲毫不走樣地執行你的命令，那麼命令的簡單扼要是絕對必要的。

◇ **命令要重點突出，不要面面俱到**：如果你把你的命令講得過於詳細和冗長，那只會製造誤解和混亂。

得體地拒絕員工的要求

所有人都想順人意、討人愛，但在工作中難免要拒絕別人的一些要求 —— 有的要求合情合理，有的卻可能是非分要求。下面是一些管理者非堅持立場不可的例子：

▋員工要求改變上下班時間

照顧子女、交通問題以及其他事情常常給員工帶來困難。能與員工配合，幫他們度過暫時的困難當然好，但不一定總能行得通。

如果員工感到你對他的困難漠不關心，他就很有可能另謀高就。所以怎麼說「不行」一定要講究技巧。

有些時候，准許員工偶爾遲到或早一點走，不是什麼大不了的問題。重要的是一定要事先徵得你的同意，不然，你遲早會發現下屬自行決定上下班時間。

有時你准許某個員工提前下班，而有時候又不得不否決這類要求，這時一定要跟員工講清楚原因，否則，他們會認為你做事沒有原則或偏袒某些人。

具體處理時要盡可能靈活，探討各種可能的辦法，這樣即便是否決他的請求，你為此所做的努力也有助於消除員工的怨恨。

▋員工要求調到另一部門

如果是一個可有可無的人請求調動，那就趕快批准，你還應該慶幸自己的運氣。但要是最得力的員工請求調動，而且是在大忙時節，或在一時找不到人頂替的時候，千萬不要斷然拒絕，因為那樣會使一個好員工消沉下去。

你應該跟他坐下來談談為什麼要請調。你會發現促使他請調的原因可能與工作無關，可能是他與某位同事關係緊張，也可能是由於一些透過調整工作可以解決的問題，透過交談才會發現問題在哪裡。

如果談話毫無結果，沒有什麼能使他改變調動的想法，你只有拒絕。但要盡可能減少給他造成的負面影響，盡量給他一線希望。比如可以說：

「現在不能調,過一兩個月再看看有沒有機會。」

　　這樣做不僅為你贏得了考慮其他可能性的時間,而且在這段時間裡,員工的想法也可能發生變化。不管怎樣,對員工的調動要求表現出關心,有助於減輕拒絕對員工造成的傷害。

█ 不能批准員工休假

　　有兩種情況:要麼是你的下屬沒有按照安排休假計畫的規定做事,要麼是這段時間已經安排給其他員工休假了。

　　要是前一種情況,就應該讓下屬知道他沒有遵守規定。你應該這麼對他說:「很抱歉,我們打算在那個星期盤點存貨,一個人手也不能缺。你知道,正因為這樣我們才規定每年的一月安排休假計畫。」

　　有時,員工的請假要求與別人預先計畫好的休假有衝突。遇到這種情況,你要讓他了解,批假的原則是「先申請先安排」,所以不能批准他的請求。不過,可以准許他與已安排休假的那個員工協商調換休假日期。

█ 員工要求加薪或升遷

　　遇到那些特別盡職盡力的員工請求加薪或升遷時,要開口說「不行」實在是一件很為難的事。特別是有時員工的職位、薪資早該變了,但預算緊縮,生意清淡,或其他因素使你無法對他們的勤勉予以獎勵,要說「不行」更是難上加難。這時,最好如實相告,說清楚為什麼不能升遷或加薪。

　　處理這類問題時,切忌做超出你職權的承諾。即便你做出承諾也要視將來情況而定,如等生意出現轉機,預算鬆動之後等等,員工仍可能把它看成是正式的承諾。

向下級通報壞消息的技巧

有些難說的話主管不說是不行的，關鍵是要委婉、誠懇，盡量減輕對下屬的打擊。

▌提案被耽誤

上級接受了下級的提案，並且滿口答應「看一看」，而過了一段時間後，還沒有看。下級希望得到一個完滿的答覆，就問上級：「那個提案，您看過了嗎？現在辦得怎麼樣了？」

在這種情況下，應該直率地說：「我現在很忙，實在沒有時間細看。不過一週之內一定會給你一個滿意的答覆！」

同時，最好在約定時間之前，主動由上級答覆下級。這樣哪怕答覆是否定的，下級也一定會因為被上級主動的熱情所感動而心情變化不會很大。這個時候與其讓下級追問理由，還不如由上級主動加以說明，表示上級的確認真看待他的提案，是有誠意的，而不是草草應付了事。

如果提案要遞交給更高一級的上級，而上一級的上級態度不明確，以至於沒有確定結論時，此時上級最好能說明立場，表示自己已經遞交給了上級，卻久久沒有回音。不得已催促上級時，所得答覆卻是否定的，這時要詳細說明，千萬不能敷衍。

▌降級通知

加利福尼亞的一家工廠的老闆，在講到他所知道的一個講話極講究策略的人的時候，是這樣說的：「他就是我的第一個老闆，也是他解僱了我。他把我叫了進去，對我說：『年輕人，要是沒有你，我不知道我們以後會怎麼樣。可是，從下星期一起，我們打算這樣來試一試了。』」

有時候，公司人事調動，下級被降職，或是調到分店，或是被打入「冷宮」，委派他去做一些雞毛蒜皮的事，總之不再受到上級的重視，上級這時有責任通知他，並且要耐心安撫，盡量使他能保持積極愉快的心情前往新職位就任。

請千萬記住不要用傷感情的字眼。下級被降職，心裡本來就非常不痛快了，上級再用詞不當，甚至惡意地嘲諷對方，無異於給下級滿腔怒火再澆上一盆油，頃刻就會爆發出來，造成難以想像的後果。也不要等事情成了定局，再吞吞吐吐透露出要調他走的意思，這樣下級誤會是你想把他趕走，從而造成心理上的不平衡。

▋變更計畫

首先要說的問題是：要更改已經透過的計畫，該如何向下級說明、萬萬不能對下級說：「不關我的事，都是經理一人說了算，我也沒辦法。」

這樣雖然是把責任轉嫁給上級，自己暫時沒有問題了，但是部下會對經理產生怨氣。或者，一旦下級知道你是在推卸責任，肯定會對你產生極大的反感，你自己的威信也必定會降低。

也不應該為了防止下級反對，而用高壓手段制止對方開口。這樣做會使下級心裡留下疙瘩，對上級不滿，也會對工作不滿，這是最不明智、最不可取的做法。正確的方法應情理兼顧，善意地說服他，才能使下級真正地心服口服，不會喪失工作的積極性。

如何管理你的下屬

主管對下屬，應該與他們討論，激發他們的創造力，這樣不僅可以讓關係融洽，而且可以提升效率，獲得事半功倍的效果。所以你應該利用平

時與員工交談的機會建立起良好的形象，員工自然會信賴你。

▌對於下屬的意見應該專心聆聽

如果員工有意見想表達時，你應該鼓勵他勇敢說出來，並且仔細聆聽對方的意見，如遇不清楚之處，可以面帶微笑地再請他重述一次，等到對方完全說完之後，再針對疑問或缺失進行討論。

▌要求員工做事時，應避免用命令的口氣

一般主管要求員工做事時，很可能會有兩種情形：一是以命令的口氣要求下屬：「你要……」「你應該……」另一種則是借詢問來傳達自己的意思：「如果換做是你，你會如何處理呢？」對大部分人而言，普遍較喜歡後者的態度。因為命令的語氣會使下屬覺得不受尊重，認為主管將自己視為奴僕般地指使，很容易造成反感。

▌當下屬指出自己的錯誤時，應該勇於接受

許多主管自以為位高權重，如果被員工指出錯誤，常常不肯認錯且懷恨在心，日後進而百般刁難。其實主管和員工應該是同心同德的，人非聖賢，孰能無過，坦率地接受建議並且改善，謙虛的美德將使員工對你更加服從。

▌儘管下屬中有與自己關係親密者，也應該一視同仁

主管要與員工建立良好的關係，必定要先使員工心服，因此對待員工要平等視之，避免使員工認為你有欠公正。

稱讚女職員時，以誇讚其做事能力更為重要

在辦公室中，男女職員應該平等視之，如果常以女職員的外貌和裝扮為稱讚的重點，會使對方認為你歧視女性。不妨稱讚其在工作中的傑出表現，那樣更容易讓對方覺得受尊重。

與其指責員工的過失，不如強調改過之後的益處

有些主管只知一味地責罵下屬的過失，而不肯定他們認真負責的一面，這會使員工產生挫折感，甚至感到憤怒。

比方說某甲被交代辦理一件事，他很努力地加班好幾天，但卻因為一點疏忽而被主管罵得一無是處。這時某甲必定會心生不滿，認為自己只不過犯了一個小錯，其他付出的心血難道就不值得一提嗎？這反而使員工因為不服氣而產生反抗。

面對這種情況，身為主管的你不妨這樣說：「謝謝你幫我一個大忙，不過似乎有一點小問題，麻煩你再幫我修改一下，我相信你一定會處理得很完美。」

當你發現員工有所疏忽時，不妨先透過第三者提醒他

某公司招了幾位新人，這些新人的做事能力都不錯，但態度上稍顯輕率，這使得主管相當困擾。最後他找來一位資深的員工，希望他在閒談之餘，提醒這些新人注意自己的態度。這招果然奏效，這些新人從此在行為舉止上收斂了不少。

透過第三者提醒他人過失可以緩衝對方的成見和反感，效果較為顯著。不過，在使用這個方法時，一定要慎選傳話的人，避免「狐假虎威」，反而給對方留下一個惡劣的印象。

▋ 應先說些為對方著想的話，其後再點出缺失

有句日本俗語說：「罵一、誇二、教育三。」意思是指當你要責備對方時，只指責他一點即可，然後誇讚他兩點，再乘機教育他三點，自然能達到你的目的。

美國百貨大王約翰·沃納梅克（John Wanamaker, 1838-1922）有一次指責員工對顧客服務不周時，他對員工說：「你最近似乎情緒不穩，我很擔心你是不是遇到困難，如果有，不妨告訴我，我希望能幫得上忙。」當對方表示沒有時，他便接著問：「那是有別的事困擾你嗎？否則依你平日的表現，怎麼會有顧客投訴呢？」對方一聽，自然覺得十分羞愧，從此對顧客態度十分和善，也得到不少來自顧客方面的好評。

通常，一個人犯錯誤是有緣由的，如果主管能夠適當地表示關懷之意必能使對方感動，並自我檢討。

▋ 不要在眾人面前指責員工

人都有自尊心，因此，即使員工有錯，你也不可以在其他同事面前指責他，傷害其自尊心。最好的方式是在眾人面前褒獎，私下指正錯誤，讓對方信服。

別忘記讚揚你的下屬

馬克·吐溫說：「得到一次讚揚，我可以多活兩個月。」公開表揚是鼓舞一個人的熱情，提升其積極性的最強而有力的方法。

在許多老闆看來，激勵員工好好工作的方法有兩種：獎勵和懲處。就人的本性而言，人們都希望做愉快的事，不做挨批評的事。如果不按老闆說的去做，老闆就殺一儆百、予以懲處，如警告、指責、扣錢、降級、辭

退等，這是員工不想要的。如果員工按照老闆吩咐去做，老闆就獎勵他們、認可他們，這是員工心裡想要的。

許許多多的研究表明，最能激發員工全力以赴、高水準發揮的方法是給予他們讚揚與肯定。除應得的薪水之外，人們更需要感到他們在工作中做出了一份貢獻，他們的努力有成果並得到企業的賞識。

每個對工作盡心盡力的人都需要得到別人的肯定。報酬固然重要，但多數員工認為獲得報酬只是一種權利，是他們工作付出的交換。所以我們還需要常常鼓勵、支持他們，這才是更為有效的激勵手段。

尤其是現在，企業結構日益精簡，管理者往往要承受來自上上下下各方面的壓力。許多管理者稱，他們忙得根本無暇與人交談，沒有交流，他們就失去了本可從員工那裡獲得的寶貴回饋。

如果管理者不是希望員工只是對差錯作反應，而是希望他們將注意力集中到工作的正面事項中。那麼，管理者可以使用給予肯定這個方法來引導員工做事。

一聲真誠的感謝，既表達了你對員工某種行為或價值的欣賞，如坦誠、正直等，也能大大鼓舞員工繼續表現出你所看重的行為，使這種行為蔚然成風。它所反映出來的不僅是你的工作責任，更是你掌握全局、著眼整個工作環境的能力。

簡單而有節制的表彰能展現出如此的力量，部分是因為有人花時間關心員工所取得的成就，找出有功之士，並親自及時給予讚揚。

讚揚是最好的激勵方式之一。如果管理者能夠充分地運用讚揚來表達自己對下屬的關心和信任，就能有效地提升下屬的工作效率。然而，並非每個管理者都懂得讚揚下屬。比較適宜的做法是：

當著下屬的面讚揚下屬並非是最好的方法，有時這會讓下屬懷疑管理

者讚揚的動機和目的。比如下屬可能會想「是不是自己做錯了什麼，他在安慰我，在為我打氣」。增加讚揚的隱蔽性，讓不相干的「第三方」將管理者的讚揚傳遞到下屬那裡，可能會獲得更好的效果。管理者可以在與其他人交談時，不經意地讚揚自己的下屬。當下屬從別人那裡聽到了上級對他的讚揚，會感到更加真誠和可信。

讚揚下屬具體的工作，要比籠統地讚揚他的能力更加有效。因為被讚揚的下屬會清楚自己得到讚揚的原因，併力圖今後做得更好。這樣做還不會使其他下屬產生嫉妒的心理，因為如果其他的下屬不知道這位下屬被讚揚的具體原因，會覺得自己得到了不公平的待遇，甚至會產生抱怨。讚揚具體的事情，會使其他下屬以這件事情為榜樣，努力做好自己的工作。

讚揚也不應該在布置工作任務時進行，這樣也會讓下屬感覺管理者的讚揚並非發自內心。更不要為了讚揚而讚揚，讚揚應該發自管理者的內心。如果下屬感覺到管理者是在故意地讚揚，有可能會產生反抗心理，甚至會認為管理者是虛偽的。

工作中必須有說服力

在我們的工作中，工作效率往往是由說服力來決定的。

▍努力傾聽對方意見

一個不願意聽別人說話的人，其實他自己也不懂得如何說話，因為，在兩個說話者並存的空間裡，他只注意到了一位 —— 自己。

即使你是主管，你也不能忽視下屬的談話，儘管他們談話時可能會辭不達意，偏離主題。尤其在你忙碌的時候，更不能受情緒影響而隨便應付屬下的提議。在工作中，我們經常會聽到主管這樣說：

「我現在很忙，你待會再來吧！」

「你到底要說什麼？我聽都聽不懂啊！」

「算了算了！你想說的我都知道，我不用聽就能猜到。」

「唉！算了！反正他不會聽我的，說了也是白說！」下屬通常會這樣認為，也決定以後再也不來找你溝通了。長久下去，你與下屬之間就失去了溝通的管道，進而你不了解他們的情況、他們的情緒，你的工作將漸漸陷入一種主觀性的作風中。可是你事業的成功，不單是你一人大權在握，下屬的全力配合更是關鍵！

一位有名的企業家曾經這樣說過：「如果董事長我和科長你正在電話中交談，剛好你的下屬有事找你商量，這個時候，你不可以因為正在和我談話而不理會下屬。相反的，你應該說：『董事長請等一下，我的下屬有話要和我談，請原諒！』你完全可以把我擱在一旁而聽聽你下屬的意見。」

像這種，能不忽略任何一個機會而努力傾聽來自下層意見的主管是非常少見的。因為身為主管的他們，知道下屬的意見往往是有建設性的，他們負責決策的實際進行，更清楚現實中所遇到的阻礙。

如果你確實很忙，可以委婉地說：「我現在很忙，不過，我想多花些時間來聽聽你的意見。等下班後，5點半左右，你在餐廳等我，可以嗎？」

這樣，你既能先請下屬離開，得以繼續完成你手上的工作，又能在約定時間傾聽他的意見。你這麼對待他，他也會仔細地思考他將提出的意見，使其更加完善。

此外，聽下屬談話時，你要有耐心，不論他說多久，你也要聽他說完。如果他講話囉唆，你可以在他講完之後，說：

「好！我把你的談話歸納成五點，分別是第一、第二、第三、第四、第五項，是嗎？不知道我有沒有遺漏的地方？」

「沒了，我要說的正是這些。」

「好！那我問你，為什麼你一個多小時的談話，而我只花了 15 分鐘就說完了呢？因為，我把你的話整理了一遍。希望你能在做任何事之前，先在頭腦裡事先整理一番，避免重複，浪費時間。你如果能養成這種習慣，不只對本公司有好處，對你自己也絕對有幫助。」

這種說話方式往往會使下屬感到自己的意見被重視，並從中檢討自己。因此，他會心存感激。

人生活在世界上有很多話要說，身為一個理性動物，他需要用語言來不斷地解決生活中的瑣事，用語言來表達自己心中的感情，這是人的根本需求。身為一個通情達理的主管，應該以這樣的心態來對待下屬：他不只是你的下屬，他還是一個地位與你相等的人，甚至他或許有著更多你所不及的生活經驗或是對工作的想法。

因此，努力傾聽別人非常重要，這是一個交談者的義務，更是成為一個說服者的條件。

▎重視別人的價值

每個人都有他的價值，如果這種價值被忽略了，他就失去了做人的意義，缺少對生活的熱情。在工作中也是這樣，我們應該去注意他做了什麼，做得怎樣。這或許是對他工作的一種最好的讚美，也是最能激發人工作熱情的方式，因此，也是一種有效的說服方式。

如果在工廠裡，你無論怎麼做，你的主管始終視而不見，你個人的努力變得微不足道，你的熱情在冷漠的眼光中被迫離席，這將造成你消極的

工作態度。這是企業管理者最差的溝通方式。

1924 年，美國哈佛大學（Harvard University）許多教授在芝加哥郊外的工廠做了一個「如何提升生產效率」的實驗，以調查該工廠員工的工作情況。

他們首先改善了工廠的內部環境，做了照明實驗，然後又做了改變工作環境的實驗，結果均告失敗。最後，他們做了一個晤談實驗。

第三項實驗做完之後，我們上面的結論得到了證實：當一個人發現自己被人注意或重視時，他會更加努力、認真地工作。

另外一項結論是：在工廠規定的工作組織之外，還有各個小團體的存在，而這種小團體往往對個人工作的成敗有著明顯的影響。

由這兩項結論，我們可以得到一個很大的啟示：一個作業員的效率並不受燈光、環境、條件改變的影響，別人的輕視或重視，才真正影響他的工作效率。

因此，不要吝惜你溫暖的目光，你和別人都將從中獲得益處。

▎啟示他人的說服方法

日本東洋橡膠工業集團董事長小田曾說過他的經歷：「前一陣子，我家裡請了一位和尚來做法事，我覺得那個時候和尚所說的話非常有道理。和尚說，眼睛長在身體上，雙腳也長在身體上，這就叫做『位』。如果，把眼睛和雙腳的位置調換的話，就不好了。因為，它們各有各的功能，所以才各有各的位置。眼睛、手、腳各有它們的功能，這就叫做『職分』。」

「眼睛、嘴唇雖然都長在臉上，但是，它們並不是為了手、腳而工作。同樣，雙腳雖然長在身體的下方部位，但它們也並不是為了眼睛、嘴唇而工作。那麼，它們是為了什麼而工作呢？」

「不論眼睛、嘴唇，還是手或腳，它們都是為了整個身體而工作，每個部位都發揮了它特有的功能，所以，它們才能合作維持身體的健康狀況。」

「眼睛、嘴唇、手和雙腳就單一來說都沒什麼了不起，只有在它們各司其職，完整地指揮了身體的運作，才顯得重要。這種情形，在禪學中稱為『等待』，在一般佛學中稱為『常往』。和尚講的這些非常有道理。」

「一個公司的內部情形也是這樣。董事長、經理高居顯位，新進職員地位較低，必須有這種組織上的差別，才能澈底發揮一個團體的功能。位處上位的董事長、經理有他的職分、任務，而一般的職員也有他的職責與本分。經理不是為一般職員工作，職員也不是為經理工作。他們都是在特殊的位置上為整個公司而奮鬥。」

「所以說，一個公司裡不存在誰比誰了不起的情況，公司裡每一個人的工作態度都關係整個公司的興衰成敗。」

「因此，我們應該強調每個人對公司的貢獻與業績，強調在這個角度上的公平性，而不要只著重組織中上與下、高與低、尊與卑的差別，對這種差別的強調是違背公司的基本利益的。因為，公司人事上的組織只是手段，根本目的是為了達到整個公司的穩定發展。」

小田從和尚的比喻中獲得了不少啟示，他在之後的工作中運用了這一套理論，得到了很好的成效。和尚的話只是對他的一種啟示，這種啟示看似沒有說服力，卻因在本質上蘊涵了一種深遠的意義，使人變換思考方向。而這，正是說服中的必要性。

第七章　處世口才

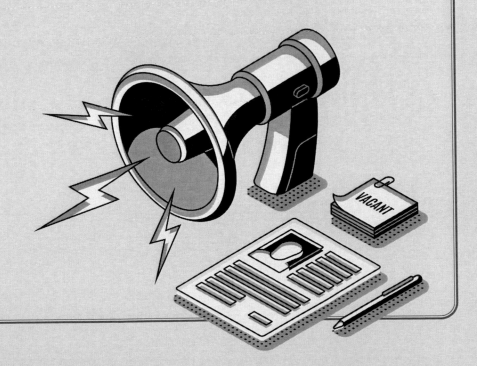

處世能力強的往往都是口才很好的人，要想提升自己的處世能力，必先練其口才。

能說會道好做事

誰都不是超人，誰都有解決不了的問題，所以在日常生活和工作中我們常常會有求於人。

「求」有多種方式，其中很大一部分需要口頭提出。但凡有求於人者，總希望被求者樂意答應自己的請求。生活中卻不乏同樣的「求」，不同的人用不同的方法表述出來，所得到的結果就不一樣。可見求人還需巧開口。

▌替對方著想

有求於人時，不光要為自己想，還要替對方想一想，你提出的請求將會給對方造成哪些壓力，可能存在哪些困難。這些難處，你說出來比由他本人說出來要好得多。「我知道這件事會給您添許多麻煩，但我沒有別的門路，只能拜託您了。」這樣說，較易使對方樂於為你做事。

▌充滿自信

有求於人時，要充滿自信，才能說服對方。為了使我們所說的話具有說服力，應該滿心歡喜地盼望，並充滿自信，切不可疑懼。

▌稱頌在前

求人幫忙時，一般可先適度地稱頌對方某一顯著的優點。比如：稱頌他樂於助人，稱頌他有路子、辦法多等等。真誠的稱頌能夠博得對方的好感，別人也會心甘情願地幫助你。

▌切勿說「你也可以」

欲求別人時，切勿說「你也可以」。像「你也可以」這類話往往會令聽者心生不快。善於說話的人，也總是避免說出「你也可以」這種帶有次等意味的話語。

當你需要吩咐下屬去辦一件事情而這個人剛好正在處理一些事情時，你可以隔5分鐘或10分鐘，再把他叫過來吩咐工作，但絕不可將對方當做替代品。要激起對方的榮譽心，如：「我認為這件工作還是由你來辦最適合！」「如果是你來做，一定能夠辦得更好，現在你可以立刻著手去做嗎？」

在家中，母親要求孩子做家事時，也要避免說出「姐姐不在，你來做也可以」，應該改口說：「你掃地很仔細，幫媽媽將客廳打掃一下好嗎？」因為即使是小孩，也非常重視父母親所給予的榮譽心及使命感。

▌給對方承諾

即在求助時許以互利的承諾，讓對方覺得他的付出值得。求人時，別忘了表示願意給對方某種回報或將牢記對方所提供的好處，即使不能馬上次報對方，也一定會在對方用得著自己的時候鼎力相助。絕大多數被求者會對有這種意識的求助者多一份好感。

▌真誠地「捧」對方

所謂真誠地「捧」並不是那種漫無邊際、令人肉麻地吹捧，而是指恰到好處、實事求是地稱讚所求的人。求人時，說點對方樂意聽的話，尤其就與所求之事有關的方面順便稱讚對方，不失為一種巧妙求人的辦法。

▌運用商量式語氣

當你需要別人幫助時，切莫武斷地發布命令，用婉轉的商量的口氣，效果會更好。

比如：妻子打電話給丈夫說：「今天公司要加班，你能不能幫忙接孩子，再做做飯？」這種尊重對方的商量的口吻，對方是很樂意接受的。

這樣說，不但達到了目的，而且使彼此關係和諧融洽。然而，如果使用命令、強硬的口吻，一定會引起爭吵。

從人們的接受心理看，人們對平等商量、誠懇請求有一種天然的妥協性；而盛氣凌人、頤指氣使的命令口吻，最易引起對方的反感。因此，協商語氣比起命令口吻更容易改變一個人的觀點。在同事、家庭成員之間，應盡量採取這種方式。

▌用激將法作最後一擊

當你遇到某個棘手的難題，只有某人能解決得好，但偏偏他又不大聽你的話，你只有用激將法作最後一擊。

一個人想推銷自己的書，就找朋友幫忙。看好了對象，登門第一句話就說：「您好，你的朋友不少吧？你有能力幫我推銷 20 本書吧？」然後用探詢的眼光注視著他。見他猶豫，又補充了一句：「如果你朋友少，無力幫忙，我就只好另找樂意幫忙的朋友了。」聽了這話，那位朋友一拍胸脯就答應了。這種方式只針對那種心直口快、好勝心強的人。

以上，我們分析了交談中向別人提出請求時經常使用的一些方法。顯然，透過這些方法能達到兩個目的：一能避免出現提出請求卻遭拒絕的難堪，二能促使對方接受請求。達到這兩個目的，就是上乘的成功。

借東西的技巧

　　向同事或朋友借東西，這是每個人都可能碰到的事。但是，由於借東西時所用的語言不同，其結果必然大不相同：有人滿載而歸，也有人空手而返。借東西時，應該注意哪些語言技巧呢？

▍不要用「肯不肯」發問

　　如果這樣問，可能會使被借一方感到不快。因為，「肯不肯」包含兩重意思：肯或者不肯。而後面一層意思明顯地表明了你對別人的不信任，容易使人產生誤會。即使你借到了東西，主人也未必是心甘情願借給你的。

▍求借語言因人而異

　　一般朋友，關係平常，不妨先試探一下，然後根據情況隨機應變。

　　向好朋友借東西就不一樣了，完全可以隨便一些，知心朋友更應直截了當，以免讓對方感到你「虛偽」。

　　比如借錢，老朋友之間可以這樣說：「這兩天手頭緊，借點錢用！」若是一般朋友，你不妨這樣說：「唉，這幾天花錢真多，買這樣又買那樣，到月底還有十多天，這日子過得真緊！」如果對方也大談錢如何如何不夠用之類的話，你就不宜開口提要求了。因為，對方的意思很明顯：他不想借或真的借不出。若朋友能懂你的意思，主動提出幫助你，那你再說借款金額。

▍借物不成也要注意禮節

　　許多人借東西時，一般能夠使用商量發問語，諸如「你的○○東西，借用一下可以嗎？」之類，但如果對方婉拒後，有些人往往「噢」的一

聲就走了。這個舉動常令對方感到不快，因為他會誤以為你借物不成而不滿。所以，即使借物不成，也應說一聲「謝謝您」，對方會因你的諒解而欣慰。

▌講明歸還時間

這樣，對方才會樂意借物於你。因為不願借物的人大都是因為怕對方不能速還或者損壞。所以，向人借東西，除了精心愛護他人物品外，還要盡可能早一些歸還。而借物時便告知對方歸還時間，這樣就會緩解借物時對方的心理負擔。因此，即使對方說「唉，你說到哪裡去了！」，你仍然別忘了說上一句「幾天後（或幾小時後）一定還你！」然後，一定要守信，為下次做事奠定基礎。

正話反說

你求人時說話比對方有氣魄，正話反說，獲得的效果是迅速而又圓滿的。

「春秋五霸」之一的楚莊王，在爭得中原霸主地位後，逐漸自大起來，並且開始沉溺於酒色之中，沒有當年爭奪霸權時的那種銳意進取精神了。

一次，楚莊王得到一匹身軀高大、色澤光鮮的駿馬，心裡高興極了。從此楚莊王便一心只在這匹馬身上，每日嗜馬如命。不料事與願違，沒過多久，這匹馬便死了。楚莊王非常痛苦，為了表達他對愛馬的真情，決定為馬發喪，金殯玉葬，以大夫之禮葬之。

楚莊王的決定一發布，立即遭到群臣的反對，許多忠直之士以死相諫，但楚莊王主意已定，誰也無可奈何。正當群臣搖頭嘆息之際，突然從

殿門外傳來號啕大哭之聲，楚莊王驚問是誰，左右告之是侍臣優孟。楚莊王立即傳令優孟晉見，問道：「愛卿，何故大哭？」

優孟一邊抹眼淚，一邊哭哭啼啼地說道：「堂堂一個楚邦大國，有什麼事情辦不到，有什麼東西得不到？大王將自己所愛之馬以大夫之禮下葬，不但不過分，而且規格還低了。我請大王應該將愛馬以國君之禮葬之，賜以玉雕棺材，上等木材做的棺槨，而且要全國老幼撫土掩埋，通知鄰國來弔唁。這樣讓諸侯們也好知道大王您看重馬而輕於人，這不是很明智的舉動嗎？」

優孟的話音剛落，群臣一片喧譁，認為優孟之說，十分荒唐。楚莊王卻沉默不語，細細品味優孟話中的真意。尋思良久，低著頭慢慢地說：「我說以人夫之禮葬之，確實太過度，但話已傳出，現在能怎麼辦？」

優孟一聽，馬上說道：「我建議請大王將死馬交給廚師，用大鼎烹飪，放上調味料，煮熟後，馬肉讓群臣飽餐一頓，馬骨頭以六畜之禮下葬。這樣，天下人以及後世就不會笑話您了。」

楚莊王找到了一個臺階下，群臣大吃了一頓馬肉，事情也就此了結了。優孟的一席話，勸阻了楚莊王荒唐的行為，但是為什麼其他的大臣勸諫不成呢？原因就在於他們心有餘而「口」不足。

優孟因侍奉楚莊王多年，深諳楚莊王的性情，知道此時忠言直諫是行不通的。在獲悉群臣勸諫失敗之後，採取一種「正話反說」的策略，先順著楚莊王之意說下去，自然地在依從中露出揶揄、諷刺之意。先指出楚國是個實力雄厚的國度，無堅不摧，任何事情都辦得到，應該以人君之禮葬馬。這些話在楚莊王聽來自然舒服，甚至感謝優孟對自己愛馬之情的深刻理解。這樣一步一步說下去，楚莊王也不是傻瓜，當然懂得其中的真正意思：大王以國君之禮厚葬愛馬，這著實是「貴馬」之舉，但是在它的

反面是「賤人」的意思。優孟正是運用「正話反說」的方法，從稱讚、禮頌楚莊王的「貴馬」精神，從而烘托出另一相反的卻又正是勸諫的真意——諷刺楚莊王「賤人」的昏庸舉動，從而把楚莊王逼入死路，不得不回頭，改變自己的決定。

託人做事的技巧

託人做事畢竟是件難事，但如果掌握了技巧，也就容易了。

▌借輕鬆幽默的玩笑話說實事

莊重嚴肅的話題會使人緊張慎重，輕鬆幽默的話題往往能引起感情上的愉悅。所以當我們碰到莊重嚴肅的話題時，最好用輕鬆幽默的形式說出來，這樣對方可能更容易接受。

一個年輕人在一家外資企業工作，在較短的時間內，連續兩次提出合理化建議，使生產成本分別下降 20% 和 30%。老闆非常高興，對他說：「年輕人，好好做，我不會虧待你的。」

這年輕人知道這句話可能意義重大，也可能不值一文。他想要點實在的，便輕鬆一笑，說：「我想你會把這句話放到我的薪水袋裡。」老闆會心一笑，爽快應道：「會的，一定會的。」不久他就獲得了一個大紅包和加薪獎勵。

面對老闆的鼓勵，年輕人如果不是這樣俏皮，而是坐下來認真嚴肅地提出加薪要求，並擺出若干條理由，豈不大煞風景，甚至適得其反。

▌繞個彎子套對方的話

有的時候，一些話自己說出來會顯得尷尬，這時，誘導對方先開口無

疑是上上策。

李某準備借助於好友張某做筆生意，在他將一筆鉅款交給張某的第二天，張某暴病身亡。李某立刻陷入了兩難境地：若開口追款，太刺激張某的家人；若不提此事，自己的支出又難以支撐。

幫忙料理完後事，李某是這樣對張夫人說的：「真沒想到張哥走得這麼早，我們的合作才開始呢。這樣吧，嫂子，張哥的那些客戶你也認識，你就出面把這筆生意繼續做下去吧，需要我跑腿的時候儘管說，吃苦的事情我不怕。」

看他，絲毫沒有追款的意思，還豪氣沖天，義氣感人，其實他明知張某的妻子沒有能力也沒有心思做。話中又加上巧妙的提醒：我只能跑腿做苦差事，不熟悉門路。

結果呢？張某的妻子反過來安慰他道：「這次出事讓你生意上受損失了，我自己也沒辦法做下去了，你還是把錢拿回去再找機會吧。」

▎用商量的口氣

以商量的口氣把要求辦的事說出來不失為一種高明的辦法。如：「能不能幫個忙，盡快把事情處理？」

裝作自己沒掌握，把請求、建議等表達出來，給對方和自己留下充分的退路。例如：「你可能不願意去，不過我還是想麻煩你去一趟。」

在別人或者向別人提出建議時，如果在話語中表示人家可能不具備有關條件或意願，那就不會強人所難，自己也顯得很有分寸。

▎央求不如婉求，勸導不如誘導

美國《紐約時報》總編輯雷特身邊缺少一位精明幹練的助理，他把目光瞄準了年輕的約翰·海。當時約翰剛從西班牙首都馬德里卸除外交官

職，正準備回家鄉伊利諾伊州從事律師職業。雷特請他到聯盟俱樂部吃飯，飯後，他提議請約翰到報社去走走。從許多電訊中，他找到了一條重要消息。那時恰巧國際新聞的編輯不在，於是他對約翰說：「請坐一下，幫我為明天的報紙寫一段關於這消息的社論吧。」約翰自然無法拒絕，於是提起筆來就寫。社論寫得很棒，於是雷特請他再幫忙代理職缺一個星期、一個月，漸漸地，乾脆讓他擔任這個職務。約翰就這樣在不知不覺中放棄了回家鄉做律師的計畫，留在紐約做了新聞記者。

由此可以得出一條求人做事的規律：央求不如婉求，勸導不如誘導。

▌變相「要挾」

一位幼兒園的老師是個非常熱心的教育家。有一天，她到附近的圖書館去，想借一些關於幼兒教育的書。她詢問圖書館的管理員：「一個禮拜能否借 20 本書？」

圖書館的管理員告訴她：「一個人一次只能借走 3 本，這是無法通融的。因為要借書的人並不只有你一個人。」

這個老師聽了這些話後，很激動地說：「我知道，那麼，以後我每週都帶幼兒園的小朋友來，讓他們每人都借一本。」原本很頑固的圖書館管理員聽了她的話後，突然改變了態度，取消了原來的規定。

在這件事中，最令人痛快的莫過於，當幼兒園的老師提出要讓幼兒園的每一個小朋友來借書時，圖書館管理員就打破了要遵守規定的規則。圖書館管理員雖然知道應該遵守規定，卻很討厭繁雜的工作，所以才突然取消規定。

為什麼幼兒園老師能使這個固執的管理員改變他一貫的原則呢？主要就是潛在心理起作用。幼兒園老師採取的是聲明「可以遵守規則」，但

「我每週都帶幼兒園的小朋友來給你添麻煩」的策略，這裡有兩種潛在心理：要遵守規則和討厭太過於瑣碎、繁雜的工作。管理員在權衡兩者後，由於實在不願意讓每個孩子都來借書，使自己工作更複雜，所以只好違背規定。

機言巧語，靈活處世

隨機應變是一個人靈活處世的好方法。它能化衝突為喜悅，變危機為幸運。無論是誰，只要充分運用自己的睿智，隨機應變，用巧妙的語言緩和窘境，就是一種成功。即使在充滿火藥味的場合，也會成為最佳的緩和劑，幫助人擺脫困境。

清朝的大太監李蓮英為人機靈、嘴巧，無論在什麼樣的場合，面對什麼樣的人物，他都應付自如，因此，深得「老佛爺」慈禧的喜愛。同時，李蓮英也常常幫慈禧打圓場，解脫困境。

慈禧愛看京戲，所以不斷有戲團隊進宮專門為老佛爺演出。慈禧喜怒無常，這些戲子都提心吊膽。演得不合她的胃口，他們便時刻有掉腦袋的危險；演得好了，老佛爺開心了，便賞賜他們一些東西，以示皇恩浩蕩。

有一次，著名的京戲演員楊小樓率帶他的戲班進宮給慈禧太后演出。這天，慈禧心情舒暢，看完戲後，把楊小樓召到跟前，指著滿桌子的糕點說：「這些都賞賜給你，帶回去吧！」

哪有賞賜糕點的，何況慈禧這人極為奢侈浪費，她一頓飯能吃 200 多道菜，可想而知那些糕點也絕不會少，楊小樓心想：這麼多糕點，我怎麼帶回去呀？

於是，便趕快叩頭謝恩道：「叩謝老佛爺，只是這些尊貴之物，奴才

不敢領，請……另外恩賜……」

這話把周圍的宮女、太監們嚇暈了，按慈禧的脾氣，賞賜你的東西你不要，還敢要求另外賞賜，這不是找死嗎？可誰料想，這天太陽從西邊升起了，慈禧心情非常好，不但沒有發脾氣，還溫和地問了一句：「那你要什麼？」

楊小樓又叩頭接著道：「老佛爺洪福齊天，不知可否賜個字給奴才。」

慈禧聽了，一時高興，也想給大家露一手，便讓太監筆墨紙硯伺候。只見她大筆一揮，一個碩大的福字就寫成了。

沒想到的是，慈禧的這齣戲卻演砸了，她把福字寫多了一點。慈禧身旁的一位宮女眼尖嘴快，馬上告訴了慈禧：「老佛爺，福字是『示』字旁，不是『衣』字旁呀！」

楊小樓一看，確實是錯了。這可怎麼辦？若是拿回去遭人議論，要是傳到慈禧耳中，不知又有多少人要蒙受不白之冤。不拿吧，慈禧動怒，自己不會有好下場。要也不是，不要也不是，他一時急得直冒冷汗。

現場氣氛一下子變得非常緊張。慈禧也覺得為難，確實是自己寫錯了，不想讓楊小樓拿出去丟人現眼，但自己也無法開口要回來重新寫。

這時，一旁的李蓮英眼珠子一轉，不慌不忙地走向前，笑呵呵地說：「老佛爺洪福齊天，她老人家的『福』自然要比世人的多一『點』了。要不怎麼顯示出她老人家的高貴呢？」

楊小樓一聽馬上會意，連忙叩首道：「老佛爺這萬人之上之福，小人怎敢領呢！」

慈禧正愁沒辦法下臺，聽這麼一說，也就順水推舟，笑道：「好吧，隔天再賜你吧！」

就這樣，李蓮英的一句話化解了慈禧的一次窘境。這樣的奴才豈能不

討主人喜歡？

由此可見，要善於掌握轉瞬即逝的時機，使自己永遠處於主動地位，駕馭事態的發展，最終一定能實現自己的目標。

所謂的隨機應變應該是在堅持原則的前提下，去靈活地改變做事的方法、形式，而不是去投機取巧。隨機應變也不同於見風使舵，做人應該有原則。

送禮時巧說禮話

在某種場合下，我們求人做事往往離不開送禮。為了不使雙方陷入尷尬的境地，送禮也就需要找一個合適的理由。好的送禮語言不僅說起來動聽，更能為你求人做事助一臂之力。

下面就向大家介紹幾種比較形象、生動的送禮語言：

◈ **把送禮的話頭推到不在身邊的妻子身上**

比方說：「是啊，我也說，找您做事用不著送東西，而我妻子卻說什麼也非讓我送不可。既然都拿來了，就先放這裡吧，要不然我妻子會埋怨我不會做事，回到家也交不了差。」

◈ **把送禮的話頭推到對方的孩子身上**

比方說：「東西是給孩子買的，和您沒關係，別說是來找您做事，就是不做事，隨便來串門還不一樣應該給孩子買點東西嗎？」

◈ **把送禮的話頭推到對方老人身上**

比方說：「你不用客氣，這東西是給伯母買的。伯母身體最近還好吧？……你方便時把東西給伯母帶過去吧，我就不再過去打擾她了。」

◈ 把送禮的話頭推到做事的朋友身上

比方說：「這東西是我朋友幫你買的，我也沒花錢，我們把事替他辦好了，就什麼都有了，我們也不用太跟他客氣。」

◈ 把送禮的話頭推到對方可能存在的「有失」處

比方說：「你給做事就夠意思了，難道還能讓你搭錢破費、這錢您先拿著，必要時替我打點打點，不夠用時我再拿。」

上述幾種頗有人情味的語言，對方聽了，都會覺得舒服些，都會主動收下你的禮物，高高興興地為你去做事。這些堪稱是經驗之談。

學會套交情

「套交情」是交際中與陌生人、尊長、主管等溝通情感的有效方式。套交情的技巧就是在交際雙方的經歷、志趣、追求、愛好等方面尋找共同點，誘發共同語言，創造一個良好的談話氛圍，進而贏得對方的支持與合作。

外交史上有一則透過套交情而順利達成談判目的的軼事：

一位日本議員去見埃及總統納瑟（Gamal Abdel Nasser），由於兩人的性格、經歷、生活情趣、政治抱負相距甚遠，總統對這位日本議員不太感興趣。日本議員為了不辱使命，做好與埃及當局的關係，會見前進行了多方面的分析，最後決定以套交情的方式打動納瑟，達到會談的目的。下面是雙方的談話：

議員：閣下，尼羅河與納瑟，在我們日本是婦孺皆知的。我與其稱閣下為總統，不如稱您為上校吧，因為我也曾是軍人，也和您一樣，跟英國人打過仗。

納瑟：哦⋯⋯

議員：英國人罵您是「尼羅河的希特勒」，他們也罵我是「馬來西亞之虎」，我讀過閣下的《革命哲學》，曾把它和希特勒《我的奮鬥》作比較，發現希特勒只注重實力，而閣下還充滿幽默感、人情味。

納瑟：（十分興奮）呵，我所寫的那本書是革命之後三個月間匆匆寫成的。你說得對，我除了實力之外，還注重人情味。

議員：對呀！我們軍人也需要人情。我在馬來西亞作戰時，一把短刀從不離身，目的不在殺人，而是保衛自己。阿拉伯人現在為獨立而戰，也正是為了防衛，如跟我那時的短刀一樣。

納瑟：（大喜）閣下說得真好，以後歡迎你每年來一次。

此時，日本議員順勢轉入正題，開始談兩國的關係與貿易，並愉快地與納瑟合影留念。

日本人的套交情策略終於產生了奇效。

在這段會談的一開始，日本人就把總統稱做上校，降了對方不少級別；挨過英國人的罵，照理說也不是什麼光彩事，但對於軍人出身，崇尚武力，並獲得自由獨立戰爭勝利的納瑟聽來，卻頗有榮耀感；沒有希特勒的實力與手腕，沒有幽默感與人情味，自己又何以能從上校到總統呢？接下來，日本人又以讀過他的《革命哲學》為由，稱讚他的實力與人情味，並進一步稱讚阿拉伯戰爭的正義性。這不但準確地刺激了納瑟的「興奮點」，而且百分之百迎合了他的口味，使日本人的話獲得了奇效。日本議員先後五處運用尋找共同點的辦法使納瑟從「不感興趣」到「十分興奮」而至「大喜」，可見日本人套交情的功夫不淺。

這位日本議員的成功，給我們一個重要啟示，就是不能打無準備之仗，有備而來，才能套到交情，並且套得結實，套得牢靠。

與同鄉打好關係

當今社會人口的流動性很大，許多人離開家鄉到異地去求職謀生。身在陌生的環境裡，拓展人際關係有一定的難度，那就不妨從同鄉關係入手，打開局面，最起碼可以為你在有求於人時提供一條「跑關係」的線索。

在外地的某一區域，能與眾多同鄉取得連繫的最佳方式是「同鄉會」。在同鄉會中站穩了腳跟，跟其他同鄉關係處得不錯，那就等於建立起了一個關係網。也許，有一天，你會發現這個關係網的作用是多麼重要，不容你有半點忽視。

所以，結交好同鄉關係，對於幫助我們做事成功，作用不可低估。

同鄉是一種很重要的人際關係，同鄉關係是很特殊的。既然是同鄉，當涉及到某種實際利益的時候，「肥水不落外人田」，只能讓「圈子」內的人「近水樓臺先得月」。也就是說，必須按照「資源共享」的原則，給予適當的「照顧」。

既然世人對同鄉有特殊的感情，學會利用同鄉關係，不僅可以多幾個朋友，更重要的是做事時能得到關照，萬一自己在外面有什麼麻煩，也可以有靠山幫忙。

找到對方的突破口

一位國文老師，其弟因民事糾紛，別人要與之對簿公堂，這樁案子恰好由這位國文老師昔日的得意門生接手處理。一天晚上，這位老師前往學生家，希望他能念師生情義，幫忙他弟弟這邊。

法官左右為難，一不能褻瀆法律的尊嚴，二又不能得罪恩師。法官說：「老師，我從小學到大學畢業，您都是我最欽佩的一位國文老師。」

老師謙虛地說：「哪裡哪裡，每個老師都有他的長處。」

法官接著說：「您上課抑揚頓挫，聲情並茂。尤其是上〈葫蘆僧判斷葫蘆案〉那一課，至今想起來記憶猶新。」

國文老師很快就進入了劇情：「我不僅用嘴在講，簡直用心在講。薛蟠犯了人命案卻逍遙法外，反映了封建官僚官官相護、狼狽為奸的黑暗現實。」

「是啊，護官符，使馮家告了一年的狀，竟無人做主，凶犯薛蟠居然逍遙法外……賈雨村徇情枉法，胡亂判案。」法官感嘆地說，「記得當年老師您講授完這一課後，告誡學生們，以後誰做了法官，不要做糊塗官判糊塗案，學生一直以您這句話作為自己的座右銘呢。」

這位國文老師本來已設計好了一大套說辭，但聽了學生的一席話，就再也不好意思開口了，自動放棄了不合理的請求。如果只是僵硬地拒絕老師的請求，難免會引起老師的不快。這位法官正是找對了突破口，才能輕鬆地讓老師放棄了徇私情的想法，並且表明了對老師的尊重。

逢人只說三分話

我們在社會中與人來往，不必將自己知道的東西全部說出來。

一個社交老手的確只說三分話，你一定會認為他們很狡猾，是不誠實的。其實說話前先要看對方是什麼樣的人。如果對方不是可以言談的人，你說三分話就已經不少了。

科學史上有過這樣一件事：一個年輕人想到大發明家愛迪生的實驗室裡工作，愛迪生接見了他。這個年輕人為表示自己的雄心壯志，說：「我一定會發明出一種萬能溶液，它可以溶解一切物品。」愛迪生便問他：「那麼你想用什麼器皿來放這種萬能溶液呢？它不是可以溶解一切嗎？」

　　年輕人正是把話說絕了，才陷入了自相矛盾的境地。如果將「一切」換為「大部分」，愛迪生便不會反對他了。

　　即使詞用對了，修飾程度不同，說起來分寸也不一樣。如「好」一詞，可以修飾為「很好」「非常好」「最好」「不好」「很不好」等，這些比較級的使用要慎重。如果你沒聽天氣預報，即使聽了，明天還沒到，便不可以說「明天一定會下雨」。一個人的文章寫得一般，客氣地說也只能是「還好」，怎麼能說「非常好」呢？

　　好的修飾詞使意思表達完整，恰到好處；過於誇張或過於縮小的修飾詞，則會與客觀實際相衝突，陷入兩難境地。屠格涅夫的小說《羅亭》（Rudin）中，皮卡索夫與羅亭有一段對話：

　　羅：妙極了！那麼照您這樣說，就沒有什麼信念之類的東西了？

　　皮：沒有，根本不存在。

　　羅：您就是這樣確信的嗎？

　　皮：對。

　　羅：那麼，您怎麼能說沒有信念這種東西呢？您自己首先就有一個。

　　皮卡索夫在此用一個「根本」，把話說絕了。因此，遇到不十分有掌握的事，一定要多用「可能」、「也許」、「或者」、「大概」、「一般」等模糊意義的詞，給自己的判斷留有餘地。

　　許多人說話不為自己留後路，往往是一句話出口，與前面所說的自相矛盾，為人製造笑柄。說話之前一定要三思，千萬別把話說絕。

獲得朋友好感的祕訣

現實生活中，每個人都渴望獲得他人的好感，這是人的一種基本需求。獲得朋友的認同與讚許，從而得到內心的平衡，產生成功的滿足感也是現代人心理渴望的具體表現。我們究竟怎樣入手，才能走好人際社交這步人生中的大棋呢？

無數成功的人士告誡我們，要贏得朋友的好感，就要努力做到以下要點：

◆ **塑造良好形象**：要想讓朋友對你產生好感，首先在主體身上要有好的「影響源」，即形象設計和內在素養。朋友的好感只能從自己本身的良好形象和文明的言行中產生。只有做到自信而不固執，謙虛而不自卑，倔強而不狂妄，才能給朋友留下好的印象。

◆ **注意累積知識**：世界上沒有哪個人喜歡知識貧乏的人。只有學識豐富、思想敏銳、興趣廣泛，才能提升自我價值，吸引眾人。

◆ **心地誠實，待人誠懇**：心地誠實、待人誠懇、做人正派，這是被人了解和受人歡迎的開端。如果不說真話，弄虛作假，朋友就不會信賴你，覺得你不可靠，時間長了就會疏遠你、厭惡你。

◆ **樂於幫助他人**：一位哲人說過，人生的旅程是在朋友的扶持下走完的。個人的力量總是很單薄的，面對生活中的種種問題時，每一個人都需要朋友的幫助。當一個人對生活中的某一問題無力解決時，我們如果能夠伸出一隻熱情的手，無疑會給對方極大的力量與信心。

◆ **背後勿論人是非**：一個正直的人有話當面說，不在背後亂議論朋友。如果你經常在背後說朋友的壞話，一旦被對方知道了，免不了要對你抱怨一番，甚至會和你發生爭吵，即便是以前對你印象很好的人，也

會在心中產生陰影，以前對你的好感頓消。因此，我們要時刻提醒自己，別讓嘴巴破壞自己的好名聲。

給朋友來點幽默

在你與朋友交談的過程中，如果適時地添加一點幽默的成分，你們之間的談話就會顯得有趣許多，但是玩笑並不是隨口就能開的，在玩笑話說出口之前，一定要注意以下幾點：

▍開玩笑時首先確定你的朋友類型

一般來說，朋友類型可分三種：一種是機智狡猾型，另一種是大智若愚型，還有一種是介於二者之間。開第一種人的玩笑時，這種人不會讓你占任何便宜，會組織語言進行反攻，使你無法得逞；開第二種人的玩笑時，他會顯得若無其事，與大家一起歡笑，或者裝傻，似乎此事與他無關。因此，這兩種人的玩笑都可以開。最擔心的是你的第三種類型的朋友。這種人被笑過之後很容易惱羞成怒，搞得大家不歡而散。

所以，開朋友的玩笑必須事先了解朋友是屬於哪種類型的人，這樣，開起玩笑來，既不傷大雅，又熱鬧滿室，顯得交際水準特別高。

▍不要開下流低級的玩笑

當著陌生人的面或在有女士出席的場所大談特談低級下流的玩笑，人們只會認為你淺薄。

如果你能夠恰如其分地把你的聰明機智運用到智慧的幽默中來，使別人和自己都享受快樂，那麼，你就能得到更多喜歡你、欽佩你、支持你和關心你的朋友，這對拓展你的人際關係非常有幫助。

▌採取幽默的態度提醒對方

有位法官請納斯雷丁・霍加（Nasreddin Hodja）去做客，他為了表示自己的好客，特意叫來廚師說：「納斯雷丁是位稀客，今天要好好招待他，你要用無花果和鮮奶油做一道甜食。」

可是偏偏這位廚師記性不好，又因為太忙，忘了法官的吩咐。

一直到吃完飯，這道可口的甜食始終沒有向納斯雷丁等客人「報到」。法官因為忙著和客人東拉西扯，也把這道甜食給忘了。但納斯雷丁並沒把那無花果忘了，只是不好意思向主人直言相告罷了。

當晚，納斯雷丁等客人就住在法官家。祈禱之後大家就要睡覺了，法官清了清嗓子說：「諸位，讓我們讚揚真主，誦讀一章《古蘭經》，享受一下精神上的清福吧！」

《古蘭經》第 95 章開頭的句子是：「我用無花果和橄欖起誓⋯⋯」

但納斯雷丁在誦讀時故意去掉了「無花果」幾個字，讀成「我用橄欖起誓⋯⋯」

法官見納斯雷丁篡改了《古蘭經》，馬上跳起來叫道：「喂，納斯雷丁，你怎麼忘記了『無花果』幾個字？」

納斯雷丁微笑地反問：「法官先生，你好好想想吧，是誰先忘記了『無花果』？」

法官一想，才知道納斯雷丁的含意，馬上抱歉道：「對不起納斯雷丁，確實是我把『無花果』給忘了。既然大家又聊了半天，那麼就來點『無花果』甜食吧。」在座的人因此又一飽口福。

在適當的情況下，用幽默的語言提醒別人已經忘記的事，是一種絕妙的高招，不但能使當時尷尬的氣氛在輕鬆歡笑中煙消雲散，有時還會得到對方的讚許。

和朋友聊天的技巧

　　任何年紀的人都需要聊天，就像我們需要吃飯一樣。許多人在正式談論一件事情的時候，都喜歡以輕鬆的話題作為開場白，然後再逐步導入正題。律師、作家、新聞記者及演員都是這方面的專家，他們都懂得如何以輕鬆的方式開場，然後再迅速地掌握住談話的主題，達到充分溝通的目的。

　　「沉默是金」在當今社交中根本行不通，而且是非常不禮貌的。反之，那些善於打破沉默、談笑風生、能帶動會場氣氛的人，走到哪裡都會受到大家的歡迎。這種人不會讓會場沉默太久，也不會讓「無聊分子」一直強迫別人聽他的訓話。這種人懂得適時轉變話題，讓大家都有臺階下。社交活動的目的，就是要讓話題一直繼續下去，使得賓主盡歡。如果你不想說話，還不如回到家裡看電視、讀小說、滑手機。

　　以下幾點建議，可以幫助我們增進和朋友聊天的技巧：

◆ 在和朋友的聚會當中，不要站在一個地方不動，這樣會給「無聊分子」可乘之機，抓住你不放，大談他得意的事情。你最好往人群聚集的地方去，聽聽他們在談些什麼，這樣你也有機會發表你的意見。等到有趣的話題談得差不多的時候，再找個藉口離開，另尋聊天的對象。這種游擊式的方法，很容易找到真正可以聊天的對象，也可以認識許多朋友。

◆ 如果是家庭式的宴會，勢必要坐著聊天。這時，你有「義務」和左右及對面的人聊天，不要冷落任何一個人。還有，在主菜上來之前，不要把聊天的話題一下子用光了，免得上了菜之後大家都在乾瞪眼。

　　一位女士非常懂得聊天的技巧。她和初次見面的女士聊天，用的都是

同樣的一套：「你戴的這串項鍊（或手鐲、戒指）真漂亮，是別人送的，還是……」幾乎沒有一次例外，被她問到的女士都樂意訴說得到這串項鍊的故事。

◆ 千萬不要講不好笑的笑話。講笑話一定要看場合及對象，如果你沒掌握，乾脆等著聽別人講笑話好了。

◆ 聊天的話題要有趣，所談的一定要是每個人都知道的人和事物。如果你談的是一個誰都不認識的人，必然引不起大家的興趣。

◆ 千萬不要說「你們看，站在角落的那個女士穿得有多醜，而且她的臉還做過整容手術」。說不定聽眾當中，就有這位女士的丈夫。

◆ 如果你發覺聽眾已經不耐煩了，最好趕快閉嘴，聽聽別人的高論，何必一定要硬撐下去呢？

◆ 每一位男士都喜歡聽到別人說他很風趣，每一位女士都喜歡別人稱讚她很漂亮。

◆ 在朋友面前恰到好處地運用幽默。在社交場合中，開開玩笑是為了活躍氣氛，顯示出你智慧的幽默。但事情往往有兩方面，有其利處也有弊處，玩笑過分了，樂極生悲，搞得大家不歡而散，那就不是成功的交際了。

該客氣時得客氣

深沉的交流，需要充沛的感情為紐帶，這種感情不是矯揉造作的，而是真誠的自然流露。當然，我們說好朋友之間講究客套，是強調好友之間相互尊重，不能跨越對方的禁區，並不是說在一切情況下都要遵守不必要的繁瑣的禮儀。

　　每個人都希望擁有自己的一片小天地，朋友之間過於隨便，就容易侵入這片禁區，從而引起隔閡衝突。譬如：不問對方是否空閒、願意，任意支配或占用對方已有安排的寶貴時間，一坐下來就滔滔不絕地高談闊論，全然沒有意識到對方的難處與不便；一意追問對方深藏心底的不願啟齒的祕密，一味探聽對方祕而不宣的私事；忘記了「人親財不親」的古訓，忽視朋友是感情一體而不是經濟一體的事實，花錢不記你我，用物不分彼此，凡此種種，都是不尊重朋友，侵犯、干涉他人的不良現象。偶然疏忽，可以理解，可以寬容，可以忍受。長此以往，必生間隙，導致朋友的疏遠或厭倦，友誼的淡化和惡化。因此，好朋友之間也應講究客套，恪守交友之道。

　　對朋友放肆無禮，最容易傷害朋友，其表現有如下種種，不可不小心約束：

◆ **過度表現，使朋友的自尊心受到挫傷**：也許你的才學、相貌、家庭、前途等令人羨慕，高出你朋友一頭，這使你不分場合，尤其與朋友在一起時，會太露鋒芒，表現自己，言談之中會流露出一種優越感，這樣會使朋友感到你在居高臨下地對他說話，在有意炫耀抬高自己，他的自尊心受到挫傷，不由產生敬而遠之的想法。也許你與朋友之間無話不談，十分投機。所以，在與朋友來往時，要控制情緒，保持理智平衡，態度謙遜，虛懷若谷，把自己放在與人平等的地位，注意時時想到對方的存在。

◆ **乘人不備，強行索求，使朋友認為你太無理、霸道**：當你有事需求人時，朋友當然是第一人選，可是你事先不作通知，臨時登門提出所求，或不顧朋友是否情願，強行拉他與你一起去參加某項活動，這都會使朋友感到左右為難。他如果已有活動安排不便改變就更難堪。對

你所求，若答應則打亂自己的計畫，若拒絕又在情面上過意不去。或許他表面樂意而為，但心中就有幾分不快，認為你太霸道、太不講道理。所以，你對朋友有求時，必須事先告知，採取商量的口吻講話，盡量在朋友無事或情願的前提下提出所求，同時要記住：己所不欲，勿施於人，人所不欲，勿施強求。

◇ **不識時務，反應遲緩，使朋友對你感到厭嫌**：當你上朋友家拜訪時，若遇上朋友正在讀書學習，或正在接待客人，或正和戀人相會，或準備外出等，你也許自恃摯友，不顧時間場合，不看朋友臉色，一坐半天，誇誇其談，喧賓奪主，不管人家早已如坐針氈，極不耐煩了。這樣，朋友一定會認為你太沒有教養，不識時務，不近人情，以後就會想方設法躲避你，害怕你再打擾他的私生活。所以，每逢此時此景，你一定要反應迅速，稍稍寒暄幾句就知趣告辭，珍惜朋友的時間和尊重朋友的私生活如同珍重友情一樣重要。

◇ **泛泛而交，大肆渲染，使朋友感到你是輕佻之人**：你可能由於虛榮心或榮譽心所驅，也可能交友心切，認為交友越多，本事越大，人緣越好，往往不加選擇，但幾乎都是一般朋友。此時，朋友已在微微冷笑，認為你是朝三暮四的輕佻之人，不可真心相處，結果你會失去真正的朋友。所以，朋友之交，理應真誠相待，感情專一，萬不可認為泛交朋友會使自己顯赫。

美妙動聽的逐客令

有朋友來訪，促膝長談，表達友情，交流思想，不僅是生活中的一大樂事，而且是人生道路上的一大益事。但現實生活中也有許多給我們帶來不方便的不速之客。茶餘飯後，你剛想靜下心來讀點書或是做點事，不料

不請自來的客人擾得你心煩意亂。他東家長西家短，嘮嘮叨叨，沒完沒了，一再重複你毫無興趣的話題，且越說越來勁。你勉強敷衍，心不在焉，焦急萬分，真想對他下逐客令而又怕傷感情，難以啟齒。如果你抱著「捨命陪君子」的心態，那麼你將一事無成，因為你的時間──世界上最寶貴的東西，白白地被別人占去了。

對付這種饒舌常客最好的辦法就是：運用最高超的語言技巧，把逐客令說得美妙動聽，這樣你就能兩全其美──既不挫傷朋友的自尊心，又為自己節省了寶貴的時間。下面的三種方法可供借鑑：

▌用委婉的語言來提醒

暗示不速之客，主人並沒有多餘的時間跟他閒聊。跟冷酷無情的逐客令相比，這種方法更容易被對方接受。例如：「今晚我有空，我們好好暢談。從明天開始我就要全力以赴準備資料，我爭取這次能評上副教授。」這兩句話的意思是：請您從明天起別再來打擾我了。

又如：「最近我丈夫身體不適，吃過晚餐就想睡，我們是否說話小聲一點？」此話雖然用的是商量口氣，但傳遞的資訊十分明確：你的高談闊論有礙男主人的休息，還是請你少光臨為妙吧！

再如：「這是我第一次發表的文章，請您指正。我想今後盡量多擠些時間寫寫東西，我還年輕，真想有所作為啊！」這番話似乎很尊重對方，但「請您指正」只是虛晃一槍，而「真想有所作為」的感嘆卻是在提醒對方：請你今後別再來糾纏不休了。

▌寫出你的願望和要求

有些不速之客反應較遲鈍，婉轉的逐客令常常難以奏效。對這些人，不妨用張貼字樣的方法代替直率的語言，表達使人一見就明的意思。有一

部影片裡提到，有一位著名的科學家在家裡客廳的牆上貼上「閒談不得超過 3 分鐘」的字樣以提醒來客。如果你張貼了類似字樣，純屬「閒談」的饒舌者就不好意思喋喋不休地說下去了。我們可根據具體情況貼一些如「孩子即將參加考大學，請多關照」、「主人正在自學英語，請諒解」之類的字樣，製造一種努力奮鬥、惜時如金的氛圍，使閒談者望而卻步。從常理上說，字樣是寫給所有的來客看的，並非針對某一位，因而不會使哪位來客有太多的難堪。當然，在不速之客知趣地告辭時，主人可送到門口並致意：「真抱歉，等這段時間過去，歡迎你常來。」

▌用主動出擊的積極姿態堵住饒舌常客登門來訪之路

看準他通常是在每天何時到你家，你不妨在他來訪之前一刻鐘先「殺」上門去：「您多次來訪，禮尚往來，我應回訪您，否則太失禮了。」於是你由主人變成了客人，他則由客人變成了主人。這樣，你就搶得了掌握交談時間的主動權，想何時回家，就何時告辭：「最近我有些急事要處理，改日再談吧！」更重要的是，你殺上門去的次數一多，他就被你牢牢困在自己家裡，原先每晚必上你家的行為定式就有望改變。過了一個階段，你「班師回朝」之後，他很可能不再「重蹈覆轍」。以攻代守，先發制人，其實是特殊形式的逐客令。

必須注意的是，不管使用何種方法，主人都必須不失熱情。不速之客一般是鄰居、親戚、同學、同事，主客之間相當熟悉，切忌用冷冰冰的表情和尖刻刺耳的語言傷害對方，也不宜用愛理不理、屢屢看錶等方式表示厭煩之意，免得以後見面時尷尬。

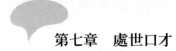

第七章　處世口才

第八章　朗讀口才

　　一篇成功的朗讀作品，並不僅僅在於它的藝術性，更在於它的功用性，即如何提升你的口才和語言表達能力。

萬全準備

　　朗讀是一項對我們非常有益的活動，不僅可以鍛鍊我們的口才，也可以鍛鍊我們的膽識、勇氣等。但要做一次出色的朗讀並非易事，俗話說得好，「臺上一分鐘，臺下十年功」，要想讓自己在朗讀中取得好成績，就要下工夫，雖然「十年」有點誇張，但是一定的努力和累積是十分必要的。正如優秀的軍事家不會打無準備之仗一樣，想成為一名優秀的朗讀者，做好朗讀前的準備工作是尤其重要。只有準備充分，才能發揮出色。所以，在平時要多注意練習和累積，以便在需要的時候能夠站出來，向大家表現朗讀風采。

　　那麼我們怎樣才能做好朗讀的前期準備工作呢？

▎選擇優秀的朗讀作品

　　作品的選擇對一個朗讀者的成功很關鍵，它是朗讀的基礎。要想打勝仗，就一定要有好的武器，作品好你才能表達好，所以一定要提前挑選好的作品。在對作品進行挑選時，首先要著重選擇那些語言生動而且朗朗上口的文章。對於朗讀這種藝術形式來說，類似詩歌和散文這種形象性較強的抒情類作品是不錯的選擇。其次，選擇作品時還需要考慮一下朗讀的場合和聽眾的需求，不要在喜慶的場合朗讀過於悲傷的作品，也不適合在同學和老師面前大肆朗讀「愛情味」十足的作品。另外，你在朗讀時，自身的審美和喜好也很重要，要選擇自己感興趣的作品，這樣朗讀起來才會情真意切，真實感人，達到最佳效果。

▍善於借鑑他人的長處

一名優秀的朗讀者，往往具有洪亮的聲音、豐沛的感情，並擅長運用重讀、停頓、變調等朗讀技巧。如果你也希望像他們一樣，在臺上盡情發揮，平時就要多對他們進行模仿，一方面要學習這些人的長處，提升自己的朗讀水準，另一方面，還可以激發自己的表達欲，增加「說出來」的勇氣。但在模仿時，切記不能照搬照抄，還要結合自身的特點去學習和借鑑，將他人的技巧轉化為自己的東西才是最關鍵的。

▍語言使用要規範、得體

一般來說，朗讀時需要使用標準的國語，這樣不僅可以使聲音優美動聽，而且也能準確表達作品的思想內涵，讓大家都能聽懂並領會。而想要在朗讀中使用標準的國語，也需要平時多加練習，努力學好國語，攻克語言關卡。

▍增加藝術修養

應該說，朗讀是一門綜合的藝術，它不僅包括了語言和表演等多方面的內容，除聲音外，還要借助手勢、眼神等體態動作來表達作品內的感情，所以在做朗讀的準備工作時，還要多讀一些涉及朗讀特點、技巧方面的書，並進行適當的聲音、體態等方面的訓練，力爭朗讀成功。

「讀透」朗讀作品

學校要舉行朗讀比賽，很多同學都報名參加，王曉芳平時就非常喜歡朗讀詩歌，這次她也報名參加了，希望能夠在臺上大展身手。王曉芳這次要朗讀的作品是岳飛的〈滿江紅〉，為了能夠在比賽時取得成功，她每天

217

都要對著鏡子朗讀好多遍，以便找出自己最優美的姿勢和最豐富的表情。快比賽了，一次活動課，老師說讓她先到講臺上給同學們朗讀一遍，看看她練習的效果如何。王曉芳一想，這也是個鍛鍊自己的好機會，說不定同學們還能給自己給點建議呢。於是就站在講臺上給同學們朗讀起來：「……莫等閒，白了少年頭，空悲切。靖康恥，猶未雪；臣子恨，何時滅。駕長車踏破賀蘭山缺。壯志飢餐胡虜肉，笑談渴飲匈奴血。待從頭，收拾舊山河。朝天闕。」王曉芳表現得很起勁，朗讀完，同學們也給了她很多鼓勵的掌聲。

忽然老師對她說：「你好像唸錯了一個字，朝天闕的闕是四聲，可是你唸成一聲了。」

「啊？真的嗎？可是我一直都這樣讀呢！」王曉芳感到很慚愧，如果不是今天老師指點，到時候上臺比賽連字都唸錯，就會被扣分了！

其實，王曉芳就是犯了一個沒有全面「讀」透作品的錯誤，而這卻是朗讀成功的一個關鍵所在。一個朗讀者，如果你在上臺朗讀前連作品的意思都不理解，怎麼能夠情真意切地理解作者呢？又怎麼可能表達出感情呢？

不論是你要進行的朗讀或演講比賽，還是演員在螢幕前表演節目，演講，在開始前，都要先將作品理解透。曾有著名的話劇演員就曾經說過：「在舞臺上說話唸詞，必須自己先弄清說這話的目的和這詞的內在含義。如果腦子裡沒有，或者還沒弄清楚，當然表達起來就含混不清，言不由衷。只有把目的弄清楚了，把詞義理解得透澈了，才能說得深刻有力。」話劇表演如此，朗讀也不例外。

一般來說，我們在準備朗讀一篇作品前，首先應該從下面幾個方面理解作品：

◈ **全面理解字、詞、句的含義**：一篇文學作品是由字、詞和句子組成的，所以在朗讀之前，一定要先把這些搞清楚，對一些猶豫不決讀音或者含義模糊的字或詞，一定要查字典弄清楚，不要理所當然地認為自己讀的就是對的，更不能嫌麻煩，否則一旦在朗讀時出現錯誤，就可能影響你的朗讀效果和評分。另外還要特別留心一些多音多義字的發音和含義，要根據作品的內容讀準音調，理解含義。

◈ **掌握作品的整體風格**：一篇作品的風格可能因民族、時代或者個人氣質的不同而有所差異，所以在朗讀時，你不能完全按一個基調來進行，要呈現出作品多樣的特色。比如「詩仙」李白的詩充滿了浪漫主義的色彩，整個詩都顯得飄逸豪放；而「詩聖」杜甫的詩則比較貼近現實，表現得沉鬱頓挫。在理解作品時，你要注意這些作品的個性化特色，並在朗讀中進行恰當有效的表達。

◈ **理清作品的結構**：結構對於一篇作品來說，就像它的骨骼一樣，唯有理清了作品的結構，才能全面掌握作品，從而在表達時暢通無阻，一氣呵成。如果做不到這點，就很可能會將作品分解得支離破碎，失去了原有的美感。

◈ **抓住作品的主旨和靈魂**：任何一篇作品，不論是詩歌，還是小說，都有自己的主旨。作品不同，它所反映的問題和寄託的感情也有所差異。在朗讀作品時，只有提前抓住了作品的主旨，才能抓住它的靈魂。這樣才能深入作者的內心，在朗讀時才能把作者的思想感情表達得淋漓盡致。

注意文體

　　朗讀是一種語言表述的藝術表演形式，它要求對文稿的表述形式進行藝術處理，然後透過朗讀者借助語速、語調及輕重讀等方面的富於變化的個性化表達手段，將作品轉化為一種藝術表演。

　　朗讀需要聽眾的情感共鳴，需要聽眾聽之入耳、聽之入心、聽之動情，這就需要朗讀者具備一定的朗讀功底。

　　一個優秀的朗讀者在朗讀前，首先要做的就是找來可以朗讀的資料，比如一篇悠揚的詩歌，一篇抒情性很強的散文，或者是一篇含義深刻的小品文等等，這些是我們比較常用的朗讀文體。當然，朗讀資料很多，記敘文、說明文也都可以作為作品來朗讀，但聰明的你也許不會去選它們。因為文體在朗讀中是一個很關鍵的因素，而說明文、記敘文等文體，大多感情基調比較低，不能夠很好地表達感情，選了它們，無疑是自討苦吃。

　　然而作為朗讀資料，任何一種文體的訓練對於朗讀者來說都是不可忽視的，我們不能因為它們不被經常運用就對其不加重視，這對一個朗讀者來說可是不明智的。朗讀者應該能夠透過各種文體來鍛鍊自己的朗讀風格。一些抒情類文體的作品我們就不詳細分析了，下面看看幾種不太常用的文體如何朗讀。

◈ **記敘文**：如果你準備朗讀記敘文，可以從兩個方面入手。一是選一些藝術表現性比較強的故事，這一類文章要求語言生動逼真、繪聲繪色，朗讀起來可以吸引聽眾入情入境。二是在朗讀這些帶有情節描述的作品時，要在保持朗讀基本特點不變的前提下，多注意表現語言的生動性和形象性。語言的生動形象主要透過情境、背景的描繪，將人物的身分、性格等特點略作藝術處理，以此來強化聽眾的理解能力，

使其有情境感，從而達到朗讀應有的效果。

◆ **議論文**：議論文的特點為是非態度明確，文筆犀利深刻。在選用這類文體進行朗讀時，語言的主要風格應該展現是非立場分明、褒貶色彩清晰、語言鏗鏘有力、表述簡潔乾脆，要讓人感覺到資料中內在的邏輯力量，以此來強化其雄辯的感染力。但需要我們注意的是，朗讀時需要很好地掌握感情基調，不可不足，以免缺乏說服力，但也不可太足，以免削弱文章原有的邏輯性。

◆ **說明文**：說明文是很少被用來做朗讀資料的，因為它沒有是非立場和褒貶色彩，感情基調也非常低。如果選用這類文體的作品來朗讀，首先應該展現出這類文字的特點，那就是將其層次分明、詳略得當的特點表現出來。但這類文體也難以表達出感情，很容易使朗讀變得機械而無層次，甚至破壞原文的層次感。解決這個問題的辦法只有一個，那就是在關鍵字和中心詞部位加重讀音，同時注意承上啟下的關聯詞，善於利用有效的停頓來達到朗讀的效果。

總之，一個優秀的朗讀者，應該能夠適應各種類型文體的朗讀，拿出任何一種文體的資料給你，你都能夠完美地朗讀出來，這才夠火候。

賦予合理的想像

老師在課堂上常常會給我們強調想像的重要性，那麼，究竟什麼是想像呢？

有人說，想像是夏夜傍晚的清風；想像是漫步林間小徑感受沁人心脾的清涼；想像是冬天的飄雪，置身雪中，感受雪的美麗；想像是花蕊芬芳的氣息，曲徑通幽，讓你情不自禁地去尋覓那月下的花容；想像還是汩汩

流動的小溪，讓你不經意間就隨它來到一片世外桃源，使你疲憊的心在剎那間回歸到原始的清澈；……

其實，想像更多的是我們心靈的感知，再優美的文字，無論它多麼詳盡，多麼凝鍊，都不可能窮盡事物的全貌，而剩餘的部分，只能依靠我們的想像才能將其表達出來。所以身為一個朗讀者，如果你不能想像出那剩餘的部分，即使再聲情並茂的朗讀，也很難傳達出作品所要表達的真實情感。這就像打電話一樣，有人提出打電話時應該微笑著講話，因為這樣即使對方看不到你的笑容，也可以感受到你快樂的心情。由此可見，想像對於朗讀者來說確實有著非常重要的作用。

吟哦高山，你心中是否有山之高昂；朗讀大海，你心中是否有海的湧動，這些其實都應該是對朗讀者在想像力及心理指標上的基本測試。對於一篇作品，無論它是寫景還是寫人，不少作者都喜歡採用以點代面的寫法，也就是說，他的作品只能給出你一個局部，而其餘的大部分，就需要我們調動豐富的想像力，來展示出作品的整體，甚至還有整體的外延了，比如那些比較抽象的內容、心情、思想等，這些東西是無法用文字來詳細刻畫的。

我們也可以拿陸游的〈釵頭鳳〉來看一看，「紅酥手，黃縢酒，滿城春色宮牆柳。」其中一句「紅酥手」，就情不自禁地讓作者回望起當年表妹唐琬的美麗，回想起十年前的恩恩愛愛與舉案齊眉的情景。然而忽然間「東風惡，歡情薄，一杯愁緒，幾年離索」，一對神仙眷侶被迫分離，今日相見，即使有千種思緒一起湧上心頭，也不能再牽一次「紅酥手」。由此可見，「紅酥手」在詩人的心靈深處，已經成了一株常青的相思樹，甚至是一塊刻骨銘心的三生石，讓詩人一生牽掛，以至於他逝世前兩年，最後一次去沈園，還有一首〈春遊〉詩懷念故人：「沈家園裡花如錦，半是

當年識放翁。也信美人終作土，不堪幽夢太匆匆。」

我們追溯陸游一生的情感歷程，唯有與表妹唐琬的蕩氣迴腸的愛情能讓他惦念一生，無盡的愁苦，無盡的惆悵，化作一行行泣淚的詩詞感念後人，沈園就是銘證。那麼你在朗讀〈釵頭鳳〉時，就必須要充分發揮自己的想像力，將自己放在作者的位置上，感受作者的情懷，從而將作者在作品中表現出來的感情發揮出來。如果不能理解鐫刻在詩人心上的傷痕，不能隨作者的思想一起回望當年，「幸福著他的幸福，痛苦著他的痛苦」，你是不可能讀出「紅酥手」一句的千般情懷、萬般感慨的，自然，你的朗讀也不可能是成功的。

如果說朗讀是我們心靈的歌唱，是我們生命的舞蹈，那麼想像就是清泉，是它在滋養著我們的心靈，讓我們的心與作者的心產生靈犀，從而讓我們自己以及我們的聽眾一起來感受作者的情懷。要想提升朗讀水準，真正在臺上朗讀出作者的心聲，就要不斷地培養豐富的想像力。只有這樣，我們才能真正走進作者的心靈，代他而言，從而朗讀出作品的美和意境。

注意停頓

一般來說，朗讀除了要深刻透澈地掌握作品的內容之外，還要合理地運用各種藝術手段，從而準確地表達作品的內在含義。朗讀的基本表達手段包括四個方面，它們分別是語速、節奏、重音和停頓。前面我們已經講了朗讀的語速、節奏和重讀輕讀的問題，在此就說說停頓。

說到停頓，我們都能理解，也都會做。在朗讀課文遇到標點符號時，我們必須給予停頓，因為這樣才能使語句或詞語之間產生聲音上的間歇。

在朗讀時，停頓一方面是作品中句子結構的需要，另一方面也是朗讀者在朗讀時生理上的需要，比如呼吸、換氣等，再一方面也是為了充分表

達作品中的思想感情；同時，朗讀中的停頓也可給聽眾一個領略和思考、理解和接受的餘地，幫助聽者理解作品含義，加深印象。

通常來說，朗讀中的停頓包括生理停頓、語法停頓、強調停頓三方面。

◇ **生理停頓**：生理停頓即朗讀者根據自己的氣息需要，在不影響語義完整的地方作一個短暫的停歇。但在作生理停頓時要注意一點，一定不要妨礙語意的表達，不要割裂作品的語法結構。

◇ **語法停頓**：語法停頓是反映一句話裡面語法關係的，在書面語言裡的表現形式就是標點符號。一般來說，語法停頓時間的長短與標點有很大關係，比如句號、問號、嘆號後的停頓比分號、冒號要長；分號、冒號後的停頓比逗號要長；而逗號後的停頓比頓號長；段落之間的停頓則比句子間停頓的時間長。

◇ **強調停頓**：強調停頓是為了強調某一事物，突出某個語意或某種思想感情所作的停頓，但這種停頓在書面上並沒有標點，在生理上也並非是必須要作的停頓，有時候它還會在書面上有標點的地方作了較大的停頓，這樣的停頓我們都稱之為強調停頓。強調停頓主要是為了仔細揣摩作品、深刻體會其內在含義來安排的。

賦予熱情

也許你會認為，朗讀就是有感情地把一篇作品朗讀出來就可以了。真的是這樣嗎？即使你在閱讀時已經體會到了作品中的感情，那麼是不是就意味著你在朗讀時肯定能夠把其中的感情表現出來呢？

或許事實並沒有你想像的那麼容易。一個最簡單的例子就是，當你看到別人在游泳池裡愉快地游泳時，你也想學。你覺得游泳也不過就是在水中多

憋一會氣而已，可是到你真正去做的時候會如何呢？相信你一定嘗試過。

朗讀也是如此，一次精彩的朗讀，並不僅僅是要你把它有感情地讀出來就可以了，而是應該賦予作品以熱情，將你對作品的理解完全轉化到你的朗讀中，這樣你才可能把對作品品味出來的所有感情都發揮出來。

究竟怎麼做才能讓你的朗讀變得富有熱情呢？

▍讓作品中的褒貶色彩盡情發揮

我們可能學過高爾基的《海燕之歌》（*The Song of the Stormy Petrel*），同時也可能在課堂上朗讀過它，那麼你在朗讀時，是否能夠準確地掌握作品的感情呢？是否能夠對作品中的褒貶色彩很好地掌握、不論何種題材的作品，它都會包含有一定的褒義或貶義色彩，我們在讀文章的時候通常都可以體會到。但是，要想把其中的這種感情色彩透過朗讀的形式表達出來，並不是件容易的事。就《海燕之歌》來說，作者將海燕比喻成呼喚暴風雨的使者，而暴風雨是革命高潮的象徵，因此，作者在描寫暴風雨的場面時，肯定不會帶有貶義色彩，而應該是一種褒義的比喻。而海鷗、海鴨、企鵝等鳥類，被作者用來比喻那些害怕革命的人，所以牠們應該是具有貶義色彩的對象，因此你在朗讀時就不能對牠們表現出褒義的讚美。

▍抓住作品情感的高潮

任何一篇朗讀資料，它都是包含著豐富情感的，同時它還有一個或多個情感高潮在裡面，而情感又通常是以起伏的形式出現。一般來說，你可以透過兩個步驟抓住作品的情感高潮，第一步就是先找出作品的大高潮，然後再以這個高潮部分為中心，逐漸找出其中的小高潮。抓住了作品中的情感高潮部分，那麼在朗讀時，你就可以理智地、自覺地掌握作品的表述形式，富有熱情地將其朗讀出來。

▌進入到作品的情境之中

不論朗讀什麼作品，在朗讀前，你肯定都要用心地體會和揣摩作品的情感，做到這點後，我們就必須要進入作者創作時的「情境」。你就當自己是這篇作品的作者，這篇作品就是你用心、用情感寫出來的，現在你需要把它用「朗讀」的方式表達出來。從這個角度對作品進行更深入、更細緻的體會，可以幫助你更好地理解作品。另外，你還可以把自己扮演成作品中的角色，讓自己在作品中仔細玩味其中的情感。這樣不僅可以感同身受，更重要的，它可以使你的朗讀變得更有熱情。

總之，我們在朗讀作品時，不要只把它當做一篇文章，讀讀就完了，而是應該給予作品更多的熱情。這種熱情，不僅表現在你對作品的理解上，更應該表現在聽眾被你感染的程度上。只有你的朗讀真切地感染了你的聽眾，你才能算是一個成功的朗讀者。

注意輕重讀

在某家工廠裡，一位班長和一位組長先後訓斥一位連續遲到兩天的女工。

班長對女工說：「妳呀，怎麼又遲到了？」班長說這句話的時候，把「妳呀」說得又長又響。

女工聽了班長的話，不但低著頭，臉也紅了，一副不好意思的表情。

組長也是對女工說同樣的話，但他把「怎麼又遲到了」說得較響，特別在「又」字上加大了音量。

結果，女工反唇相譏：「神氣什麼，大不了扣薪水好了！」

這就是重音產生的不同效果。輕重音雖然是一個很簡單的問題，但如果運用不當就很容易出錯。在平時，我們也經常因為不小心咬錯了輕重音，引起同學或朋友間的不愉快。

其實我們是應該注意輕重音的，因為這與你所要表達的意思大有關聯。比如「我今天很高興」和「我今天很高興」是大不一樣的。如果你不注意輕重音的分別，就可能說不出你要表達的真正意思，有時候甚至會把意思弄錯，造成不好的後果。

平時說話就要這樣重視輕重音，朗讀就更不例外了。朗讀中對語句的輕讀和重讀可是大有講究的。如何恰當地區別輕讀重讀呢？應該注意以下幾點：

◆ **弄清你要表達的重點**：一般重點的語句要用重音來讀，比如「謝謝你」和「謝謝你」所要表達的含義是不同的，你在說的時候，首先應該弄清楚你所要表達的究竟是什麼。

◆ **掌握一些語法方面的固定重讀**：語法的重讀的位置是有規律可循的，相信國文老師也應該講過，不過我們還是要在這裡「囉唆」一下：一、一般短句中的謂語都需要重讀；二、名詞前的定語要重讀；三、動詞或形容詞前的狀語一般需要重讀；四、動詞後的形容詞及部分詞組充當的補語一般要重讀。不過有時候一句話中成分比較多，重讀也許不只一處，那麼你要優先重讀定語、補語、狀語等連帶成分，然後再考慮其他的詞語重讀。

◆ **注意體會作者的感情**：朗讀時你肯定要先「吃」透作品，這時你肯定會弄清作者在每句話中所要表達的感情，如果作者要表達的是一種強烈的感情，那在朗讀時自然就需要用重音了。

學會運用身體語言

　　恰當的形體語言，不僅能彌補朗讀時聲音的不足，還可以協助你將朗讀內容更加準確無誤地表達出來。視、聽作用雙管齊下，就可以給聽眾完整、確切的印象，輔助朗讀更好地表情達意。

　　要巧用身體語言協助朗讀，首先，你就要懂得如何設計自己的身體語言。在平時，我們的舉手投足，一顰一笑，都在傳遞著大量的資訊，顯露出主體的思想感情、愛憎好惡及文化修養。身體語言的設計和運用能使朗讀聲情並茂、形神兼備，更使你在朗讀時風度翩翩、儀態萬千。

◆ **會說話的眼睛**：在朗讀時，我們難免要與聽眾進行目光交流，這既是一種禮貌，也是對聽眾的一種情感表達。在這種場合，由於空間距離大、視野廣闊，所以你必須持續不斷地將目光投向聽眾，或平視，或掃視，或點視，或虛視，這樣才能跟聽眾建立持續不斷的連結，以期獲得更好的效果。如果在整個朗讀的過程中，你都幾乎不看聽眾，那是一種怯懦和缺乏自信心的表現，會嚴重影響你的朗讀效果。當然，和聽眾進行目光交流也並不意味著老盯著某一個聽眾。研究表明，目光接觸對方臉部的時間宜占全部時間的 30% ～ 60%。

◆ **傳情達意的表情**：說到表情，自然是指臉部表情了。臉部表情如果能與說話內容配合恰當，可以讓你的朗讀更富情感，因而它的使用頻率比手勢要高得多。在我們朗讀時，一般常用的臉部表情的含義包括：點頭表示同意，搖頭表示否定；昂首表示驕傲，低頭表示屈服；垂頭表示沮喪，側首表示不服；咬唇表示堅決，撇嘴表示藐視；鼻孔張大表示憤怒，鼻孔朝人表示輕蔑；嘴角向上表示愉快，嘴角向下表示敵意；張嘴露齒表示高興，咬牙切齒表示憤怒；神色飛揚表示得意，目

瞪口呆表示驚訝等等。

◆ **收放自如的手**：在朗讀時，我們會不自覺地舉手表達某種情感，這時候它就成了幫助你說話的工具。你可以根據朗讀的需要，適當地運用手部「語言」來為你服務。不過，千萬不要故意把手交叉在胸前，更不可勉強扶在講桌上，這樣就會使你的身體不能自由行動。而用手玩弄自己的衣服，不僅會轉移聽眾的注意力，還會使你看起來比較愚拙。

◆ **腿部「語言」**：在朗讀時，我們一般取站立的姿態。這時候，最好保持兩腿略微張開的姿態，兩腳平穩著地呈「丁」字形或平行相對，或一前一後，軀幹伸直，不要屈膝和彎腰弓背，否則會顯得消極懶散，無精打采，影響朗讀的形體效果。

身體語言在朗讀或表達過程中雖然具有特殊的表達功能，並不是朗讀所追求的最終目標，畢竟只是完成朗讀任務的一種手段。因此對於朗讀甚至對於培養口才來說，身體語言並沒有什麼獨立的價值，只有輔助價值，所以在談話過程中它處於從屬地位。正是這種從屬地位，決定了身體語言的設計和運用，必須由表達的內容、情緒和對象等因素的特點來決定。這點希望能夠引起大家的注意。

掌握好語速

語速是朗讀中語音形式的主要因素之一，朗讀中的語速對於朗讀的成功很關鍵。合適的語速不僅可以淋漓盡致地表達作品的情感，而且還能夠賦朗讀以生命，讓聽眾真切地感受到作品的內涵。因此在朗讀時，一定要掌握好語速。

說到節奏，我們總能想到音樂，那是最能表現節奏的一種東西。但節奏在朗讀時也同樣能夠展現出來。節奏與語速在朗讀中是不可分割的，節奏是語速的具體展現和運用，就是指你在朗讀時如何使抑揚頓挫、輕重緩急的語流出現時快時慢、時緊時松的效果。通常來說，節奏的表現形式有五種：

◈ **舒緩型**：要是你讀讀有節奏感的文章，你就能夠體會到這種節奏感了，它一般多連少停，多揚少抑，多重少輕，語氣甚至還有點緊張感。

◈ **凝重型**：在用這種節奏朗讀時，你會感覺語流平穩凝重，語言強而有力，多停少連，多抑少揚，多重少輕，讀起來甚至覺得心情很沉重。如果你能在朗讀時有這種感覺，那麼就表明你掌握好了這種節奏。

◈ **高昂型**：這類作品讀起來讓人感覺很有力量，多連少停，只揚不抑，多重少輕，語氣高昂有力度，語速較快，節奏較緊。

◈ **輕快型**：這個形式適合朗讀一些感情細膩、風格輕鬆的作品。在朗讀時，一般多連少停，多揚少抑，多輕少重，語流讀起來顯得很輕快，讓人聽了也覺得很舒暢。比如在朗讀朱自清的散文〈春〉時，就非常適合用這樣的節奏。

◈ **低沉型**：安徒生的《賣火柴的小女孩》（*The Little Match Girl*）就屬於這類節奏的作品。在朗讀這類作品時，停頓通常較多較長，節拍也較長，語調多抑，聲音沉重，語流沉緩。

說了這麼多關於朗讀中節奏的問題，但有個問題你要注意，那就是在掌握節奏時，一定要先掌握整體，節奏只有在整篇作品中才能展現出來，一個句子，一段話是不能展現出節奏的。所以掌握節奏不可生搬硬套，你要充分發揮你的聰明才智，讓它靈活地為你服務。

打造完美的聲音

在與人交際中，我們都希望自己能夠語音準確，聲音清晰響亮，圓潤甜美，甚至還帶有一定的魅力色彩。但在現實生活中，我們常常做不到這一點。尤其是在朗讀或朗讀文學作品時，有時候甚至還表現得聲音乾澀，語調平淡，語音不準。結果讓朗讀和朗讀「一敗塗地」，自己也覺得「很沒面子」。

有人說：聲音是朗讀的「本錢」。

也許你覺得這樣說有些誇張，可實際上，這種說法卻是非常有道理的。要進行一次成功的朗讀，不僅要有優秀的朗讀資料，對作品情感合理掌握，還必須要有近乎完美的聲音。一位音樂家曾說過這樣一句話：「聲音是聽得見的色彩，色彩是看得見的聲音。」朗讀要自然，聲音還要清晰、明亮。朗讀的意義，我們不應該只把它局限在藝術性上，它的實際功用是提升我們的表達能力和對事物的洞察力，這樣才會使你的講話更具說服力。

當然，聲音完美，並不是要過於誇張地用聲音來表現一切。完美的朗讀，應該是聲音、形體、手勢動作等的適當結合。但是，因為是朗讀，聲音肯定要占據一個比較重要的地位。

不過每個人的聲音色彩各不相同，其中有先天因素，也有後天因素。如果透過規範的訓練，一般都可以有不同程度的提升。但是，「冰凍三尺非一日之寒」，播音員、主持人有如此美妙動聽的聲音，也並非與生俱來的，都是經過刻苦練習的結果。

想要讓你的朗讀被聽眾所喜愛，聲音條件是必須具備的。那麼，究竟如何才能具備優美動聽的聲音呢？如何才能在短期內提升朗讀的聲音水準呢？

◆ **練習吐字**：有些人在朗讀時，我們總感覺聽不清楚，其實這主要就是因為他吐字不清。要想保證朗讀時口齒清楚，就必須在平時作些讀字的發音練習，比如練習順口溜、繞口令等。

◆ **保持正確的音調**：針對表述的內容不同，你可以根據自己的嗓音條件合理地安排高音區和低音區，但不論在哪個音區，你都要保證低音區吐字清晰，高音區也不要讓人覺得刺耳。要注意保持自己的音色圓潤和統一，不要出現忽高忽低、忽明忽暗的現象，甚至講到一半嗓子就啞了的情況。

◆ **吸氣發聲練習**：說得「嚴肅」一些，科學的呼吸方式和靈活的氣息控制，可以使我們的音色甜潤優美、持久有力。很多人朗讀時間稍長就會感到信心不足，出現口乾舌燥、聲音嘶啞的現象，這就是因為他的呼吸方法不對、氣息量不夠。要讓自己能夠把氣吸得多而且控制自如，我們就應該在朗讀時養成「胸腹聯合呼吸」的習慣，就是說吸氣要向胸腹之間擴展，感覺好像聞花香一樣深呼吸，一直吸到肺底，獲得小腹及腰圍的脹滿感，要吸得深入、自然、柔和。利用這種深吸氣的方法，使胸腹之間的腔體擴大，從而增加吸氣的容量，並利用小腹收縮的力量控制氣息。據說這就是所謂的「丹田之氣」，有了這種充足的氣息，我們就能夠使聲音產生共鳴，聲音透過共鳴，才能變得響亮有力度。

◆ **呼氣發聲練習**：學會了正確的吸氣方法後，接著就要練習有控制的均勻平穩的呼氣方法了。練習呼氣肯定要先把氣吸足了，吸足氣後，再以丹田穴為支力點，口中發出帶有聲帶顫動的「嘶」的音，使氣慢慢地、均勻地呼出。發出的「嘶」的音最好能堅持 40 秒～ 50 秒，這樣才表明氣吸得多且深。要是你不知道怎麼練習才有效，可以練習最簡

單的吹蠟燭。點著蠟燭後，先深吸一口氣，然後對著火焰輕輕吹去，不要將火焰吹熄，氣要輕而勻，使火焰向外方傾斜，並盡量讓自己的氣使它保持住傾斜狀態。這是檢驗出氣量是否均勻的一個好方法。

當然，如果你有興趣的話，還可以去嘗試參加專業的朗讀發聲培訓，或者平時多向學校的音樂老師請教一下發聲的方法和技巧，也同樣能夠受益匪淺。總之，朗讀是必須要有優美的聲音的，要想在朗讀中取得成功，你是很有必要在聲音上下點工夫的。

自己設計一次朗讀

現在，你已經學習了很多如何提升朗讀水準的知識了，那就和你的朋友一起來作一次朗讀的整體設計吧。

說起這個朗讀的整體設計，就是指你要對自己準備的朗讀作品有聲表達與無聲表達的方式作一個全面的設想，這是進行朗讀前的一個重要準備工作，同時，對你來說，這也是一次挑戰自己的機會。

在進行朗讀設計時，你需要做兩件事：

第一件事就是要設計朗讀的形式。朗讀形式一般包括獨誦、對誦、合誦三種，獨誦，顧名思義就是指你一個人站在臺上朗讀了，這也是朗讀中最常見的一種，適合篇幅短小、感情豐富、人物形象少的文章。獨誦最大的特點就是朗讀起來靈活、自然，容易掌握作品的感情基調。

對誦是你和你的朋友兩個人組合朗讀，朗讀者可以是男女搭配，也可以是同性搭配。對誦便於抒發作品的感情，有利於展示作品的意境，能夠撥動聽眾的心弦，喚起聽眾的共鳴。你在選擇自己的對誦對象時，一定要考慮雙方音色、音域，甚至外貌形象等因素，兩個人要音色協調，音域一

致，外貌更要般配一點，這對朗讀效果都會產生很大的影響。

合誦是三個或三個以上的人參加的大型朗讀，也叫群體朗讀。它比較適合於情感起伏大、情節比較複雜、作品人物眾多、篇幅較長的作品，在朗讀時，朗讀者要音量宏大，力量強勁，鼓動性強，要將作品中磅礴感人的力量發揮出來。

第二件事就是要設計朗讀的高潮。朗讀最忌諱的就是平鋪直敘，讓人聽起來感覺像在喝白開水，沒有人會喜歡聽這樣的朗讀。不論什麼文體的作品，在朗讀時都應該賦予其一定的表達高潮。

在一篇文章中，朗讀的高潮可以有一個，也可以有很多個，這要看你所選的文章體裁。一般來說，只有一個高潮的文章，高潮多會出現在結尾部分。在這類只有一個朗讀高潮的作品中，朗讀基調應該螺旋上升，循序漸進，不宜突然上揚或下沉，以免與前面脫節。

如果作品的朗讀高潮有多個，這類作品多是按平行模式構思的文章。

下面我們一起來朗讀一篇作品，讓你感受一下你自己設計的朗讀效果。

> 天淨沙・秋思
> 枯藤老樹昏鴉，
> 小橋流水人家，
> 古道西風瘦馬。
> 夕陽西下，
> 斷腸人在天涯。

這是詞人馬致遠小令中最著名的一篇，相信你也一定讀過。在這篇作品中，作者用凝鍊的語言，透過對秋郊夕照的描繪，委婉道地出了旅人的漂泊心情。（首先你得領會作品的主旨，這很關鍵。）

　　我們可以看出，作品的前三句用了几個並列的實詞，把九種不同的景物巧妙地組織在同一個畫面裡，渲染出一種蕭瑟淒涼的秋日氣氛，從而含蓄地表達了作者的哀愁。如果你打算朗讀這首詩，一定要結合作者的情感，放慢節奏，語調低沉，並用平直調來朗讀，緩緩地表達出作品中蘊藏的絲絲哀愁。

　　在後兩句中，作者透過夕陽西下，烘托出了一種旅人所有的孤獨和淒涼。在朗讀這兩句時，你要注意的是，一定要在「斷腸人」後面有所停頓，並使語調上揚，「在」要重讀，「天涯」用平直調，並緩緩讀出，這樣才能夠真切地表達出作者的情感和作品的特色。

　　如果你有興趣，還可以找來其他作品練習一下，相信你會有不小的收穫。

第八章　朗讀口才

第九章　演講口才

有一種人，你一定會很驚羨。就是那些在莊嚴的學術講壇上用無懈可擊的邏輯闡明自己獨特見解的人，還有那些在激烈的競爭中勇於在臺上用富有感染力的語言直抒己見的人……

其實讓你驚羨的是他們的口才，是他們面對不同對象表述自己觀點的演講才能。

演講前的準備工作

一位位居政壇顯赫地位的官員在某組織午餐聚會上擔任主講人，大家在臺下等著他開始演講，想聽他說說部門裡的工作情況。

人們發現他事前沒有準備。他開始想隨意即興講講，結果卻想不到什麼好說的。於是他從口袋裡掏出一疊筆記來，但筆記寫得雜亂無章，他手忙腳亂地快速翻著筆記本，仍找不到可以用來演講的題材，說起話來便越發顯得尷尬而笨拙。隨著時間一分一秒地過去，他感到越來越絕望，也越來越不知道講點什麼。他不停道歉，還想從筆記裡理出一點頭緒來，他用顫抖的手端起一杯水，湊到唇邊。這情景真是讓人想替他禱告，他完全被恐懼擊倒，就是只是因為沒有為演講作一丁點的準備。他演講的方式正像盧梭所說的情書撰寫方式一樣：「始於不知何所云，止於不知己所云。」

這無疑為我們上了最寶貴的一課：唯有充分準備，演講才能成功。要想自己的演講獲得成功，就必須在演講前作充分的準備。

只作表面說詞的演講，要比深入事實的演講容易多了。只是，選擇容易的路，聽眾只能獲得片面的印象，甚至印象全無。題目縮小之後，就要問自己一些問題，加深自己的了解，讓準備更充分一些，最終可以用權威的口吻來講述這個題目：「我為什麼要相信這些、在現實生活中，我有沒有看到過並可以證實這沒有錯誤、我到底想要證明什麼？它到底是怎樣發

生的？」

　　像這樣一類的問題的答案，可以提供你準備的方向。據說，植物界的美國怪傑路德·伯班克（Luther Burbank）培養 100 萬種植物品種，只為尋找一或兩種最高級的品種。演講也是如此，圍著主題彙集 100 種想法，然後再捨去其中的 99 種。

　　一位外科醫師說得好：「我可以在 10 分鐘內教會你如何取出盲腸，然而，若要教你出錯時如何應付，卻得花我四年的時間。」演講也同樣如此：總要周密準備，以應付變化。比方說，可能由於前一名演講者的觀點，你不得不改變自己觀點的重心，或是在演講之後的討論時間，你是否做了準備，以便回答聽眾更多的問題。

　　你要盡快選好題目，針對題目去找資料。千萬別猶豫不決，等到要講的前一兩天才做出決定。如果及早把題目決定好，在每天工作完成後的剩下時間裡，就深入思考自己的題材，把要傳達給聽眾的觀念，用更清楚的方式呈現。在開車回家的途中、等候公車或乘地鐵時，與其胡思亂想，還不如將這些時間用來思考自己的演講題材。

　　諾曼·馬頓·湯瑪斯（Norman Mattoon Thomas）是位世界一流的演講家，面對強烈反對他政治觀點的聽眾，他竟也能吸引他們的注意，獲得他們的敬佩。他說：「如果這場演講十分重要，演講者就應該時時刻刻和主題及內涵『共同生活』。在頭腦裡反覆思考，必會驚訝地發現，不管是走在街上，讀著報紙，在準備睡覺或清晨醒來時，許多自己觀點的例證和更出色的演講方式會像潮水般湧來。浮泛的思考只能產生浮泛的演講；這種不可避免的正常對應，就是對題目了解不清楚的結果。」

　　假如你想培養自信，為什麼不去作好演講的準備呢？務必讓你的表現更加完美。使徒約翰說：「完全的愛，會置恐懼於度外。」完整的準備工

作也可以做到這樣。丹尼爾・韋伯斯特曾說，他如果沒有準備就出現在聽眾面前，跟沒有穿衣服沒兩樣。

那麼該怎樣準備呢？

首先，不要逐字背誦演講詞。

「完全的準備」難道就是背下演講詞、不！為了保護自己，以免在聽眾面前腦中一片空白，許多演講者一頭栽進記憶的陷阱裡。一旦犯了這種毛病，便會不可救藥地浪費時間。進行這樣的準備，只會毀掉整個演講。

資深的美國新聞評論家卡特・波恩（Carter Bohn）還在哈佛大學讀書時，參加過一次演講競賽。他選了一則短篇故事，題為〈先生們，國王〉，然後把它逐字背誦，並預講了數百次。比賽那天，他剛說出題目〈先生們，國王〉，腦子裡就突然空白一片，豈止是空白，壓根兒就變黑了。他嚇得差點昏倒，絕望之際，只得用自己的話來講這個故事。當評審把第一名頒給他的時候，他簡直無法相信。從那天起，卡特・波恩就不再去讀或背誦任何一篇講稿，這就是他在廣播事業成功的祕訣。他只做些筆記，然後自然地對聽眾說話，絕不去寫講稿。

寫出講稿並且背下來，不但浪費時間、精力，而且容易導致失敗。我們一生說話都是自然而然的事，從沒有費心去推敲字眼。我們隨時都在思考著，等到思想明澈時，言語便像我們呼吸的空氣，不知不覺地自然流出。

我們如果逐字背下演講詞，面對聽眾的時候，很容易因為緊張而忘記。即使沒有忘記，恐怕講起話來也是笨拙呆板的。為什麼呢？因為它不是來自我們內心，只是出於記憶而已。私下與別人交談時，我們總是一心想著要說的事，然後就直接說出來了，並未特別去留心詞句。

林肯說過：「我不喜歡聽分解式的、枯燥無味的演講。當我聽人講道

理時，我喜歡看他像在和蜜蜂戰鬥一樣地講話。」他喜歡聽一個演講者自在、隨意，甚至激動地發表演講。背講稿，當然絕不會有和蜜蜂拚命似的表情。

所以，在為演講作準備的時候，最好不要寫演講稿，更不要背誦演講詞。

其次，預先將意念彙集整理。

那麼，準備演講最恰當的方法是什麼呢？你要在生活中留意那些有意義的、曾經讓你有所體悟的美好經驗，然後把從這些經驗中獲取的思想、感觸等等彙集整理。真正有價值的準備，是你對演講題目的深入思考。和查爾斯·雷諾·柏朗博士多年前在耶魯大學演講時說的一樣：「深思你的題目，待它醞釀成熟後，便會瀰漫著一種知識的香氣……再把這些想法寫下，簡單地只要能表達清楚概念就可以……把它們寫在紙片上 —— 透過這樣的整理，零散的片段就能有系統地組織起來。」聽起來並不難吧？實際上也真的不難，只需要多一點專注和思考就行了。

另外，在朋友面前預講。

當準備到一定程度的時候，要不要試講一下呢？其實是有這個必要的。這是一個保證你萬無一失而且簡單有效的方法。把你的想法，在日常生活中和朋友或同事聊聊，沒有必要全部講出來，只需要在午餐桌前傾過身去，用類似這樣的話談起：「喬，知不知道，那天我遭遇了一件不尋常的事。」喬可能願意聽聽你的故事。這時你就要仔細觀察他的反應，聽聽他有什麼樣的想法，說不定他會有什麼新的有趣的主意，那就很有價值了。他不知道你是在預演，事實上知道也沒關係。他或許還會說，聊得真開心。

傑出的歷史學家艾蘭尼文斯對作家也有類似的忠告：「找一個對你的

題材有興趣的朋友，詳盡地把你的想法講給他聽。這種方式，可以幫你發現你可能遺漏的見解、事先無法預料的爭論點，以及找到最適合講述這個故事的形式。」

選好主題

對自己的題目要有深刻的感受，這極為重要。除非對這個題目有特別偏愛的情感，否則就別想聽眾會相信你。道理很簡單，如果你對題目有實際接觸與經驗，或者你已經對題目作過深思和個人長期的觀察（比如認為在自己的社區裡創辦一所好的學校很有必要），因而滿懷理想，那麼就不愁演講時會詞窮了。二十多年前的一場演講，因為那股熱情而產生的說服力現在還鮮明地呈現在恩斯特的眼前，至今沒有能比得過的。恩斯特聽過很多讓人佩服的演講，可是這一個被恩斯特稱為「蘭花對山胡桃木灰」的案例，卻獨樹一幟，成為熱情戰勝真理的絕佳例子。

在紐約一家極具知名度的銷售公司裡，有個一流的銷售員提出相反的論調，說他已經能夠使「蘭花」在無種子、無草根的情形之下生長。他將山胡桃木的灰燼撒在新犁過的土地上，然後眨眼間蘭花便出現了！所以絕對百分之百相信山胡桃木灰 —— 而且堅持山胡桃木灰必是讓蘭花生長的原因。

恩斯特說：「評論時，我溫和地給他指出，他這種非凡的發現如果是真的，將使他一夕之間成為富人，因為蘭花種子價值不菲，而且這項發現還會使他成為人類史上一位極傑出的科學家。但事實上，到目前為止世界上沒有一個人曾經完成或有能力創造這個奇蹟 —— 沒有人能從無機物裡培育出生命。」

這個錯誤是如此的明顯，根本沒有必要提出激烈的反駁，所以恩斯特平靜地告訴他這些。其他同事也是這麼看待，只有他自己例外，仍執迷不悟。他連想都沒有想，立刻站起來告訴恩斯特，他沒有錯。他對自己的發現倒覺得有點不可思議，大聲說他還沒有引用論據，只是陳述了經驗而已。所以他繼續往下說，擴大了原先的論述，提出更多的資料，舉出更多的證據，他的聲音透露出真誠。

恩斯特只好再次告訴他，他的論點不可能是正確的，他正確的機率等於零。但他馬上又站了起來，提議跟恩斯特賭五塊錢，讓美國農業部來解決這件事。

你知道這時候情況發生了什麼變化、有好幾個學生都開始決定相信他的發現，還有許多人變得猶豫不決。恩斯特相信那時若是來一場表決，一半以上的人不會再堅持自己的觀點了。恩斯特問那些改變主意的人，是什麼讓他們改變了自己最初的觀點、他們異口同聲地說是演講者的熱誠讓他們開始懷疑自己的見解。

既然這樣，恩斯特只得寫信給農業部。恩斯特對他們說，問這樣無聊的問題，是很不好意思的。結果他們肯定恩斯特的答案，就是若要使蘭花或其他的東西從山胡桃木灰裡長出來，是根本不可能的，他們在回信中還說也收到另一封同樣的信。因為那位銷售員十分確信自己的發現，便也立刻寫了封信給農業部。

這件事讓恩斯特發現 —— 演講者如果真的確信某件事，並熱切地談論它，便能讓人們相信，即使是宣稱自己能從塵土和灰燼中培育出蘭花。既然這樣，我們所歸納、整理出來的想法，並且是正確的常識和真理，那該會有多麼強大的力量讓人們信服啊！

演講者幾乎都會懷疑自己選擇的題目會不會引起聽眾的興趣。其實要

讓他們對你的題目感興趣，方法很簡單：只要你對自己的題目有熱情，就不怕無法引起人們的興趣。

這裡有一個實例：不久前，在巴爾的摩市聽到一個學員發出警告，說如果繼續使用現在奇沙比克灣捕石魚的方法，石魚將會絕跡，而且是要不了多久就會發生。他非常關心這件事，因為這已經不是一件小事。他說得熱切極了。在他講話之前，大家根本不知道奇沙比克灣裡有什麼石魚，也就沒有什麼興趣。可是現在，還沒等這個演講者講完，恐怕我們大家都願意立刻聯名向立法機關請求立法來保護石魚了。

在倫敦，一個著名的英國小說家 E.F. 班森去聽演講，班森先生評論說，這場演講的最後一部分要比第一部分更為他所欣賞。問他為什麼，他說：「演講者似乎對最後一部分的興趣更大一些，而我一向都是靠演講者為我提供熱情和興趣的。」

每個人都是這樣。所以你一定要牢記這一點。

還可以舉一個例子，來說明謹慎選擇題目的重要性。

在華盛頓的某個口才訓練班裡有位富林先生，他剛參加訓練時，從一家報社所發行的一本小冊子裡倉促且大略地蒐集一些關於美國首都的資料，然後向眾人演講。他雖然在華盛頓住了許多年，卻沒有舉出一個親身的經歷來說明為什麼自己會喜歡這個地方，所以聽起來就枯燥、生硬，只是一味陳述著這個城市的妥善建設。大家聽得不耐煩，他自己也講得很痛苦。

出人意料，在兩星期後發生了一件事情：他的新車停放在街上，竟有人開車把它撞個稀爛，並且逃逸無蹤。這把富林先生害慘了，這件事是他切身的經驗，所以當他說起這輛被撞得稀爛的汽車時，那表情異常激動，說起話來滔滔不絕，怒氣沖天，好像維蘇威火山在眼前爆發了。兩星期

前，同學們聽他的演講時還覺得煩躁無聊，時常在椅子上扭動，現在卻給了富林先生熱烈的掌聲。

如果題目選對了，你不成功都不行。比如談自己信念這一類的題目，保證錯不了。你對自己的生活一定有些強烈的信仰，因此你不必再四處去尋找，它們幾乎就在你的嘴邊，你時常都會「使用」它們的。

演講前「預熱」

我們知道，在進行體育比賽前需要進行事前熱身。演講也不例外，要想在臺上完美地施展自己的口才，作好一次演講，事先就必須要熱熱身，準備一下。這也就像建築施工要有藍圖才能夠順利進行一樣，在演講前，你也得對自己和聽眾有點了解才行，為演講的相關內容、方式等構想出一幅藍圖。只有準備妥當了，演講起來才能舌綻春蕾，口吐蓮花，順暢流利，優雅動人。

那麼如何為演講做熱身呢？從下面幾個方面努力吧：

◈ **多找合適的機會說話**：說話是提升你演講水準的關鍵因素，說話不僅可以活躍你的思考，更能夠鍛鍊你的口才，這樣在演講的時候，你才能流暢順利地表達出演講的內容和自己的情感。如果覺得說話會打擾別人，不妨自己對著鏡子說，這樣還可以觀察到自己說話時的表情、肢體動作、目光等是否自然，從而為演講時的出色表現作好準備。

◈ **合適的演講資料**：什麼樣的資料、內容或話題才能夠吸引聽眾呢？這是一門小學問，卡內基曾對此作過一番調查，發現那些親身體會或最熟悉的事情往往是最有發言權的話題。比如兒時的經歷、自己的願望、所學的課程等。而那些不了解、不熟悉的話題是不容易講好的，

拎起這樣的話題，至多能涉及點皮毛，講不出什麼名堂來。所以，我們要深入記憶中，從自己的背景中搜尋那些有意義並留下鮮明印象的事情。如果某件事情依舊生動地印在腦海中，呼之欲出，那就有可能讓聽眾興趣盎然了。

◈ **上臺前作好充分的準備**：馬上就要上臺了，可是你對演講稿的內容還沒弄清楚呢，這能講好嗎？相信神仙也會無能為力的。所以在上臺前一定要作好充分的準備，瀏覽一下資料是否有欠缺，詞句是否簡潔等。同時別忘了留心一下自己的衣著和儀表是否完美。

◈ **調整到最佳情緒狀態**：面對臺下成百甚至上千名的聽眾，即使那些聽眾都是自己熟悉的老師和同學，緊張的情緒依然在所難免。緊張的情緒必定會影響你的演講效果，所以一定要調整到自己的最佳情緒，以便正常發揮。你可以在上臺前先做個深呼吸，放鬆一下心情，或者給自己一個微笑，打打氣，告訴自己：「你是最棒的」，從而讓自己能夠以一種自信的步伐和神態登上演講臺。

如何使演講有好的開始

有經驗的演說家都會說：一篇演說最好的結構是優美的開場白和讓人深思的結尾。首先，開場白一定要好。開場白所說的幾句話，是生動還是平淡，決定了是吸引了聽眾、抓住了群眾的心，還是無法使聽眾留下什麼印象，一瞬間失去了聽眾。

所以任何一個好的演說家，在準備講稿時，總是反覆思索不斷修改其講稿的開場白，以期開始的幾句漂亮、精彩、有力的話，能立刻抓住聽眾，而不是走上臺時，再臨時胡編幾句，以應付聽眾。

開場白務必簡短，一兩句話即可。開門見山，交代題目的中心和主題。

當年美國威爾遜總統在國會演講，就潛水艇戰爭發出最後通牒的事件，發表他的意見，他開頭兩句是：「我國的對外關係已到了關鍵時刻，我的責任唯有極坦白地把狀況報告給各位。」一句話，就把主題明確交代，使聽眾集中了注意力。賈利斯考伯（鋼鐵大王的助手）在紐約協會演說時，正值美國經濟蕭條時，他第二句話便談到問題的核心：「今日存在美國人民心中的最大問題就是，如今商業衰落到底是什麼意思、與將來又有什麼關係、據我個人看來是很樂觀的⋯⋯」

而大多數未受過訓練或缺乏經驗的演講者，卻常做不到如此簡明、有力。他們易犯的兩種錯誤為：開場白多說幽默故事和講些謙虛的話。

犯第一種錯誤的人覺得他應該像一位大演說家般詼諧幽默。他本人平常也許會像百科全書般嚴肅，但當他站在講臺上講話時，總想講得輕鬆、幽默點，於是在開頭先講一個幽默故事，在宴會後所舉行演講時尤其如此。其結果往往是演講者自以為很得意，聽眾卻覺得像在讀字典一般索然無味，精心設計的故事也自然不能引起人們的興趣。

其實故事是否有趣，與故事的本身並無多大關係，重點在於演講者如何述說。100 個人中有 99 個人在講令馬克·吐溫一夜成名的那個故事時會遭到失敗。因為一個天性缺乏幽默的人硬要學幽默，是難有「笑」果的。如果只為求幽默而說一個故事，那就實在有點愚蠢了。因為幽默就像點心上的糖霜，像餅乾的巧克力夾心而非餅乾本身。幽默應該是切合本題，為證明某一個要點而講。

當然演說的開場白也不要太過嚴肅。假如你能，不妨引用別的演說家說過的話，或談點涉及當前情勢又充滿矛盾的事，再故意誇大其詞，惹人

發笑。這種幽默比一般通俗的笑話，「笑」果要大上幾千倍。而造成聽眾大笑最容易的方法，或許是講點關於你本人的趣事，描繪一些自己可笑而窘迫的情形，更容易成功。當我們看見一個人踩著香蕉皮滑倒，或大風吹走了他的帽子，會不發笑嗎？

　　請看英國文學家魯德亞德‧吉卜林（Rudyard Kipling）在開始講他的一篇政治演說時，如何巧妙地惹得聽眾們捧腹大笑。他所述說的並非假造的故事，而是他自己的親身經歷，並很戲謔地指出矛盾的地方。「各位女士和先生：當我年輕的時候，在印度時，我常為僱用我的一家報社採訪一些刑事案件。那是一個很有趣的工作，因為那使我認識一些製造偽幣犯、盜竊犯、殺人犯，以及這一類富於冒險精神的『運動家』，有時候在採訪了他們被審問的情形之後，我常常要去監獄裡探望我那正在受罪的朋友們。我記得有個因為殺人被判無期徒刑的人，他是個聰明並口才極好的年輕人，他告訴了我他一生中的重要的故事，他說：『我覺得一個人若是因做不正當的事而走上歧途，則這一件事將跟著另一件事發生，直到最後他發覺自己必須把另一個從正道上擠出去，才能使自己正過來。』哈哈，這也正可以形容現在內閣的情勢，謊言一個接一個地滾來。」

　　犯第二種錯誤的人是在開始演講時，先向聽眾說些「我實在不會演講」，「我沒有準備好……」「我沒有什麼可說的……」等道歉話。這絕對不可以。假如你沒有準備，用不著你說，也有聽眾會發現。為什麼要故意告訴他們呢？難道你的聽眾不值得你先經過一番準備之後再來講嗎？不要這樣說，因為聽眾是來聽你的指教並希望有所收穫，並不是來聽你道歉的，所以你的道歉，他們是不樂意聽的。

　　當你一站在聽眾面前，毫無疑問自然能獲得聽眾對你的注意。在前 5 秒鐘之內能受到注意是不難的，隨後的 5 秒鐘能受到他們的注意也是不難

的，但在繼續之後的 5 分鐘之內，則困難多了。假如你讓聽眾的注意力轉到你深厚的布簾上，想再從布簾手中贏回勝利，那的確是難上加難。所以你要從第一句開始就講述一些有趣的事，而不要講些道歉的話。

以上兩種錯誤的開場白都不是有力的開場白，不能立刻抓住聽眾的注意力。那怎麼才能做到開場白有力呢？下面有幾個建議，希望對你有點用處。

▌引起聽眾的好奇心

美國著名電影新聞報導家羅威爾陶瑪斯講述勞倫斯上校時是這樣開始的：「有一天，當我經過耶路撒冷的基督徒街時，遇見一個人身穿東方君主華麗衣衫、腰間插著一柄僅有穆罕默德的子孫才可佩帶的金質彎刀。可是這個人的外表一點也不像阿拉伯人，他的眼睛是藍的，而阿拉伯人的眼睛永遠是黑色或是棕色的。」他的這段描述，一定會激起聽眾的好奇心，聽眾願意再聽下去，想弄清楚他介紹的人到底是誰、為什麼要打扮成阿拉伯人、做了什麼？後來怎樣？

一個學生這樣開始他的演講：「你知道在今日的世界上，還有 17 個國家保存著奴隸制度嗎？」這個問題不但引起了聽眾的好奇心，甚且還震驚了聽眾。「奴隸制度、現在、17 個國家、真是難以相信。這些國家在哪裡？」

也可以先述說一件事情的結果，使聽眾急欲知道原因，以引起聽眾的好奇心。舉個例子，有一位學生的演講以這樣的一句話開始：「我們的某位議員最近在立法院開會時，提議立一條法律，禁止任何學校裡的蝌蚪變為青蛙，以免打擾學生讀書。」你聽了可能要大笑。這位演講者在開玩笑嗎？這是多麼奇怪啊！真有這回事嗎？你看，這不就讓你急切地想繼續

聽演講者的下文，來解決你心中的疑問嗎？

每位想在群眾面前發表演說的人，應該善用這種能勾起聽眾好奇心的開場白。

▌利用好奇心

人類是好奇心強烈的動物，只要遭遇與平常稍微不同的事物，便會圍上去探個究竟。最明顯的例子就是，在夜市中，只要有一群人圍在一起，你一定也會湊上去看看別人在看什麼。難怪有人說你要是在人多的地方抬頭持續看天空五分鐘，周圍便會有許多人慢慢聚攏過來也跟著抬頭看，而且人人都想知道你在看什麼，事實上，很可能你只是脖子酸而已。

一面牆上挖了一個小洞，旁邊貼著「不准偷看」，結果十之八九的人看了那張紙條後都會偷看，而洞內可能豎著一塊牌子，上面寫著：「不准看，還看！傻瓜，你上當了。」如果沒有貼「不准偷看」這張紙條，相信沒有幾個人會對一個洞有興趣。

演說中，我們不妨製造一個「不准偷看」的絕招，勾起人們的好奇心。

裙子會掉下來嗎？

「昨天我差點脫掉裙子。」演講課上一個年輕貌美的女士開場白這麼說道，這時在場的聽眾彷彿被電流擊中了一樣，隨後豎起耳朵並催促她繼續往下說。

「當我昨天正在廚房裡做家事時，我那念小學三年級和一年級的兩個兒子在隔壁房間吵了起來，他們兩兄弟似乎吵得很凶，口出惡言。首先弟弟說：『你這個大笨蛋，媽媽的肚臍凹凹的，不是凸出來的。』接著老大也不甘示弱地反駁說：『媽媽才不是凹肚臍呢，她的肚臍像一小截腸子似

的凸起來。』弟弟說：『你胡說，才不是呢！』大兒子說：『你才胡說！』我看情形不對了，趕快跑出來說：『你們兩個都安靜下來，我讓你們看看媽媽的肚臍是凹的還是凸的。』於是我作勢要脫下裙子的模樣。『啊，媽媽羞羞羞！』他們兩個小鬼看到，馬上拿小食指畫著小臉蛋羞我，我們三個人都笑了出來。」

這個演講的主題「親子關係」，在那個女士驚人的開場和幽默的話語中作了絕妙的詮釋，她所使用的大膽的開場白無疑刺激了在場成員，引起了聽眾的期待。

▌吊一吊聽眾的胃口

如果臺下的聽眾是義務來聽演說，甚至多半是被逼迫來的，演說本來就不為他們所期待，如何使聽眾改變被迫無奈的心理，並且專心聽演說是一門大學問。「引起聽眾想聽的意願」是刺激聽眾慾望，並且改變聽眾心理的第一步。

首先，你可以在開場白上製造一些神祕的氣氛，引起聽眾的注意力。例如：「各位早，今天早上我想報告的主題是『本期紅利將有多少』。」

也許職員一聽到老闆要上臺說話，心裡會想，「又來了，還不是說一些努力工作之類的話」。但是，一聽到開場白出現了「紅利」兩個字，和自己的利益有關，大家便紛紛豎耳傾聽。

「如果公司今年達到生產目標，紅利將比去年多一成；若超過目標的20%，就增加三成；若超過30%，公司打算發五成紅利。按照目前的成績，增加一成紅利的希望很大。如果增加一成，紅利的數目是多少呢？各位不妨計算看看，並且也順便計算三成和五成的紅利，各位希望拿多少獎金？拿多拿少在於你們的努力，加油！」

由於事關自己的利益，職員們必會認真地聽董事長的每一句話，這是站在對方立場，刺激聽眾慾望的方式。開場白的「紅利」二字，就足以吊職員們的胃口了。

講一則故事作為開端

著名的作家寫的小說，動輒印上千萬冊，風靡海內外，而且在人們中長期流傳不衰。人們都愛讀小說，喜歡聽故事，尤其是喜好別人述說他個人驚險離奇的經歷。

美國曾有一位叫普西爾康維爾的牧師，他「遍地寶石」的演說，竟不斷在各地演講高達 6,000 次之多，而且每次都受到歡迎。這篇著名的演講開頭就說：「西元 1870 年，我們從土耳其出發，順著底格里斯河往下走……我們在巴格達雇了一位導遊，帶我們去看古代巴比倫的遺址……」他接著繪聲繪色地將故事一段一段地講下去，緊緊抓住了聽眾的注意力。演講若以這種方式做開頭，簡單明瞭，又不容易失敗。故事情節一層一層展開，人們絕對願意知道後來將發生什麼事情。

列舉突出的實例做開端

一般的聽眾長時間靜聽抽象的議論，會感到不耐煩。而講實例總是比較入耳，有興趣聽下去。那麼，為什麼不先講實例做開端呢？有些演講者，他們總覺得應該先作一點概括的議論較好，這是完全沒必要的。用實例做開場白，引起興趣，然後再接續一般的陳述，反而使聽眾容易接受你的觀點。

如下面瑪麗瑞艾蒙德的這篇演說開場白就讓人非常喜歡。這是她在法律尚未禁止未成年結婚之前，於紐約婦女選舉協會上作的演說：「昨天，當火車經過離此不遠的一個城鎮時，我忽然想起數年前在那裡發生的一樁

婚姻，因為在紐約州中至今還有許多婚姻都這樣輕率，所以今天我願意詳細地描述那樁婚姻的情形。那是在 12 月 12 日，該城中某高等女校的一個 15 歲的女孩子，遇見了附近一位大學一年級的學生，到 12 月 15 日——即相識 3 天後，他們虛報那女孩子為 18 歲而領了結婚證書，因為依據法律，到這個年齡就可以不用取得父母的許可即能結婚。他們領到結婚證後，便立刻去找一位牧師證婚（那女孩是天主教徒），但那牧師拒絕了他們。不久，那女孩子的母親聽說了這件事，然而在她等到她的女兒之前，沒想到這對年輕人已擁有了合法婚姻。於是新郎和新娘就在旅館裡同居了兩天兩夜，但之後他卻拋棄了她，再也不和她同居了。」講完這個實例後，她再詳細闡述反對未成年人結婚的觀點。

這樣的開場白，自然、真實、具體，聽眾感到親切，願意再聽下去，也樂意而不是勉強地接受演講者的觀點。

▌拿出實物給聽眾看

俗語說：「百聞不如一見。」有時先拿出實物讓聽眾見識見識，再來介紹它，這樣能一下吸引聽眾的注意，得到良好的效果。例如一位錢幣專家，他開始演說時，先用兩個手指頭拿著一枚錢幣，高舉過眉，聽眾都把目光聚集在這錢幣上後，他才說：「在場的人中，有沒有人看見過這樣的錢幣？有人知道這是什麼錢幣嗎？」他問完後，再繼續講，聽眾自然跟著他的思路走。

▌提出一個問題作為開端

有時在演講中，一上臺就可向聽眾提出問題，讓聽眾和演講者一起思考，使聽眾從頭到尾集中注意力聽講，以印證自己的想法和演講者的看法是否相同，是否正確。只要提出的問題是聽眾關切的，是聽眾迫切想知道

而又感到困惑的，這種方式，一定能像一把鑰匙一樣，開啟聽眾的心扉，使演講者進入他們心中。

▌引用名人名言開始

在一定的場合和演講某些種類問題時，一開始，就恰當地引用名人名言，是最巧妙的方法。因為既稱「名人名言」，就意味著它在群眾中有影響力，有權威感，受人信賴，也易讓人接受；也表示在名人論述那個問題上，其理論深度已達到相當高的水準，在這個基礎上再闡述發展，定能吸引聽眾。

有一個教育家在以事業成功為題作演講時，先引用著名大演說家卡內基的話說：「世界上的最好的獎品 —— 榮耀與金錢，只贈與我們一件事，那就是創造力。什麼是創造力呢？讓我告訴你們，就是不必別人指導，就能做出正確的事情，並獲得成功。」

演說詞以這樣的開場白，緊扣演說主題，又層層提問，造成懸疑，定能使聽眾急於想知道下文，而回答又言簡意賅，發人深省。在這樣的基礎上，演講者再列舉大量生動的事例，從理論上展開「創造力」對事業成功的作用，如此一分析，當然會把聽眾的思緒引入你的談話裡。

▌首先將題材與聽眾的直接利益「掛勾」

人們都關心對自己有好處的事，如果以與聽眾直接相關的題材開始講，就能引起他們的注意。可有些演講者不善於使用，例如：在演講「定期檢查身體之必要」這個主題時，有位演講者這麼說：他先說「延年益壽學會」成立的歷史和組織，以及各項工作之情形。聽眾當然毫無興趣去留意這種學會成立的歷史，他們關心的只是自己的生活。

為什麼不先說出該學會和聽眾之間存在的關係呢？可以這麼說：「你

們知道按人壽保險的調查來看，你們還能夠活多少年嗎？據壽險統計學家說，你的壽命還剩下你現在的年齡與 80 歲之差的三分之二。譬如你現在 35 歲，那你現在的年齡和 80 的差數是 45，那麼你剩下的壽命為 45 的三分之二，也就是說你還能活 30 年。這樣夠嗎？不！不！我們都希望活得更久。可是這調查是根據幾百萬人的記錄而得的。那麼，你我有超越這個數目的希望嗎？有的，只要適當地留心就可以的，而這第一步就是要有一個詳細的身體檢查……」然後，如果再詳細述說為什麼要定期檢查身體，聽眾對於這種「延年益壽學會」的工作就感興趣了。開頭就講歷史和組織，太死板也太無益了！

▎以驚人的事實開始

演講者一開口，就列出讓聽眾目瞪口呆的事例。例如一位先生在講「無線電的奇觀」時，劈頭第一句話就說：「你們曉得嗎，臺北的一隻蒼蠅在玻璃上爬過的聲音，由無線電傳播到南部，聲音有多大、告訴你們，那聲音有如尼加拉瓜大瀑布的巨響！」

又如費城樂觀人俱樂部前主席保羅·吉比斯先生在演說「罪犯行為」時，開頭就使用這樣令人驚訝的句子：「美國人是世界上最壞的罪犯。這句話雖極令人詫異，但的確是事實。克里夫蘭、俄亥俄的殺人犯竟比倫敦多 6 倍，盜竊犯按人口比例計，又比倫敦多 170 倍。克里夫蘭境內每年被搶或被盜的人數比英格蘭、蘇格蘭與威爾斯三處被搶者的總數還多。紐約城的凶殺案竟多於全法國，或全德國，或全義大利或全英國，這種悲痛的事之所以發生，就是對罪犯不嚴加處罰所致。」

這兩個演講的開端，例舉的事例和所作的論斷，雖都有些危言聳聽，但只有如此，才能立刻讓聽眾震驚，引起他們的好奇和關心，產生非聽下

去不可的慾望。而他們講的又不是無中生有，而是千真萬確的事實，只是更「有力量」的報告罷了。

▌峰迴路轉

如果你是一位副主任，有一天公司為了表揚你平時優良的表現，升你為主任，於是，當天下班你欣喜若狂地吹著口哨回家，看見太太後你會如何告訴她這件喜事呢？「我回來了，我今天升了主任，你開心不開心？」一般人通常會忍不住喜悅，直接告訴太太這個好消息。

「別高興得太早，以後得更加賣力工作，否則會被人家說閒話……」也許有些妻子會如此潑冷水，或沒有你預料中的熱烈反應。因此，建議你不妨改變一個方式，用點心思告訴她這個喜事，「我回來了」，然後你再裝出一副失魂落魄的樣子打招呼。

「怎麼了、無精打采的。」太太會關心地問。

「今天我被叫到董事長辦公室了。」

「他對你說了些什麼？」

「他叫我這個副主任明天開始不用再做了。」

「怎麼會呢？你不是做得好好的嗎？為什麼被開除？」

太太一定會十分緊張地問你，此時你再露出個得意的笑臉，「誰被開除了，他是叫我不用做副主任，改升我為主任了。」「真的！」太太會瞪大眼睛，鬆了一口氣說，「你真討厭，害得我擔心死了。」雖然說「討厭」，可是卻露出喜悅的神情。稍微改變一下說話的方式，所得的效果馬上與眾不同，演說也一樣，相反的講話方式有助於提升「效果」。

來不及做充分準備怎麼辦

　　國文課上，老師一進教室，就突然宣布今天要進行一次臨時的演講，有興趣的同學可以自願上臺表演。這可急壞了張雅，他一直都希望自己能有一次上臺演講的機會，可是今天他卻沒作任何準備，而且由於以前沒有經驗，他也不知道臨時應該準備什麼，因此只能看著眼前的機會白白地溜走。

　　正當全班同學都在「臨陣磨槍」準備上臺「秀」一下時，李同學站了起來。他自信地走上講臺，只見他鎮定自若，態度謙遜，先向全班同學鞠了一躬，然後聲音洪亮、言辭簡明地作了一個出色的臨時演講，贏得了同學和老師熱烈的掌聲，當然也更讓張雅羨慕不已，他的掌聲比任何同學的掌聲都響亮。

　　有準備的演講讓人在上臺前感到很踏實，但是往往有些時候，因為某些原因，你根本沒有足夠的時間去對演講資料或其他方面作充分的準備。這個時候怎麼辦呢？難道就只能上臺亂講一通、想到什麼說什麼？講到哪裡算哪裡嗎？那肯定是不行的。先不說心慌意亂、舌頭發軟了，恐怕到臺上後連臨時想好的詞都會忘得一乾二淨，這怎麼可能作好演講呢？到時恐怕只有丟人現眼的份兒了。

　　但是，有的人卻能夠在三五分鐘內將自己的演講準備出來，而且在上臺後，一樣講得聲情並茂、邏輯嚴密，給聽眾留下深刻的印象。那麼他們是如何在那麼短的時間內作好演講準備的呢？

◆ **迅速整理心情**：一聽到老師說馬上開始演講，你的心一定感到很緊張，不知道該如何應付這樣的臨時狀況。這時候，先努力克制自己的緊張情緒，千萬不要亂了陣腳。告訴自己，不管怎樣，反正都要講，

與其緊張還不如乾脆輕鬆看待呢。讓心情先平靜下來，才能調節大腦的思緒，以爭取在最短的時間裡組織好要演講的內容。

◆ **快速進入主題**：臨時演講準備的時間非常短，根本不允許你漫無邊際地去考慮要演講的內容。所以，一定要盡快爭取時間弄清楚演講的主題是什麼，然後拋開無關的雜念，盡快圍繞主題來布局謀篇。

◆ **馬上理出演講框架**：演講馬上就要開始，你不可能有時間一點一點地去填內容，但至少你要弄清楚自己的整個演講大概要從哪幾個方面開始，這幾個方面該如何連接起來，這樣將大框連成一個整體，那麼演講的時候就好辦多了。

◆ **爭取時間，列出提綱**：如果你怕整體內容記不住，可以把想好的演講要點用最簡練的話概括出來，寫在紙上，這樣可以在演講時幫助提示你的記憶。

◆ **開個好頭**：開始上臺了，不過先別忙著開口演講，最好能夠在開口前先跟聽眾打個招呼，比如問聲好，或者鞠個躬，這樣不僅可以給人一種禮貌的感覺，贏得更多的觀眾緣，還可以平復自己緊張的心情，爭取考慮演講詞的時間。

說服聽眾

當你想說服與你意見相左的人，使他們聽從你的想法，贊成你的意見時，怎麼辦呢？有些什麼好的方法嗎？請記住下面兩點：

▎使自己成為他們的朋友

有這樣一句格言：「一滴蜂蜜所能引誘的蒼蠅，比一加侖的膽汁還多。」這句話同樣適用於人。假如你想使某人贊同你的意思，首先要使他

相信你是他忠實的朋友，這便是可以抓住他心理的「一滴蜂蜜」；一旦做到了，便可毫無困難地使他對你的意見表示贊同 —— 當然，你的意見必須是合理的才行。

林肯的某次成功演說，就是一個很好的例證。當他西元 1858 年競選美國參議院議員時，要到當時未完全開發的伊利諾伊州南部演講。那一帶人當時的行為極為野蠻，在公共場所也攜帶利刃和手槍。他們是南方反對廢除奴隸制度的民眾。

於是，這些南方的民眾和從肯塔基與密蘇里兩地渡河而來的奴隸主，都準備要「興風作浪」。他們揚言：如果林肯要在當地演講，他們便立刻把他這位主張解放黑奴的人趕出城外，並置於死地。

在這種緊張、危險的局勢下，林肯卻說：「只要他們能給我一個說幾句話的機會，我就可以說服他們。」憑著這股信心，他前往南方，親自去和當地的首領見面，並熱烈地和他們握手。然後在演講時，又極其和善、懇切地說：「南伊利諾伊州的民眾們，肯塔基州的民眾們，密蘇里州的民眾們 —— 我聽說在場的民眾當中，有些人打算為難我。

我不清楚他們為什麼要那樣做，我和他們一樣，也是個性很直爽的人，那麼為什麼我不能與你們一樣發表個人意見呢？好朋友們，我也是你們當中的一個，我不是來干涉你們的人。我生在肯塔基州，長於伊利諾伊州，也正和你們大多數人一樣，是生長在艱苦的環境中。我認識南伊利諾伊州的人，我也認識肯塔基州的人，我想我應該還認識不少密蘇里州的人，我是你們其中的一個，你們應該知道我並沒有要做一些不利於你們的事情。那麼，為什麼你們要做出對我不利的事情呢？

各位民眾，不要做這種愚蠢的事情，讓我們成為朋友，讓我們彼此像朋友一樣真心相待。我是世界上最謙虛、最愛好和平的人之一，不會傷害

任何人，不會干涉任何人的權利。我之所以求你們，只是因為我要說幾句話，希望你們能平心靜氣地聽。而你們這些勇敢的、豪爽的伊利諾伊人、肯塔基人或密蘇里人，我相信你們是能做到的，讓我們現在一起來討論我們所遇到的問題。」

這誠懇的開場白止息了將起的「波濤」，撫慰了他的仇敵，實際上還把大部分的人都變為了他的朋友，他們對他的演說加以喝采，後來那些粗魯的人，竟是最熱情幫助他當選總統的群眾。

▌找出共同點

不去想別人的意見和慾望，不去尋找共同點，只顧發表自己的見解。這個錯誤是那些想勸告別人的演講者經常容易犯的。

例如：在一次演講主題是關於人們所激烈爭議的禁酒問題上，幾乎每位演講者都是莽撞地一開始就指出別人見解的錯誤，堅定地聲明他的立場，說明他的主張，以此希望別人拋棄他們原來的見解，而贊成他的主張。結果呢？沒有任何一個人被他說服，因為他那魯莽激烈的開場白，一下子就引起了聽眾的反感，使他們更加堅持他們自己原來的見解。

他在演說一開始就惹惱了聽眾，只會招來聽眾「不」的反應。而這樣就很難再使別人聽從他的想法。正如奧渥斯教授在紐約社會研究新校所發表的那場演講上所說：「一個『不』字的反應是最難克服的障礙。當一個人說出『不』時，他的自尊心逼使他堅持到底。他也許後來自覺『不』實在錯了，但他的自尊心卻不允許他有所改變。既已說出，就得堅持到底。因此在開頭使一個人往你希望他想的方向走，是極為重要的。一位精明的演說家應在開頭就獲得人們許多『是』的反應，以使聽眾心理按演講者的見解方向移動。在心理學上這是很明顯的。當一個人說『不』，他的

全身組織 —— 分泌腺、神經與肌肉 —— 全都繃在一起，成為拒絕狀態，整個腦細胞組織都準備好了做出拒絕的動作。反之，一個人在說『是』的時候，則毫無防備，身體的組織都呈現開放的狀態。因此我們必須在做開場白時，就讓聽眾說『是』，這樣便容易讓他們注意我們最後的建議。」

要想在開頭就讓聽眾產生「是」的反應，就得首先找出一個對方贊成的共同立場。林肯就擅長這麼做。一位持中立立場的記者說：「在半分鐘之內，林肯所講的每一字每一句，對方幾乎無不同意。然後從那一點起，他慢慢地引導他們，直到完全將他們掌握在自己手中。」

再如，美國前參議員喬治也聰明地使用了此方法。

一戰結束後不久，喬治議員和哈佛大學校長羅威爾被邀赴波士頓辯論國際聯盟的問題。喬治議員是反對國際聯盟的，但大多數聽眾都支持國際聯盟，他企圖使聽眾贊成他的見解。為說服聽眾，他沒有一開頭就痛斥那些信任國聯的人是謬誤至極，只會作幻想式的思考。相反，他提出了他和聽眾之間所共同的支持點。又說他們的不同點只是方法上的瑣碎細節罷了，而關於美國的幸福和世界的和平等眾多問題，他們的觀點都是一樣的。他最後還進一步地承認他也贊同有國際聯盟那樣的組織。演講到最後，他才指出，他和對方的不同處只是：他覺得我們應該有一個更完美、更有力的國際聯盟。

他說：「校長，各位女士和先生，我的同胞們：羅威爾校長給我這個機會來當著這麼多聽眾講幾句話，我覺得非常榮幸。他和我是多年的老朋友，我們也都是支持共和黨的人。他是我們最負盛譽的大學校長，是美國最重要、最有權威地位的人士之一，也是一位研究政治及政府的最優秀學者和歷史學家。現在他和我對於這當前的重大問題，在想法上也許不盡相同，但是我相信關於世界的和平安全及美國的幸福，我們的目的沒有區

別。如果你們允許，我願以我本人的立場來說幾句話。我曾經一次又一次述說，我覺得我已用簡單的語句表達了出來，但是有人還是誤解我的意思，有些高尚人士沒有注意到我話中的意義，遂產生彼此的誤會——他們竟說我是反對任何國際聯盟組織的人。我並不反對，一點也不反對。我渴望由世界上所有的自由國家，聯合成為我們所謂的聯盟，而非法國人所謂的協會，聯合各國的力量，盡一切努力去獲得世界和平，並早日達成軍備裁減。」

喬治的演說曾說服了許多聽眾。因為他們能心平氣和地聽下去，並覺得他的立場是公正的，可以接受的。

在演講中，若一開頭就擺出「唯我正確」的架勢，針對聽眾的不同看法，進行批判式的訓話，效果總是不好的。為什麼？著名的心理學家魯賓遜教授有一段話回答得很好，他說，在日常生活中，原本自己的一些觀點、意見改變，在接受新的觀點、意見的這個過程，是不知不覺的，是心中沒有感到任何壓力或會傷感情的。但現在突然有人指出，你的看法是錯誤的，於是心理上，就會對這種責備起反感，就不會輕易變更自己的想法。相反，會不由自主地、頑強地去捍衛它。這不是由於意見值得我們捍衛，而是由於我們的尊嚴受到傷害。「我的」這兩個字，在人的信仰裡是最重要的。不論是「我的」狗、「我的」家、「我的」信仰、「我的」國家，以及「我的」上帝，都是一樣的。我們不但不願別人指責我們的表壞了，或我們的書本破舊了，舉凡說我們所擁有的任何事不好，我們都反感。我們樂意繼續相信自己相信的，所以遇到有人懷疑時，一定會尋找許多藉口去捍衛它。結果大多數我們所謂的推理，都是在找辯證，去繼續相信我們已經相信的。

所以，說服人最有效的方法，是在剛開始時便著重講一些你和所有的

聽眾都同意的事，然後再提出聽眾所樂於獲得解答的一些問題，再和聽眾一起去討論出答案。你要做的就是把你所觀察的事實提出來，聽眾便會不自覺地受引導，而接受你的結論。他們會對你十分堅信，因為他們覺得是自己所發現的。

克服緊張

就要上臺演講了，可是登上講臺往下一看，整個會場人頭攢動，黑壓壓的一片，幾百雙陌生的目光都聚集在你的身上。完了，緊張得不知從何說起了，心慌意亂地勉強說了幾句，腦子裡馬上就一片空白，講不下去了。

還有些時候，你正站在臺上滔滔不絕地演講。可是，眾目睽睽之下你突然接觸到一雙似乎不懷好意的眼睛——「此人在哪裡見過？」「他怎麼那樣看我？」……就這麼一分心，精心準備的演講稿忘了，腦子「轟」的一下，只覺得血往上湧，頓時舌頭都轉不過來了。

這些，也就是我們常說的演講緊張現象。

為什麼會緊張呢？有人說害羞使然，還有人說是準備不夠充分，或者對環境過於陌生，還可能是對自己的期望過高……總之這些心理負擔都是造成緊張的直接原因。

那麼，怎麼克服演講緊張呢？

◈ **從語言方面進行調節**：在登臺演講前，一定要做好重要語言訊號的定格記憶工作，確立演講的中心語義。你可以將演講稿各段中的銜接句、關鍵句、結尾句以及一些容易忘記的數字等寫在卡片上，以備急用。如果你能把想說的話比做一團線的話，那麼我們講第一句話就是

抽出這團線的線頭，只要抽準了，就能將話說順，後面的語句也就不容易緊張了。

◆ **從心理方面調節**：在上臺前，一定要先讓自己放鬆下來，要保持一種輕鬆、愉悅的狀態。如果無法放鬆，可以做幾次深呼吸，或者來一點「精神勝利法」。用這樣的心理暗示來穩定心態，從而以自信的姿態上臺演講。

◆ **從現場進行調節**：在進入現場、步上講臺那一刻，必須要保持心理鬆弛。只有這樣，你才可能有流暢的思緒和流暢的語言。不要抱有「成敗在此一舉」或「一定要讓我的演講引起轟動」等類似想法，否則會讓你產生心理壓力，影響演講的正常發揮。

此外，演講開頭的第一句話，語調可以適當提升一些，所謂「膽大藝自高」，而且富有一定響度的開場白既有助於穩定現場，也有助於穩住自己的情緒。開講以後還應該盡量做到「思路先行」，以登臺前定格於頭腦裡的訊號系統為依據，掌握住演講內容的整體，毫不猶豫地講下去。當你的演講進入順暢的良性循環的運行軌道時，你的演講也就勝利在望了。

不長篇大論

俗語說：「言不在多，達意則靈。」這句話用在演講當中是最貼切不過的了。演講最忌諱的就是站在臺上說個沒完沒了，不顧及下面聽眾的感受，甚至下面的聽眾都睡著了，演講者還一個人在臺上滔滔不絕。這樣的演講無疑是相當失敗的。

演講跟說話一樣，也要言簡意賅，表達清楚自己的意思就可以了，不必為了演講而演講，追求過長的時間。

　　歷史上有很多著名的演講，但演講者都不在延長時間上做文章。相反，他們會在短時間內結束自己的演講，並且達到轟動的效果。最著名的要屬法國前總理洛朗·法比尤斯（Laurent Fabius）發表的就職演說了。有人這樣描述：「還沒等人們醒悟過來，新總理已經結束演講，轉身回到他的辦公室去了。」原來他的演講詞只有兩句：「新政府的任務是國家現代化，團結法國人民。為此，需要大家保持平靜並表現出決心。謝謝大家。」內容精闢，措辭委婉，真可謂是別出心裁。

　　事實上，演講的確無須多麼複雜的結構和多麼龐大的內容，只要能將你的內容表達清楚就可以了。弄一大堆沒用的語言來故意延長演講時間，只會讓人厭煩從而降低演講的效果。演講簡明扼要，是演講技藝高超的一種展現。

　　那麼如何才能避免演講過於囉唆呢？

◈ **要有明確的觀點**：演講不要故弄玄虛，只要在敘述時斬釘截鐵，乾脆俐落，一就是一，二就是二，這樣才更能造成效果。如果講起來囉哩囉唆，多餘的、不必要的話也都拿出來濫竽充數，似是而非，翻來覆去地重複個沒完沒了，不僅浪費時間，更會影響演講中心觀點的表達。

◈ **掌握好演講時間**：時間過長的演講，無疑會讓人難以忍受，所以每次演講前，最好能夠弄清楚自己到底需要多長的演講時間，如果演講稿內容過多，演講時間過長，一定要進行調整。一般情況下，正常人的語速是 250 字 / 分鐘～ 300 字 / 分鐘，你可以參照這個標準，適當調整自己的演講篇幅。

◈ **照顧聽眾的情緒**：你的演講是要講給聽眾聽的，所以你要為你的聽眾服務，不要光顧著一個人在臺上說而忽略了下面的聽眾。如果大家都

不願意聽了，那麼你的演講就失去了它本身的意義。沒人響應的演講，對於聽眾來說，就算篇幅再短，也是沒用的「長篇大論」。

◇ **學會適可而止**：在演講時，如果你發現自己的演講內容已經表達完畢，不要猶豫，也不要因為演講時間過短而胡亂加內容繼續說，那沒有任何意義。乾脆點，結束你的演講。演講止於當止之處，這也是演講功力的一種展現。

巧設結尾

和開頭一樣，結尾也是最能顯示演講藝術的重要環節。結尾在一場演說中是最具策略性的。當一個優秀的演講者退席後，他最後所說的幾句話，將會在聽眾耳邊迴響，將被保持最長久的記憶。我們所說的「餘音繞梁」就是這個效果，因此演講的結尾也需要精心設計。

結尾是走向成功的最後一步，講得好，能曲終奏雅，給聽眾留下美好而難忘的印象；講得不好，你前面所講的一切都會功虧一簣，令聽眾感到失望和掃興。因而這最後的部分也是演講中最需要講究策略的地方。

那麼如何才能有一個好的結尾呢？一般來說，演講的結尾方式有以下類型：

▌總結觀點

在演講的時候，我們常常有種錯誤的想法，就是認為自己要講的觀點在自己腦海中非常清楚，因此聽眾也肯定會同樣清楚。事實上並非如此，你對自己的觀點清楚，是因為它已經在你的腦海裡被你思考過相當長的時間了，但對聽眾來說，這些觀點卻是全新的。它們就好像一把丟向聽眾的彈珠，有的可能落在聽眾身上，但絕大部分都會凌亂地掉在地上。聽眾只

能「記住一大堆事情，但沒有一樣能夠記得很清楚」。所以有必要在演講結束時總結一下你整篇演講的觀點。

▌借用名句結尾

在所有的結尾方法中，如果你能找到合適的短句或詩句結尾，那麼這是最理想不過的演講結尾方式了。它將產生最合適的風味以及莊嚴的氣氛，還可以表現出你的獨特風格，產生美的感受。國際扶輪社社長哈里·勞德先生就是用這樣的方式結束他的演說的：「各位回國之後，你們之中某些人會寄給我一張明信片。如果你不寄給我，我也會寄一張給你。你們一眼就可看出那是我寄去的，因為那上面沒有貼郵票。但我會在上面寫些東西：春去夏來，秋去冬來，萬物枯榮都有它的道理。但有一件東西永遠如朝露般清新，那就是我對你永遠不變的愛意與感情。」這首短詩與他當時的演說氣勢很貼切。因此，這段結尾對他的演講來說，是極為合適的。

▌以讚揚結束

「偉大的賓州應該領先迎接新時代的來臨。賓州是鋼鐵的大生產者，是世界上最大的鐵路公司之母，是美國第三大農業州，是美國商業的中心。她前途無限，她身為領導者，機會光明無比。」史茲韋伯就以上面這幾句話結束他對紐約賓州協會的演說。他的演說結束之後，聽眾都感到愉快、高興，並對前途充滿信心。這是一個比較完美的結束方式。但是，為了充分獲得效果，你在演說時必須要真誠，不可阿諛奉承，更不可誇大其詞，否則會讓人覺得虛偽，影響演講的整體效果。

▌結尾激發高潮

這是一種很普遍的結束方法，它通常很難控制，但是如果處理得當，

效果就會出乎意料地好。整個演說逐步向上發展，在結尾時達到高峰，句子的分量也越來越重。林肯在一次關於尼加拉大瀑布的演說中，就運用了這種方法來結尾：「這使我們回憶起過去。當克里斯多福‧哥倫布（Christopher Columbus, 1451-1506）首次發現這個大陸，當基督在十字架上受苦，當摩西帶領以色列人透過紅海，甚至當亞當首次從造物者手中誕生時，那時候和現在一樣，尼加拉瀑布早已在此地怒吼。已經絕種但其骨頭塞滿印第安土墩的巨人族，當年也曾以他們的眼睛凝視著尼加拉瀑布，正如我們今天一般。尼加拉瀑布與人類的遠祖同期，但比第一位人類更久遠。今天，它仍和一萬年以前一樣聲勢浩大。早已死亡，而只有骨頭碎片才能證明它們是曾經生存在這個世界上的史無前例的巨象，也曾經看過尼加拉瀑布。在這段漫長無比的時間裡，這個瀑布從未靜止過一分鐘，從未乾枯，從未冰凍，從未闔眼，從未休息。」從中我們可以看出，他的每一個比喻都比前一個更為強烈，他把他那個時代拿來分別和哥倫布、基督、摩西、亞當等時代相比較，因而累積出了效果，達到了高潮。

　　由此可見，精妙的結尾既是收束，又是高峰；既水到渠成，又戛然而止；既鏗鏘有力，又餘音裊裊；既別開生面，又來得自然。

第十章　辯論口才

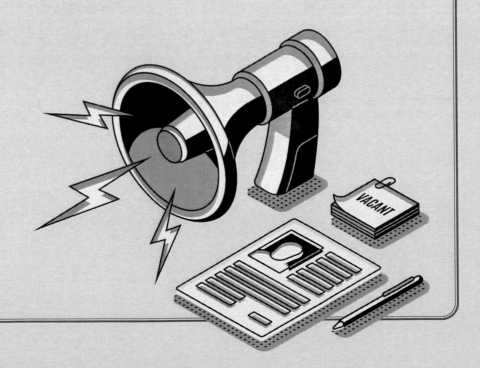

辯論不僅可以鍛鍊口才還可以培養思考能力。在這種唇槍舌劍的活動中，要想取得勝利，除了優秀的口才還需要一定的思考能力輔佐。

辯論的要點

馬克思曾說過：「真理是從爭論中確立的。」辯論的作用就在於探查真理，明辨是非。它是透過參與談話的雙方，就同一個問題，站在對立的角度上，針鋒相對地展開爭論。在爭論中，雙方透過質疑、詰難和駁斥等手段，揭露對方的矛盾，從而占據優勢，確立自己的論斷，最後取得正確的了解，肯定共同的見解。

要想進行一場勝利的辯論，需要注意以下幾個要點：

◈ **立場鮮明**：在辯論中，你必須要做到觀點正確，立場鮮明。對一些原則性問題，要做到語言明確，毫不含糊。自己支持什麼，反對什麼，都必須鮮明地展現在自己的言辭之中。邏輯的力量在辯論中是不可低估的，要想取得辯論的勝利，就必須要有正確的論點、充足的論據和有力的論證。當然，在論辯中還要注意語言藝術，要讓自己的言辭表達得盡善盡美。

◈ **快人快語**：辯論口才的形態與對話、答問一樣，都具有臨場性的特點。面對來勢凶猛的攻擊，論辯者不允許有過多的思考時間，必須反應敏捷，在瞬間就能選用簡潔、凝鍊的話語回擊對方，出口成章，應對自如。在針鋒相對的激烈舌戰中，你必須要有「兵來將擋，水來土掩」的本領，要使用鋒利、明快、夾槍帶棒的語言，迫使對方頻頻後退，難以招架。

◈ **邏輯嚴密**：辯論中要善於使用邏輯利器，或攻其命題，或駁其論據，

或揭其論證的荒謬，充分展現辯論語言的思辨特徵，使對方無暇思索，更沒有反駁的機會。

◈ **幽默風趣**：幽默在辯論中有著神奇的力量，試想在剝去對方的偽裝，或者揭穿對方的漏洞時，刀槍鋒芒於說笑之中，以辛辣的諷刺，痛快的駁斥，使對方不得不在一片哄堂大笑中，狼狽地敗下陣來，那將是多麼痛快的一件事。

辯論前的準備

一說到辯論，我們眼前首先出現的一定是辯論的雙方在臺上唇槍舌劍，「打」得不可開交。

其實，要想進行一次成功的辯論，需要有很多條件。最基本的一條，就是要有好的辯論資料。在一場辯論中，辯論資料是構成命題和辯辭的依據。沒有資料，你的命題就會成為無源之水，辯辭也會言之無物，難以讓人信服，自然難以取得辯論的成功。所以在辯論前，一定要做好資料的蒐集工作，盡量使蒐集到的資料廣泛一些，資料是為你的辯論服務的，只有資料收集全了，在辯論的時候才不會捉襟見肘。

收集辯論資料也是需要點小技巧的，一般來說，收集的資料有下面幾類：

◈ **理論性資料**：俗話說，說話要「擺事實，講道理」，「有理走遍天下，無理寸步難行。」所以理論資料是必須收集的，它是構成辯論的最基本資料。但在蒐集理論資料的時候，一定要讓這些資料符合自己要辯論的主題的觀點，並要切實地理解資料的含義，否則在用的時候弄錯了，可會出笑話的。

◈ **事實性資料**：事實勝於雄辯，幾乎在任何辯論中，我們都需要舉用一些事實來證明自己的論點。在收集事實性資料時，可以多收集一些新聞、雜誌，或者歷史資料等，這些資料用起來都比較得心應手。

◈ **專業性資料**：有時候我們的辯論要涉及一些專業性問題，如果你對這個領域不是很了解，但又需要在辯論中使用，那就必須要查閱相關的文件，多收集一些相關的資料，使之能夠成為辯論的素材。

◈ **寓理於事的資料**：辯論中也會用到一些民謠、寓言、神話、統計數據等，這些資料的好處就在於它們能把事例和道理有機地結合在一起，避免了空講事例的片面，也消除了空講理論的抽象，使你的論證更有力度。

◈ **反面性資料**：反面性資料也是應該準備的，它們也能夠用在你的辯論當中，為你的論點服務。同時，透過找反面資料，你還可以分析對方的辯論戰術，找出對方理論的弱點，幫你更有針對性地抗擊對方的進攻，變被動為主動。

巧設立論

在辯論中，一旦確定了自己的辯題，就應該堅持立定己方論點，不能左搖右擺，否則就會給對方可乘之機。但是有時候，即使辯題非常不利於自己，抓耳撓腮是沒有任何用處的，這個時候就要巧妙地進行立論。

◈ **立論準確**：我們知道，辯論是一種圍繞特定主題進行的語言互動，所以你不能僅憑主觀想像去隨便辯論，你說的每一句話，都是在為你的論點服務，都要做到有理有據，緊扣辯題。所以你的語言一定要準確恰當，尤其是在使用一些專業術語和專業資料時，更應做到精確無誤。

◆ **立論鮮明**：立論時，一定要將自己的論點與對方的論點嚴格地區分開來，這樣你才有展開攻勢的空間。這就要求你在立論時要做到旗幟鮮明，贊成和反對都要非常明確，不能有半點含糊。

◆ **立論新穎**：即使面對的是一個很老套的論點，你也要做到能夠結合實際，有所創新，盡量不要拘泥於前說，人云亦云。只有在辯論中提出新主張，解決新問題，才能表現出你的遠見卓識，使你的立論基礎更扎實、巧妙。

◆ **立論尖銳**：在立論時，一定要讓自己的論點尖銳起來，甚至與對方針鋒相對。對方贊同的，我就反對；對方反對的，我就贊同，這一定可以讓你的辯論效果更明顯。當然，前提是必須在不影響你的觀點的情況下。

◆ **立論靈活**：如果發現辯論很不利於自己的論點，那麼在限制辯題中不利因素的同時，要看看有沒有可能進一步化弊為利。

攻心為上

其實不論是在辯論中，還是平時與別人的交談中，心理定勢會對對方產生很大的影響。只有辯論中一方辯手的觀點、主張、辯論方法、辯論語言等都比較符合聽眾的心理定勢，才能更容易得到大家的支持和認可。

那麼，怎樣才能使自己在辯論中抓住聽眾的心呢？

◆ **順應聽眾的看法**：要是你能在辯論的時候，讓自己的論點、主張、信念等，都順應聽眾，那麼就一定可以抓住聽眾的心。但同時你也要注意，在辯論中，一定要善於為聽眾提供充分有效的論據，並且要具有巨大的說服力，要讓聽眾聽得心服口服；其次你還要始終保持一種掌

握真理的氣勢，就算聽眾聽不懂你的觀點，也要讓他們始終感覺你的
觀點是正確的。

◆ **貼近聽眾的語言習慣**：在辯論時，一定要使用聽眾能夠接受的語言。
說法、用詞要淺顯易懂，並多使用一些口語來表達自己的觀點，這樣
會更加貼近聽眾。而且說話一定要清晰流暢，語句連貫，讓聽眾跟上
你的思緒。

◆ **用情感打動人**：在辯論時，不論是發起進攻也好，還是反駁對方的觀
點也罷，一定要兼顧與聽眾之間的情感交流。聽眾是希望辯手能夠在
辯論時自信有力的，這時候你就要注意保持自己充足的自信。同時，
還要對聽眾保持親切感，時時留意著他們，而不是對他們視而不見，
只顧自己在臺上自導自演。

◆ **精彩的表現**：當聽眾看到精彩絕倫、條理清晰、語言生動、思想深刻
的辯論時，他們會不自覺地報以掌聲和喝采，對你表示支持和鼓勵。
相反，如果你的辯論混亂無力，那麼他們也會產生厭惡之情，甚至會
以噓聲或退場來表示抵制和失望。所以，一個優秀的辯手一定要時刻
照顧聽眾的心理，在任何情況下，都要處變不驚，自信有加。

洞察對方的意圖

美國時任副總統尼克森在一次訪問蘇聯之前，美國國會透過了一項關
於被奴役國家的決議，對蘇聯及東歐社會主義國家進行攻擊。在尼克森與
赫魯雪夫會晤前，赫魯雪夫對尼克森說：「這個決議簡直臭極了，臭得像
剛拉下的馬糞，沒有比馬糞更臭的東西了。」

尼克森當然知道赫魯雪夫的意圖，他就是想要尼克森難堪。誰知尼克森
回敬道：「我想主席先生大概搞錯了，比馬糞臭的東西有的是，豬糞就是。」

尼克森借題發揮，歪打正著，讓赫魯雪夫也吃了一個悶虧，因為赫魯雪夫在年輕時曾當過養豬的人。

尼克森話語痛快俐落，如快刀斬亂麻，占盡了這次語言交鋒的上風。辯論就需要這樣，要趁早看穿對方的意圖，掌握有利的時機，然後狠狠地回擊對方，爭取勝利。

那麼如何才能在辯論中看穿對方的意圖呢？

◈ **對自己充滿自信**：要對自己有信心，不要被對方的氣勢嚇倒，因為在日常中，真正的辯論高手並不多，你要相信可以將他辯倒。而且如果對方動輒肯定你的觀點，那很可能是因為他對你的觀點了解不多，所以不敢輕易反駁，此時你就可以將你的論證進一步夯實，利用攻辯反問對方，一定可以取得優勢。

◈ **理性地分析對方的弱點和破綻**：如果對方一上來就對著你滔滔不絕，羅列出一大堆道理來證明他的論點，這並不可怕，他只是想在氣勢上壓倒你，擾亂你的思路。而他所說的話，也不一定都能站住腳，此時你需要冷靜下來，仔細分析他所論述中的弱點和破綻，然後反擊。

◈ **投石問路**：有很多時候，我們無法斷定對方所說的話的真正用意，這時候不妨先試探他一下，比如你可以有意先把話說一半，讓對方把話搶著說下去，如「這麼說，你的意思就是……」「要是按你們的觀點，我們可以得出……」，以此來引誘對方自招其意。

◈ **對對方提高警覺**：有時候，對方說著說著，突然岔開話題，說別的去了，這時候你一定要注意。如果對方這樣做是為了躲避你，那麼就到了你把對方逼入死角的機會了，不要錯失良機，一定要堅持一進到底；如果不是這樣，那麼就可能是對方已經找到新的論據來支持自己的觀點了，那麼你也要想辦法引出自己新的論據，來與對方交手。

由此及彼

　　三國吳主孫亮喜愛吃生梅子，吩咐太監去庫房裡取來蜂蜜漬梅。孫亮津津有味地吃著，忽然在蜜中發現了一顆老鼠屎。大家都嚇得面如土色。太監連忙跪下奏道：「這一定是庫吏失職所致，請陛下治罪。」

　　庫吏被召到堂上。孫亮問他：「剛才太監是從你手上取蜜的嗎？」

　　庫吏戰戰兢兢地回答：「蜜是臣下交給他的，但給他時並沒有老鼠屎。」

　　「胡說！」太監指著庫吏鼻子說，「老鼠屎早就在蜜裡了，這是你欺君罔上！」

　　太監一口咬定是庫吏做的，庫吏死不承認，說是太監放的。兩人在堂上爭執不下。

　　侍中官出列奏道：「太監和庫吏言語不同，難以決疑，不如押進監獄，一起治罪。」

　　孫亮環視眾人，說：「這個容易判斷。」馬上吩咐衛兵當眾剖開老鼠屎。

　　大家定睛看去，只見老鼠屎外面沾著蜜汁，裡面卻是乾燥的。

　　孫亮哈哈笑著說，「要是先在蜜中，裡外都應浸溼，而今外溼裡燥，顯見是剛才放進去的。這一定是太監做的事！你與庫吏有仇，故意嫁禍給庫吏，欲借朕之手替你除去庫吏。可是你卻故意算計朕，今日若不殺你，世人都以為朕好欺負。左右武士將他拉出去斬首，以示他欺君之罪。」

　　太監嚇得渾身發抖，連忙撲通一聲跪下，磕頭求饒。左右的人也感到十分吃驚，卻不得不在心裡佩服孫亮的英明。

　　在這裡，孫亮就是巧妙地運用了由此及彼之術。他沒有直接追問太監

和庫吏到底是誰做的，而是剖開老鼠屎，用剖開的老鼠屎來證明到底是誰做的。

由遠至近、由此及彼，這是在論辯中常用的技巧，它就像剝洋蔥一樣，將對方的論據層層剝開，然後攻其核心，使對方沒有任何可以反駁的餘地。

這種辯論方法是一個推理過程，所以你在使用時要注意以下幾點：

◆ 不要過早暴露目標，以防對方有心理準備，要在對方毫無準備的情況下，突然對其發問，使對方因沒有戒備而順應你的思路往下說。

◆ 一開始的話題隱蔽得要有分寸，不能隱得太深，更不能與主題離得太遠，要注意與主題的連繫。

◆ 要注意論辯推理過程的邏輯性，不要沒有邏輯地胡亂推理，否則可能會把自己「繞」進去。

辯論前的心理建設

我們常常會遇到這樣一些辯手，他們涉獵廣泛，知識豐富，天文地理、古今都有所了解。平時與人辯駁起來，也都是豪言壯語，歷史、現代，論點、論據應有盡有，信手拈來，輕易就能把人說服。

可是，一旦讓他站到辯論臺上，與對方進行正面交鋒時，不論事先準備有多充分，他們的表現都會讓人跌破眼鏡。不但當初橫掃千軍的氣勢不知道跑到哪裡去了，就連說話也說不清楚了，論點論據也搞不清楚了，結果自然敗下陣來。

這究竟是怎麼回事呢？

其實，辯論是一場智和勇的較量。智，就是要求你得有智慧，善於取

勝；勇，自然是要求你有勇氣，要勇於取勝。也就是說，辯論中不但要有智商 —— 敏銳的辯論思考，還需要有情商 —— 良好的心態。敏銳的思考是心態的基礎，而良好的心態則為邏輯思考提供了有利的保障，二者是相輔相成、缺一不可的。

那些平時說話、辯論滔滔不絕的人，他們的智商都很高，很聰明，思緒也非常敏捷，但是如果他們的心態不好，一站在臺上，腿就發抖，事先準備好的資料也都因此而忘得一乾二淨，這還怎麼可能取勝呢？

那麼，如何調整自己的心理狀態呢？

◆ **提前預熱**：如果你怕自己上場時緊張，可以提前到辯論場上熱熱身，比如到現場走一走，適應一下現場的環境，或者和對方先聊聊天。這樣不僅可以舒緩自己的心情，讓自己的緊張情緒鬆弛下來，還有可能透過與對方的幾句閒聊而掌握他們的心理。

◆ **資料準備充分**：這是非常有必要的。在辯論前，一定要事先多準備一些資料，越多越好，即便這些資料不能完全派上用場，你在辯論時翻看著厚厚一疊資料的舉動，也會給對方造成無形的壓力。

◆ **一個有自信的開場白**：站在臺上，馬上就要進入辯論狀態了，不要緊張，抬頭挺胸，做幾個深呼吸，讓自己表現得自信些。這樣不僅能給自己打氣，還會給觀眾一個好的印象。

◆ **試試精神勝利法**：如果對方一上來就來勢凶猛，千萬不要著急，他很可能只是虛張聲勢，想在心理上戰勝你。此時你不妨用精神勝利法來安慰一下自己，力圖使自己的心理和他保持在平等的位置，使自己產生一種綽綽有餘的心態，這對取勝很有幫助。

◆ **動動手**：如果你感覺自己在氣勢上已經輸給了對方，不妨拿出筆紙來塗寫，哪怕只是亂寫亂畫，也對自己有幫助。一是可以放鬆一下自己

緊張的情緒，二是可以迷惑對方，讓他們認為你在準備辯辭，發起新的進攻。

◇ **隨機應變**：辯論中一緊張就會說錯話，一旦不小心說錯了，切記不要停下來不知所措，或者慌忙改口。你可以迅速從容地把正確的表述再說一遍，或者乾脆忽略它，接著說下面的內容，然後再尋找機會為自己圓場。你一旦停下來，對方就會馬上來攻擊你，讓你更加沒有機會反駁。

「反踢皮球」

在辯論中，有時候是需要用點這樣的技巧的。當對方對你發起進攻時，不妨將皮球巧妙地反踢給他，讓他自己來圓自己的問題。這樣讓你的論據聽起來更有力的同時也狠狠地打擊了對方。不過在回答時一定要確保準確無誤，無懈可擊。當球回轉到對方腳前，對方已很難再發起攻勢了。

那麼如何進行反踢皮球呢？

◇ **仿構法**：在論辯中，我們常會碰到對方對問題作各種不合邏輯的連繫，論辯不同於事理解釋，所以不需要作詳細的剖析。所以一旦對方發難，你便可以利用仿構法做出與對方有切身利害關係的結論，讓他有口難言。比如一位白人牧師向一位黑人領袖提出詰難道：「先生既然有志於黑人解放，非洲黑人多，何不去非洲？」這位黑人領袖回答道：「閣下既然有志於靈魂解脫，地獄靈魂多，何不下地獄？」「有志於黑人解放」並不意味一定要到非洲去，所以這樣的說法顯然是沒有道理的。但對懷有敵意的白人牧師來說，你做解釋是沒用的，所以黑人領袖機智地仿構出相應結論，將其錯誤的機理反駁得淋漓盡致，

讓牧師啞口無言。

◇ **歸謬法**：有個病人對住院處的護士說：「你把我安排到普通病房吧，我沒錢。」「那沒有人能幫助您嗎？」護士問道。「沒有，我只有一個姐姐，她是修女，也沒錢。」護士聽了生氣地說：「修女有錢得很，因為她和上帝結婚。」「是嗎？那您就把我安排在單人病房吧，把帳單直接寄給我姐夫就行了。」護士說「修女有錢得很，因為她和上帝結婚」這句話明顯是非常荒謬的，但病人卻沒有直接指出其荒謬之處，而是據此推出「把帳單寄給我姐夫就行了」這個更荒謬的結論。如此巧妙地否定對方的言論，顯得幽默而風趣。

◇ **逆推法**：有一次，拿破崙對他的祕書說：「你知道嗎？你也將永垂不朽了。」祕書不清楚拿破崙的意思，拿破崙解釋說：「因為你是拿破崙的祕書呀。」祕書笑笑說：「請問，亞歷山大的祕書是誰？」拿破崙答不出來了。這就是逆推法的妙處所在。

巧避陷阱

《聖經》的馬太福音第 21 至 22 節，描述了耶穌騎著驢子進入耶路撒冷後的種種事蹟。

耶穌進入耶路撒冷後，全城都驚動了。他在耶路撒冷傳道，行神蹟，廣受群眾的愛戴和信賴，引起了當地的祭司長和法利賽人的忌恨。他們絞盡腦汁，想辦法要陷害耶穌。這些傢伙想從耶穌的話中，抓住把柄，以便誣陷他。他們別有用心、假惺惺地問耶穌：「夫子，我們知道你是誠實人，並且誠誠實實地傳神的道，什麼人你都不徇情面，因為你不看人的外貌。請告訴我們，納稅給凱薩可不可以？」

聰明的耶穌馬上看出他們心懷惡意，這個問題隱藏著惡毒的陷阱。當時以色列受羅馬帝國所統治，如果回答說不要納稅，那麼這就違反了羅馬的法律；如果回答說要納稅，就會引起猶太人的不滿。面對這種進退維谷的情況，耶穌只好要他們拿一個銀幣給他看。

耶穌用手高舉這枚銀幣，問道：「這枚銀幣上所刻的是誰的肖像和名字？」

他們說：「是凱薩的。」

耶穌接著說：「那麼，屬於凱薩的東西就應該歸給凱薩；屬於神的東西就應該歸給神。」

耶穌很巧妙地轉移視線，不對這個刁鑽的問題作正面的回答，而是把這個問題轉移到另外一個層次，藉此迴避了這個暗藏詭計的難題，讓這些傢伙的奸計無法得逞，同時，也消滅了他們的囂張氣焰。

在辯論中，雙方為了爭取辯勝，為了抓住對方的漏洞，都會設置很多類似的問答陷阱。如果真的遇到陷阱了，一定要學會巧妙地避開陷阱。

那麼，我們怎麼做才能避開對方設立的陷阱呢？

◆ **巧妙詭辯**：有時候我們答非所問會被厲害的對方反擊，這對自己的論題很不利。不過不要著急，你可以採取巧妙的詭辯術靈活地逃脫。就像耶穌一樣，既能回答對方的問題，又不會落入別人的陷阱。

◆ **轉移話題**：在辯論中，有時候是防不勝防的，一不小心就會被對方「陷害」。一旦遇到這樣的情況，一定要馬上轉移話題，說別的去。當然，這其中也有點小技巧，如果你的話題轉移得過於突然，對方可能會藉機抓住你的話題不放手，大做文章。所以你在轉移時，可以巧妙地轉移到聽眾比較感興趣的話題上去，或者轉移到對方目前還沒有解決的話題中去，這樣對方就不能輕易地抓住你的弱點反駁你了。

◆ **裝糊塗**：這也是一個高招。要是你不小心掉進了陷阱，一時又找不到合適的話題讓自己脫身，那就乾脆裝糊塗，答非所問。即使對方抓住你問個沒完也沒關係，你就充分利用這個機會，陳述自己的觀點，而不必考慮如何回答他的問題，盡量不要和對方在陷阱裡周旋。

◆ **避開鋒芒**：陷阱會讓你的辯論陷入困境，那麼在開始的時候，我們就要想辦法盡量避開對方為你設立的陷阱。你可以先用心地聽清楚對方論證的重點在哪裡，也就是對方論證的鋒芒部分。要是你沒有好的方法應對對方的鋒芒，那就立即避開，不採取「硬碰硬」的方法；要是你正好有應對的方法，那自然更好了。

◆ **欲擒故縱**：不小心被對方困在陷阱中了，這怎麼辦？別緊張，最好的辦法就是「乖乖就範」，先假裝被他牽著走，然後看準機會，待機反攻。這個方法也不錯。

如何以退為進

有一次，在聯合國的一次會議上，菲律賓的外長羅慕洛和蘇聯代表團團長維辛斯基發生了一場激烈的辯論。羅慕洛批評維辛斯基的提議是「開玩笑」，維辛斯基立即做出了十分無禮的舉動，他說道：「你不過是個小國家的小人物罷了。」維辛斯基剛說完，羅慕洛就站了起來，告訴聯合國大會的代表說，維辛斯基對他的形容是正確的，但他接著又說道：「此時此地，將真理之石向狂妄巨人的眉心擲去 —— 使他們的行為檢點一點，這是矮子的責任。」羅慕洛的話博得了代表們的熱烈掌聲，而維辛斯基只好氣得乾瞪眼，什麼話也說不出來。

在這則事例中，維辛斯基身為蘇聯代表團的團長，雖然來自一個超級大國，卻出乎意料地在聯合國大會上對別國外長進行人身攻擊，完全違背

了國際友好交流的基本道德和禮儀，表現出了低劣的思想和修養，受到與會者的唾棄是可以想像的。相反，身為「小國之臣」的羅慕洛，雖然菲律賓小得遠不如蘇聯的一個州，羅慕洛穿上鞋子也不過 163 公分，但他面對一個超級大國的外交官員的嚴重失禮毫不畏懼，為了維護自己及國家的尊嚴，他勇敢而巧妙地運用了一個形象的比喻，當眾抨擊了對方的卑劣行為。雖然他謙遜地自稱為「矮子」，卻不是一般的「矮子」，而是能舉起「真理之石」向「狂妄巨人的眉心擲去」的「矮子」，他手裡握著真理；儘管他把對方比喻成「巨人」，卻是一個在國際交流中「行為不檢點」的「巨人」。

　　這樣，「舉起真理之石」的「矮子」和「行為不檢點」的「巨人」正好形成了鮮明的對比，有力地表現了菲律賓國家雖小，卻不容許侮辱的嚴正立場，準確而有分寸地批評了身為大國之使的蘇聯代表團團長有失檢點的惡劣行為。

　　辯論時，我們也要學學羅慕洛，要對準對方提出的論題，針鋒相對地給予反駁，從而變被動為主動，使對方的論題沒有立足的餘地從而敗下陣來。當你抓住對方的弱點時，一定要掌握時機地對其進行正面進攻，以退為進，可以運用真實判斷直接確定對方論證的虛假，或者以自己論據的真實性來推出自己認為正確的論點。直接進攻，可以直截了當，一針見血，在辯論中能獲得立竿見影的效果。如果你想擁有一流的辯論口才，就不得不好好地掌握這種以退為進的技巧。

　　向對方發起正面進攻要做到以下幾點：

◈ **掌握開局的主動權**：在任何一個辯論場上，只要你爭取到了主動權，你就有了取勝的保證。為了掌握主動權，首先，我們不能在氣勢上輸給對方，要保持充足的自信，顯示出凌厲的攻勢。此外還應該在開篇

立論中做到穩紮穩打、四平八穩，既不給對方留下可鑽的空隙，也不能把自己的後路堵死。

◆ **語言簡潔俐落**：話說得越多，越容易失言，所以說話時一定要有分寸，要看對方的觀點在哪裡落腳，你就朝哪裡「開火」。對準對方的論點，用乾淨俐落的語言，直接給予反駁，要保證沒有半句廢話，每句話都一針見血。

◆ **牽住對方的「鼻子」**：在對方發言的時候，你一定要用心地聆聽，要能夠從他的措辭、語調中，判斷出他們觀點的薄弱環節。然後集中「火力」，攻擊這些薄弱環節，力求先聲奪人。取得優勢後，更不要輕易鬆手，而應「宜將剩勇追窮寇」，讓對方不能翻身。

邏輯和語言要嚴謹

辯論中嚴密的邏輯和豐富的語言對辯論能否取勝非常重要，邏輯不嚴密，就容易讓對方找到破綻，語言枯竭，說話結結巴巴，前言不搭後語，想取勝更是不可能的。所以在進行辯論前，一定要讓自己的邏輯和語言嚴謹起來。

一個辯手，如何才能做到這一步呢？

◆ **具備嚴密的邏輯思考**：俗話說：沒有規矩不成方圓。邏輯便是辯論的規矩。在辯論中，你必須要使自己的立論和結論保持一致，保持論據和論點的一致，保持論據之間的一致，否則辯論便無從談起。

◆ **挖掘資料和論點之間的關係**：不論是找資料，還是用資料，你都要讓你的資料為你的論點服務。不能只因貪圖資料的表面現象和效果而忽視它對論點的作用。要讓你的操練能夠深入地剖析論點，避免資料與

論點之間出現風馬牛不相及的現象。

◆ **資料要曉之以理、動之以情**：這樣的資料為上乘資料，可以對論點造成最佳的服務作用，並且能夠吸引觀眾。千萬不要選一些華而不實的資料，它只會讓你在對方面前暴露自己的弱點。

◆ **開門見山，直衝要害**：簡潔生動的語言，最容易讓人產生信服感，能一兩句說完的話，就一定不要長篇大論，沒完沒了。切記言多必失，一旦出現漏洞，就會給對方以可乘之機。

入室操戈

一些錯誤的思想、觀點，如果我們能及時抓住對方在概念、判斷、推理中的某些悖論，借用原話，指出其不能自圓其說的邏輯矛盾，對方的論點就不攻自破了，這就是入室操戈之術。

在日常生活中，人們不能像上邏輯課那樣，指出對方的邏輯錯誤，也沒有必要那樣做，因為如果都這樣就會影響人際關係。但是如果遇到詭辯的時候，反駁對方時若能夠將邏輯與機智融為一體，便會使反駁更加有力、更加有趣。

美國前總統羅斯福也是一位擅長入室操戈的高手。據說有一天，一位朋友向他打聽海軍在加勒比海的一個小島上建立潛艇基地的計畫。

羅斯福不便直接回絕，於是，煞有介事地向四周環視一圈，然後，神祕而小聲地問：「你能保密嗎？」

朋友回答：「當然能。」

這時，羅斯福微笑著說：「那麼，我也能。」那位朋友先是一愣，接著很快領悟了羅斯福的言外之意，尷尬地一笑，不再追問了。

實際上，他們在說話中所用的這些方法，就是辯論中的仿效反駁。就

是指辯論者透過想像、聯想和對比等手法，仿造出與對方觀點相似、相同或相反的觀點，以此來回擊對方。這種方法的最大特點就是出其不意，讓人沒有心理準備，能打得對方措手不及，是辯勝的絕佳手段。

如何巧妙地運用這個方法呢？

◆ **正面仿效**：所謂正面仿效，自然就是順著對方的觀點來進行類比和聯想了，得出的結論也要與對方的理論相似或相同，用自己仿造出來的論點來駁斥對方不合理的論點，使對方的觀點不攻自破。上述中的羅斯福就是運用了這個方法。

◆ **反面仿效**：反面仿效與正面仿效正好相反，當然也是透過仿效對方的思路，只不過得出的結論是與對方相反的結論，一正一反，來說明對方的邏輯是自相矛盾的。透過反面仿效，可以使對方論證中的邏輯弊病不證自明。

當然，如果你能把正面仿效和反面仿效結合起來使用，效果會更好，對方的謬論就更可以暴露無遺了。但要注意的是，這種仿效的辯論方法要用在「破」中，而不是「立」中。所以在運用這個方法時，你大可不必考慮自己的表達是否合乎邏輯，是否嚴密，只要與對方的邏輯相同即可，這點很關鍵。

揪住對方的「小辮子」

辯論是一場激烈的語言較量，其中充滿了藝術性和技巧性。所以它會表現得非常緊張、急促，使辯手在表述觀點的過程中很難做到滴水不漏。而一個優秀的辯手是懂得如何捕捉對方的漏洞，獲得對方的突破口，從而取得辯論勝利的。

　　但同時你也要注意，在捕捉對方的漏洞時，還要努力讓自己的辯辭更完美，避免被對方抓到，否則對方找到了你的突破口，就會立即取得突破，讓你難以反駁。

　　那麼我們怎樣在辯論中揪住對方的「小辮子」呢？

◈ **抓住對方立論的弱點**：辯手總要對自己準備論證的問題提出看法或主張，這就是他的論點，同時也是辯論的關鍵所在。如果一個論題的論點出了毛病，那麼他整個論證的過程也就有問題了。所以你在辯論時，一定要仔細聽對方的立論，要抓住他經常一帶而過或含糊其詞的地方，因為這些地方很可能就包含著對方辯題中致命的弱點。另外，還要防止對方在論述時偷換概念或轉移辯題，一旦發現，就可以把它糾出來，為你的論點服務。

◈ **找出對方論據的漏洞**：你在聽對方闡述自己的論點時，要仔細聽他所用的論據是否準確而切合論點，是否前後一致。如果對方的論據立不住腳，那麼他的論點也就不攻自破了。

◈ **挖掘對方邏輯的紕漏**：一個嚴密的辯論論證，除了需要有恰當的論點和真實的論據外，還必須有合乎邏輯規則的論證過程。如果對方在論述過程中，出現論據與論點脫節的現象，也就是說，他的論據並不能為論點服務，那麼對方的論點就難以成立。這時候你的機會就到了。

◈ **擾亂對方的陣腳**：有時候，對方的不同辯手之間會出現言論上的矛盾，這時你應該緊緊抓住對方內部的矛盾之處集中火力猛攻，這樣一來，就會擾亂對方事前的配合計畫，削減他們整體進攻的氣勢，而且還會吸引聽眾的興趣，使他們給予你更多的支持。

引誘對方說「是」

日本有個聰明絕頂的小和尚叫一休，有一次，大將軍足利義滿把自己最喜歡的一個龍目茶碗暫時寄放在安國寺，沒想到被一休不小心給打碎了。就在這時，足利義滿派人來取他的龍目茶碗了。

這可急壞了寺院裡的和尚，不知道該怎麼對來人說茶碗已經被一休打碎了，拿什麼還給人家呢？

一休一看，慢聲慢語地說道：「不用害怕，讓我去見大將軍，讓我來應付吧。」

一休見到大將軍足利義滿，不慌不忙地對大將軍說：「有生命的東西最後一定會死，對不對？」

足利義滿回答：「是的，你說得沒錯。」

一休又接著說：「這種破碎和消失，誰都無法阻止是不是？」

足利義滿還是回答：「是的。」

一休和尚聽了足利義滿的回答，露出一副很無辜的神情，接著說：「義滿大人，您最心愛的龍目茶碗破碎了，我們無法阻止，請您原諒。」足利義滿已經連著說了好幾個「是」字，所以他也知道此事已經沒有必要再繼續追究了，一休和尚和外鑑法師便這樣安然地度過了這個難關。

在辯論中，你也可以用用這種方法，也提前巧妙地設好一個陷阱，然後誘導對方在沒有防備的情況下，讓其多說「是」。對方很容易在不知不覺中一步步落入圈套，這時候你便牽住了他的「牛鼻子」，對方想不就範都不成。這種方法被稱為「蘇格拉底式問答法」，在辯論中有其特殊的制勝效果。

如何誘導對方多說「是」？最簡單的一個方法，就是在辯論的開頭，先不要涉及有爭議的觀點，而是順應對方的思路，強調彼此有共同語言的話題，從對方的角度提出問題，誘使對方承認你的立場，讓對方連連說「是」。與此同時，你還要想辦法避免讓對方說出「不」字。

別忘了聽眾

一個優秀的辯論者，一定要懂得如何在現場感染你的聽眾，要時刻照顧好聽眾的情緒，這樣你才可能取得聽眾的信任和支持。

如何照顧好聽眾的情緒？

◈ **辯論中充滿熱誠**：一個人的辯論要感動別人，首先要感動自己。如果你連自己都感動不了，怎麼能期望別人被你感動呢？而能感動自己的，一定是發自你內心的真情實感。所以在辯論時，你要善於調動自己的感情，全身心投入到論辯中，讓冰冷的素材和事例透過你的情感經驗而變得有血有肉，鮮活起來。

◈ **感情表達愛憎分明**：在辯論中「煽情」時，要注意將感情建立在一定的理論基礎上。以情動人要先以理服人，如果不講道理，一味地煽情，只會使結果適得其反。同時，感情的表達還要鮮明有力，做到愛憎分明。

◈ **表述要聲情並茂**：要想在辯論中調動起聽眾的情緒，讓聽眾的情緒達到高潮，就要讓自己具備高昂的語調、豐富的表情、有力的手勢，同時還要將全身心都調動起來，把聽眾帶入你的情感世界，並適時將整個辯論推向高潮，贏得聽眾對自己的支持和認同。

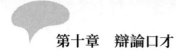

第十章 辯論口才

第十一章　談判口才

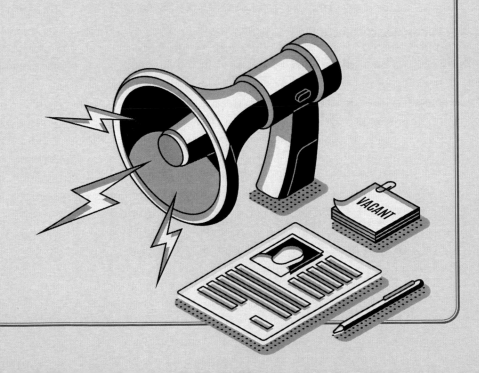

這是一場口才的較量，能言善辯輔以諸多技巧方可取勝，會說才會贏。

談判的技巧

有人說，談判的技巧，就是嘴皮子的技巧。雖然能言善辯有助於談判成功，但僅限於此是不夠的，還必須輔以其他諸多的口才技巧。

◆ **迫使對方增加投資**：要用盡量滿足對方的需要和慾望的言辭說話，表示出你在為對方著想，同時表示出對方提供的條件並不完全令你滿意。往往是對方在你身上花費的時間和精力越多，你的要求最後得到滿足的可能性就越大。

◆ **不要孤立自己**：當一方有好幾個人參加談判時，就要團結一致，統一目標，統一方法，統一口徑。如果談判中眾口紛紜，則不會有好結果。當一方勢單力薄時，要注意說服別人幫助你，共同制訂談判計畫與決策。

◆ **以客觀的態度談判**：在進行相關的談判時，有時會因為太認真而顧慮過多，以至於把自己置於緊張和壓力之下。當代替別人進行談判時，就會比較客觀，心情輕鬆，態度從容，往往可以順利達成談判目的。以客觀的態度談判，容易達成協議。

◆ **製造競爭**：當你購買中意的商品而跟賣家談判時，你說別處也有此種商品，甚至有比這更合適的，表示你不會只把目光鎖定在一個商家上。那麼，你的購買談判就有可能獲得成功。

◆ **建立信賴**：這是成功談判的前提。在談判開始時，你如果對對方的處境表示理解，表示願意共同尋找雙方滿意的解決方法，你就有可能獲

得對方的信賴。當對方信任你時，就會相信你的話，相信你的分析，相信你提出的解決方法，甚至會覺得你是在為他著想。

◇ **利用合法的力量**：人們都有這種感覺，鋼印、公文、標準的或權威人士的簽字，是不容更改的，是公正可信的。當這對你有利時，好好利用它；對你不利時，就別過度相信它，因為有時它們也是可以改變的。

和藹可親的談判韜略

關於談判之道，一位專家曾這樣說：「一個老謀深算的人應該對任何人都不說威脅之詞，不發辱罵之言，因為二者都不能削弱敵手的力量。威脅會使他們更加謹慎，使談判更艱難；辱罵會增加他們的怨恨，並使他們耿耿於懷以言辭傷害你。」

談判不同於決一勝負的棋賽。如果純粹以一決雌雄的態度展開談判，談判者勢必就要竭力壓倒對方，以達到自己單方面期望的目標，即使善於巧言令色，也要冒一敗塗地的風險。因為推動人們談判的動力是「需要」，雙方的需要和對需要的滿足是談判的共同基礎，對於共同利益的追求是取得一致的巨大動力。因此，真正成功的談判，每一方都是勝者。

一般來說，談判可分為合作性談判和競爭性談判兩大類型。不管是哪種類型的談判都必須和「言」悅色地「燒熱爐灶」，以創造融洽氣氛，溝通談判雙方，建立相互信任的人際關係。常用的方法有：

▌禮貌用語，以「和」為貴

有個美國人到曼哈頓出差，想在報攤上買份報紙，發現沒帶零錢，只好遞過 10 元整鈔對報販說：「我趕時間，快點找錢吧！」誰知報販很不

高興地回答道：「先生，我可不是在上下班時來替人找零錢的。」這時，等在馬路對面的朋友想換種說話方式去碰碰運氣。他過來對報販說：「先生，對不起，不知你是否願意幫助我解決這個困難，我是外地來的，想買份這裡的報紙，但只有一張 10 元的鈔票，該怎麼辦？」結果，報販毫不猶豫地把一份報紙遞給了他，並且友好地說：「拿去吧，等有了零錢再給我。」後者的成功在於禮貌待人，和言暖心，滿足了對方獲得尊重的需求，終於取得了對方的合作。

在談判中，即使受了對方不禮貌的偏激言辭的刺激，也應保持頭腦冷靜，盡量以柔和禮貌的語言表述自己的意見，不僅語調溫和，而且遣詞造句都應適合談判場面的需要。盡量避免使用一些極端用語，諸如：「可不可以？不可以就算了。」「就這樣決定了，不然就算了！」這些話會激怒對方，而把談判引向破裂。

▋改變人稱，勿加評判

在談判過程中，即使你的意見是正確的，也不要動輒對對方的行為和動機妄加評判，因為如果談判失誤，將會造成對立而難以合作。如發現對方對某項統計資料的計算方式不合理時，就貿然評論說：「你對成長率的計算方式全都錯了。」對方聽了，顯然一下子難以接受。如果將這句話改變人稱並換一種表述方式，其效果就大相逕庭了：「我的統計結果和你的有所不同，我是這樣計算的……」對方聽後就不會產生反感了。

這種方法的訣竅是：將「你」換成「我」，將評判的口吻改成自我感受的口吻。在一般的場合又應注意盡量避免使用以「我」為中心的提示語，諸如「我認為……」「依我看……」「我的看法是……」「我早就這麼認為……」等，上述每一句開頭的「我」都可改為禮貌用語「您」。

▌多用肯定，婉言否決

首先，在談判中不同意對方的觀點時，不要直接用「不」這個具有強烈對抗色彩的字眼。即使對方態度粗暴，也應和顏悅色地用肯定的句型來表述否定的意思。比如：當對方情緒激動、措辭逆耳時，也不要指責說：「你這樣發火是沒有道理的。」而應換之以肯定句說：「我完全理解你的情況。」這樣說既婉轉地暗示我並不贊成你這麼做，又使對方聽了十分悅耳，對你的好感油然而生。

其次，當談判陷入僵局時，也不要使用任何否定對方的字眼，而要不失風度地說：「在目前情況下，我們最多也只能做到這一步了。」

第三，有時為了不冒犯對方，可適當運用「轉折」技巧，即先予以肯定、寬慰，再轉折，委婉地否定，並闡明自己的難處。如「是呀，但是……」，「我理解你的處境，但是……」，「我完全懂得你的意思，也完全贊成你的意見，但是……」。這種貌似承諾，實則什麼也沒接受的語言表達方式，展現了「將心比心」這個古老的心理戰術。它表示了對對方的同情和理解，而贏得的卻是「但是」以後所包含的內容。

出奇制勝，鬥智鬥謀

出色的談判大師總是工於心計，巧於言辭，在談判桌上運用自己的口才和智慧與談判對方展開智慧謀略的較量。

▌虛擬假設

所謂虛擬假設，首先是分析利害，迫使對方選擇讓步。

1977 年 8 月，克羅埃西亞人劫持了美國環球公司的一架班機，最後，

迫降在法國戴高樂機場。法國警方與劫持者進行了三天的談判，雙方陷入僵局後，警方運用虛擬假設向對方發出了最後通牒：「如果你們現在放下武器跟美方警察回去，你們最多不過判處 2 到 4 年的監禁；但是，如果我們不得不逮捕你們，按照法國的法律，你們將被判處死刑。你們願走哪條路呢？」劫持者只好選擇了投降。

虛擬假設的另一作用是誘使對方進入圈套，以便自己如願以償。

美國談判大師荷伯‧科恩一次飛往墨西哥城主持一個談判研討會。抵達目的地時，旅館告之客滿。此時，荷伯施展了他的看家本領，找到了旅館經理問：「如果墨西哥總統來了怎麼辦？你們是否要給他一個房間？」

經理回答：「是的，先生。」

荷伯接著說：「好吧，他沒有來，所以，我住他那間。」結果他順利地住進了總統套房，不過附加條件是，總統來了必須立即讓出，而這個機率是很小的。

用虛擬假設的方法，往往可以使對方陷入沒有退路的境地，有利於自己達到目的，是談判決妙的計策。

▌轉換話題

在什麼場合下需要轉換話題呢？想避開於己方不利的話題，想避開爭論的焦點，想拖延對某個問題的決定，想把問題引向對己方有利的方面，想轉換闡述問題的角度以說服對方。

會談時，應把建議的重點放在對己方有利的問題上，不要直接回答對己方不利的問題，這時，可繞著彎子解釋或提出新問題。如在一次軍事談判中，雙方對撤軍時限爭執不下，對方提出：「我們是否再深入討論一下撤軍的期限問題呢？」如果一方千方百計延緩撤軍時間的話，則可「顧左

右而言他」，或者說：「我們雙方在撤軍的條件上已基本取得一致了，能否再談談撤軍的路線呢？」如果轉換話題仍不能打破僵局，則可建議暫時休會，讓大家放鬆一下。這樣，可取得使雙方冷靜思考的積極效果。

▌用語靈活

所謂「看人說話，量體裁衣」，靈活地運用語言是談判口才智巧性的表現。

對不同的對象應使用不同的話語。對方用語樸實無華，己方說話也無須過多修飾；對方話語爽直、乾脆，己方就不要迂迴曲折，含義晦澀。總之，為適應對方的學識、氣度、修養而隨時調整己方的說話語氣和用詞，是最具效益的溝通方法。

同樣的意思可以用不同的語氣或詞彙來表達，直陳的語氣可以表示強硬的立場、對立的態度。

例如：「你的看法完全錯誤」顯得生硬而武斷。同樣的意思若用委婉的語氣或詞彙來表達則可顯示靈活的立場、合作的態度。「你的看法值得商榷」這種表述方式既能讓對方易於接受，又給己方留有餘地，是用語彈性的又一展現。

此外，用語靈活還展現在模糊語言的選用上。

在外交談判中，有時直陳其言、正面表態往往會讓自己陷於被動的局面，這時模糊語言可產生奇效。例如：

A：閣下的聲明是否表示貴國政府對某某協定的成效有所懷疑？

B：我不準備這樣說，當然你可以按自己的理解去解釋。

雖對協定的成效有所懷疑，但沒有正面回答，而是含糊其辭，不讓對方抓住把柄，避免對己方不利。

總之，出奇制勝的談判方式有利於談判者以最快的速度取得勝利。

仔細觀察話語中的玄機

仔細傾聽對方的發言，注意對方語言的表達方式、重複語句以及語氣、聲調等，都是發現對方思想、願望和需求的線索。

一個人的談話或陳述，在許多情況下都具有多層含義。要確切了解對方的意思，只有善於傾聽，才能從對方的話裡捕捉到對你有用的資訊。

在談判中，密切觀察對方態度的變化也相當重要。肢體動作、手勢、眨眼、臉部表情和咳嗽等，都能表示多種含義。有時談判者會有意識地用這些代替有聲語言，特別是在不允許或不宜用語言表達的時候。如咳嗽，有時表示緊張不安，有時用來掩飾謊話，有時表示懷疑和驚訝。但是，在某一時刻，一個舉止又不僅僅表示一個意思，這就需要談判者善於了解對方的態度和言談舉止加以辨別。

在談判中，可以透過巧妙提問、說話聽聲等方法，悉心聆聽，摸清對方的需求，不失時機地制訂己方的談判策略。

▌巧妙提問

談判中常運用提問作為了解對方需求、掌握對方心理的手段。在對方滔滔不絕的議論中，利用提問隨時控制談話的方向，並鼓勵對方說出自己的意見。談判提問的技巧展現在「問什麼」、「何時問」與「怎麼問」上。

◈ **問什麼**：要問能引起他人注意的問題，促使談判順利進行；要問能獲取所需資訊的問題，以此摸清對方底細；要問能引起對方思考的問題，控制對方思考的方向；要問能引導對方做出結論的問題，達到己方的目的；要問有已知答案的問題，用以證明對方的誠實與可信度。

◈ **何時問**：在談判開始時，為表示禮貌與尊重，應取得對方的同意再發問，對陌生的對方更應如此。對方沒有答覆完前一個問題，不要急於提出下一個問題。重要的問題要預先設想對方可能給出的答案，並針對不同答案設計好對策後再提問。充分總結每次談判經驗，預測對方在下一輪談判中可能提出的問題，作好充分準備後再提問。

◈ **怎麼問**：不提有敵意的、帶威脅性的問題；不提指責對方誠意的問題；不提自我炫耀、顯示己方優越性的問題。由廣泛的問題著手，再移向特定的問題，將有助於縮短相互溝通的時間，提升談判效率。要有耐心繼續追問對方回答得不完整的問題，並盡量根據前一問題的答案構思下一個問題。要勇於提出對方故意迴避的問題，提出這類敏感的問題時，應說明發問理由。只要有可能，應將問題設計成足以獲得肯定或否定答案的形態。一系列這種類型的問題，可促使對方養成提供正面肯定或否定答覆的習慣。

▍說話聽聲

俗話說：鑼鼓聽音，說話聽聲。談判中也應如此。

悉心聆聽對方吐露的每個字，注意他的措辭、選擇的表述方式、語氣乃至聲調，是發現對方需要的一個重要途徑。

任何一種說話方式，都可以有至少兩個方面的意思。乍看之下，某些提法似乎表面上自相矛盾，然而在一定條件下和一定範圍內，就會發現它具有的深層含義。

在談判中，對方常以語言作為偽裝，藉以表達自己的「真誠」，以混淆視聽。對這種言不由衷的把戲一定要警惕。

在談判中，常聽到對方說「順便提一下……」說者企圖給人一種印

象：他要說的事是剛巧想起來的，但是，十有八九，這件「順便」提的事恰恰非常重要，他漫不經心地提出，只是故作姿態而已。因此，在這種情況下，往往應從反面理解對方一些「動聽」的言辭，諸如用「老實說」「說真的」「坦率地說……」「真誠地說……」這樣一些詞語來提起話頭，正表明他既不「坦率」，也不「老實」，更不「真誠」。

另外，根據對方怎麼說，而不是說什麼，去發現其態度的變化。如氣氛融洽時，熟識的對方之間往往是直呼其名，突然變為以姓氏或職銜相稱，就是氣氛趨於緊張的訊號，有時，甚至意味著僵局的開始。

以柔克剛的技巧

人之所以要學習「說話」的方法，原因就在於人必須在不同的論點中尋求和諧，不能因各自不同的理念而損及人際關係。因此，與人溝通時，就必須注意分寸的拿捏。如果論辯中既不想太強硬，又不想違背自己的原則主張，你可用綿裡藏針法，這或許是一個不錯的方法。綿裡藏針意味著軟中有硬，硬是透過軟的方式表現出來的，婉言中預示警戒，柔弱中顯示剛強。

鄭穆公元年，秦穆公任命孟明視為大將，集合三百輛戰車，於 12 月出發，準備帶兵偷襲鄭國。

這消息被鄭國的一個販牛商人弦高知道了。當時他趕著一群牛準備到市集兜售，正在往洛陽的途中，回國報告已經來不及，於是他急中生智，一邊派人抄近路連夜回國報信，讓國君作好迎戰準備；一邊把自己裝扮得衣冠楚楚，並挑選了 12 頭肥牛和 4 張牛皮，乘著馬車，帶著隨從，在秦軍必經之路等候著。

　　這天，秦國軍隊在行軍路上時，突然有人攔住去路，大聲喊道：「鄭國使臣弦高受國君派遣，特來求見將軍。」

　　孟明視聽了，不禁一愣，心想：莫非我們派兵偷襲的消息被鄭國人知道了？他滿腹狐疑地接見了弦高，並迫不及待地問：「先生到這裡來有何見教？」

　　弦高說：「我們國君聽說將軍帶兵要來敝國，特派我來犒勞大軍，先送上這 12 頭肥牛和 4 張牛皮作為慰勞品，表示我們的一點心意。」

　　孟明視故作鎮靜，收下慰勞品，假惺惺地說：「聽說鄭國國君新喪，我們國君怕晉國乘機來侵犯你們，特意叫我帶兵來保護。」

　　弦高說：「我們鄭國是個小國，夾在秦、晉兩個大國中間，為了安全，我國的將士們枕戈待旦，日夜小心地守衛著每一寸國土，要是有誰膽敢來侵犯，我們一定會迎頭痛擊，這一點請將軍放心。」

　　孟明視又不甘心地說：「這麼說來，鄭國就用不著我們秦軍的幫助了嗎？」

　　弦高說：「我們已經做好了一切準備，如果貴國軍隊真的入境，我們將負責供應你們糧食和柴草，派兵保護你們的安全。」

　　孟明視聽了弦高的話，心想鄭國早已有所戒備，只得放棄進攻鄭國的打算。事後，鄭穆公召見了智言周旋而救國的弦高，並封他為軍尉。

　　此外，在外交上，委婉含蓄的語言往往更加寓意深刻。1984 年 9 月，蘇聯外長安德烈‧葛羅米柯（Andrei Gromyko）訪問白宮時，曾開玩笑似的對第一夫人南茜說：「請貴夫人每天晚上都對雷根總統說句悄悄話 —— 和平。」言外之意是雷根總統頭腦不夠冷靜，往往做出有損於世界和平的事。對此，南茜回敬說：「我一定那樣做，同樣，希望你的身邊也能常常吹出這樣的『枕邊風』。」葛羅米柯聽後，心領神會地訕訕一笑。

　　由於代表著不同國家、不同的政治利益，政治家之間的語言遊戲，無論形式如何，都是針鋒相對的鬥爭。葛羅米柯和雷根夫人的妙語，都在含蓄之中藏著三寸鋼針，一個刺得好，一個扎得妙。聽似玩笑，實則真言。憑藉委婉含蓄，政治家把尖銳的批評包藏起來，拋向對方，真人不露相地進行了一番較量。

　　人各有立場，如果都衝動地、直截了當地闡明自己的立場，世界恐怕紛爭不斷。所以既要維持表面和諧關係，在捍衛自己的理念上又不能有絲毫讓步時，綿裡藏針便是最好的方法了。

巧設陷阱，笑著勝利

　　複雜問句法，是指向對方提出一個虛假的問題，設置兩種答案讓其挑選，不論對方如何作答都會掉進自己的圈套，然後盡可指其謬誤，使對方無言以辯。

　　曾任美國總統的華盛頓年輕時，家裡的一匹馬被鄰人偷走了。華盛頓便與一位警官到鄰人的農場裡去索討，但那人口口聲聲說那是自己的馬而拒絕歸還。華盛頓用雙手矇住馬的雙眼，對鄰人說：「如果這馬是你的，那麼，請你告訴我們，馬的哪隻眼睛是瞎的？」

　　「右眼。」

　　華盛頓放開矇住右眼的手，馬的右眼相當正常。

　　「我說錯了，馬的左眼才是瞎的。」鄰人急忙爭辯說。

　　華盛頓放開矇住左眼的手，馬的左眼也不瞎。

　　「我又說錯了……」鄰人還想爭辯。

　　「是的，你錯了。」警官說，「這證明馬不是你的，你必須把馬立即

還給華盛頓先生！」

華盛頓在這裡就是用了複雜問句、暗設陷阱的方法。從心理上說，鄰人雖不知道馬的眼睛瞎不瞎，或哪一隻眼睛瞎，卻必須強裝知道而不能回答不知道。而他要回答，又必然會臨時捕捉一些可供參考的因素來增加僥倖言中的可能。所以華盛頓的發問故意用了個複雜問句：「馬的哪隻眼睛是瞎的？」這句問話包含著一個假設，即馬肯定有一隻眼睛是瞎的，無論對方回答是哪一隻眼睛，都得先承認這個假設。偷馬賊不知是計謀，還以為華盛頓無意中向他透露了「馬有一隻眼瞎了」的真相，所以他懷著50%的希望瞎猜，果不其然地落入華盛頓設下的「陷阱」，不打自招。

以利誘之，掌握全局

利害關係，是人生在世必須處理的重要問題。趨吉避凶，可以說是人的一種自然本能。但是，世界上的事情是複雜多變的，利與害的分辨對許多人來說並不是那麼清楚明瞭，一下子就能辨別出來。因此，無論是爭辯也好，談判也好，如果能夠緊緊抓住關鍵點，具體地剖析事物發展中的各種矛盾，揭示事物發展的趨勢和對其本人的影響，曉之以理、誘之以利，定能使對方心悅誠服，乖乖地讓你牽著鼻子走。

子貢名叫端木賜，是春秋時期衛國人，是孔子眾多弟子中，最能言善辯的一位。據《史記·仲尼弟子列傳》記載，齊國的田常想要奪取王位，又畏懼高、國、鮑、晏四個家族的勢力，於是想出兵攻打魯國，以顯示其力量。孔子聽說了，便對弟子們說：「魯國是祖宗之地、父母之國，如此危急，你們怎麼不去解圍呢？」子路要去，孔子制止了。子張、子石想去，孔子也沒同意。子貢請求去解魯國之圍，孔子立刻就答應了。

第十一章　談判口才

　　子貢到了齊國，就對田常說：「魯國守牆薄弱，地域又狹又小，國君愚蠢無仁德，大臣無用，士兵和百姓都厭惡征戰，這樣的國家不可與之交戰。你不如去攻打吳國。吳國的城牆又高又厚，地域又寬又廣，新製造的鎧甲堅韌，兵卒士氣高昂，又有精明的大臣堅守城池，這樣的國家你才可以攻打。」

　　田常生氣地說：「你以『認為攻打困難的，正是別人認為容易的；認為攻打容易的，正是別人認為困難的』這樣的道理教誨我，究竟安的是什麼心呢？」

　　子貢說：「我聽說，憂懼在內部就要進攻強國，憂懼在外部就要進攻弱國，現在你的憂懼在內部。我聽說你三次自封為王都沒有成功，是因為大臣中有人反對。如今你想攻占魯國來擴大齊國的領地，但是，戰勝了魯國就會使國君驕縱，帶兵的大臣地位更尊高，而你卻一點功勞也沒有，國君就與你漸漸疏遠了。這樣，你對上驕縱了國君的心欲，對下助長了群臣的勢力，要想奪取王位就太困難了。國君驕縱就恣意橫行，大臣驕縱就互相爭鬥，這樣你上與國君不合，下與眾臣交爭，如此下去，你在齊國連立足之地都沒有了。所以說不如伐吳，伐吳不勝，士卒戰死於外，大臣空虛於內，上沒有強臣為敵，下沒有百姓阻撓，能把國君孤立起來，進而控制齊國大權的就只有你一個人了。」

　　田常說：「好。但我已出兵伐魯，再改道伐吳，大臣們懷疑我怎麼辦？」子貢說：「你可以先按兵不動，我前往吳國，讓他們救魯，你就可以藉機迎戰吳國了。」子貢於是去見吳王。

　　見到吳王，子貢說：「我聽說，稱王於天下的人不絕於世，稱霸於諸侯的人沒有強敵，就像用千鈞之力去移動很輕的東西一樣。擁有萬乘戰車的齊國去進攻只有千乘戰車的魯國，進而與吳國爭強，我為大王的危機而

擔憂，大王不如去幫助魯國。而且，救魯能顯威揚名，伐齊能得到實利。救魯名義上是保護魯國，實際上是削弱強大的齊國，明智的人是不會猶豫不決的。」

吳王說：「好！我可以去救魯。但我曾與越國交戰，越王戰敗後，棲身會稽，刻苦圖強，養精蓄銳，時刻想找我報仇。等我把越國征服了，我再去伐齊。」子貢說：「越國的力量和魯國不相上下，吳國的力量和齊國也差不多，大王放棄齊國而去攻打越國，等你征服了越國時，齊國早已把魯國滅了。況且大王需要的是存亡繼絕的威名，攻伐弱小的越國，而畏懼強大的齊國，不是英勇的行為。勇敢的人不迴避困難，仁德的人不背棄盟約，明智的人不喪失良機，稱王天下的人不絕於世，因為他們樹立了正義。如今，保存越國向諸侯顯示了您的仁德，救魯伐齊，威懾晉國，諸侯就會一個跟著一個地來降服，霸王之業就成功了。如果大王認為越國是後顧之憂，我願去見越王，讓他跟隨您出征，這名義上是隨諸侯出征，實際上是使越國實力空乏。」吳王聽了，非常高興，便讓子貢到越國去了。

越王到郊外迎接子貢，並親自陪伴他到館舍。問道：「我們這裡是偏遠的蠻夷之國，是什麼重要的事勞煩大夫屈駕光臨？」子貢說：「我曾說服吳王救魯伐齊，他雖然願意，卻害怕越國乘機報復，說：『等我滅掉越國再去救魯伐齊』，這樣看來，越國的滅亡是在劫難逃。況且，沒有報復別人的想法，而遭到人家懷疑的人是愚拙的；有報復別人的想法卻讓人察覺，是注定要失敗的；事情還沒做就讓人家知道了，是很危險的。這三者都是舉事的禍端。」

越王頓首再拜，說：「我曾不自量力地與吳國交戰，困於會稽，痛入骨髓，日夜憂慮，如能與吳王同歸於盡，我也心甘情願。」越王問子貢該怎麼辦。子貢說：「吳王為人狂暴，群臣苦不堪言，國家因戰爭頻繁而疲

累，士卒無法忍受，百姓怨恨國君，大臣內訌，伍子胥因勸諫吳王被殺害，宰相專權，為了個人的私利而慫恿國君持續犯錯，這是亡國的做法。現在大王可以出兵幫助吳王實現救魯伐齊的心願，用貴重寶器討得他的歡心，用謙卑的言辭尊崇他的禮儀，他一定會伐齊。吳國若戰敗了，是大王您的福氣；吳國若戰勝了，一定會再去攻打晉國。我願意去見晉國國君，讓他從北面進攻吳國，吳國的力量一定會被削弱。他的精銳士卒都在齊國，主要兵力又被晉國圍困，大王您可以利用吳國疲敝的機會向吳國進攻，就一定能滅掉吳國。」越王聽了十分高興，頻頻頷首。

子貢北去晉國，對晉國國君說：「我聽說，慮事不早下決心，就不能應付急遽的變化，用兵不先辨明情況就不能戰勝敵人。現在齊國與吳國就要開戰了，吳國若戰敗了，越國一定會乘機亂吳；吳國若戰勝了，一定會乘機再來進攻晉國。」晉國國君聽了，十分驚慌，問道：「那該怎麼辦呢？」子貢說：「準備好兵器，休養好士卒，等待迎敵。」晉國國君同意了。

子貢回到魯國，坐等其變。吳王果然與齊戰於艾陵，大敗齊軍。但吳軍不歸去，又興兵北上，進逼晉國，與晉人戰於黃池。吳、晉強力相爭，吳兵大敗。越王知道了，過江擊吳，在離吳國都城七里遠的地方駐紮下來。吳王聞訊，離晉南歸，與越國戰於五湖。三戰不勝，城門失守，越王圍困吳國王宮，殺死吳王夫差，三年後，越國稱霸群雄。

子貢這些勸諫說服的方法就是採用曉以利害的二元對立分析法。只有針對問題，具體分析，區別不同的對象，看清對方的需求，分析對方的矛盾和問題所在，才能把話說到對方的心坎上，讓人接受，令人信服。

和談判對象做朋友

　　某服裝公司新設計的冬裝款式新穎別緻，一上市就十分搶手。因此準備購進一大批原料大批生產。消息不脛而走，很快就有本市和外地的幾家毛紡廠的推銷員來廠洽談生意。

　　劉先生也是前來和該公司洽談的推銷員之一。先後和該公司採購部王主管談了好幾次，但都因對方的出價略低於老闆給劉先生的底線而沒有成功。

　　劉先生並沒有放棄，而是尋找機會和對方談。

　　這天，劉先生無意中得知王主管很喜歡打籃球，而自己也剛好喜歡打籃球。

　　再次見到王主管時，劉先生對合作的事隻字不提，倒是聊起了籃球。

　　「好久沒打籃球了，這身體也開始『著急』了，走幾步就開始痛了。」

　　「你喜歡打籃球？」

　　「是啊！難道王主管也喜歡？」

　　……

　　就這樣，兩人越聊越起勁，甚至約好了週末一起去打籃球。

　　關於合作，當時雖然說好了「合作條件與私人來往是兩碼事」，但後來，還是按劉先生所希望的條件簽了合約。

　　在談判中，要盡量多蒐集對方資料，如果找到了自己與對方的共同點，在談話受阻礙時，就有可能以這個共同點為題材來打開僵局。

先放再收，欲擒故縱

傳說蘇北鹽城有個窮船伕阿三，一天，他撐船到登瀛橋西，誰知天氣驟變，一時狂風大作，舵扳不住帆落不下，船一頭撞裂了大財主陳萬金家傍水賞月樓的樓臺柱子。陳萬金是鹽城一霸，橫行無忌，一手遮天。如今，他家的柱子被撞斷，這下可不得了了，他命人把阿三毒打了一頓還不甘心，又押送他至縣衙門治罪。阿三的妻子急得趕緊去請求好打抱不平的沈拱山幫忙。沈拱山略一思索，就說：「好吧，這件事我來處理。明天你讓阿三在大堂上叫我舅舅就行了，我自有辦法。」

第二天，受了賄賂的縣官把驚堂木拍得直響，高聲喝道：「阿三，你好大膽，行船撞斷陳員外家的樓柱子，你知罪嗎？本堂判決打你四十大板，木船充公，把你老婆判給陳員外家當奴婢，以賠償損失。」

沈拱山在大堂口聽到這些話，立即奔上堂去，阿三一見沈拱山來了，連忙高叫：「舅舅，舅舅，快救我！」沈拱山忙問：「你犯了什麼罪？」阿三就把木船撞斷傍水賞月樓的事告訴了他。沈拱山捲起衣袖，怒氣沖沖地連打了阿三三個耳光，一邊罵道：「小畜生，從小就不學好，叫你騎馬你下河，叫你行船你上岸。」

「我沒有把船撐上岸啊！」

「你還狡辯，沒上岸怎麼撞倒人家的樓柱啊？」

「他家的樓是傍水造在河裡的啊！」

沈拱山聽到這裡，變了臉色，轉身對縣老爺說：「大人，這就是陳員外的不對了。河嘛，是行船的，怎麼能蓋樓呢？」

縣官被問得說不出話來，只得說：「那就放了這小子吧！把船還給他。」

剛才還站在一旁得意揚揚的陳萬金這下可急了，忙說：「大人，大人，你怎麼不秉公辦案啊？」

沈拱山厲聲喝道：「你在漕河上私造民房，阻塞河道，該當何罪？」

陳萬金怕把事鬧大了無法收拾，只得賠了阿三的擋浪板，灰頭土臉地走出縣衙門。

另外有一個小故事：戰國時，靖郭君準備在自己的封邑薛地築城，他的門客都勸他不要這樣做，靖郭君不聽，還吩咐「責傳達的官員，不要再替反對者通報」。

門客中有個齊國人，求見靖郭君，說：「我只要求讓我講三個字就行了，如果我多說一字，就把我處以烹刑。」

靖郭君便接見了他，齊人快步向前，說了一聲：「海大魚！」轉身就走。

靖郭君說：「等一等，你的話還沒有說完！」

齊人說：「我可不敢拿自己的性命開玩笑。」

靖郭君道：「沒關係，你再說下去。」

齊人說道：「您不曾聽說過海大魚吧，那種魚用網兜不住，用鉤也釣不上，但如果不小心到了沒水的地方，連小小的螞蟻也可以任意欺侮牠。現在，齊國就是你的水啊，你只要一直保有齊國的庇護，又何必在薛地築城？如果失去了齊國，你就算把薛城築得有如天一般高，也沒有用。」

靖郭君聽了覺得有理，便打消了在薛地築城的念頭。

欲擒故縱原是一種用兵方法，是三十六計中的一計。談判中言談之間若發生僵持不下時，不妨先放後收，反而常能出奇制勝；一「縱」一「擒」就猶如奇兵，使對方放鬆戒備上當，最終無可奈何地服輸。

婉言相勸的奇效

有一對年輕男女，經過一段時間的戀愛，雙方情投意合，決定結為終身伴侶，但如何辦婚事，雙方的想法卻不同。女方認為一輩子就這一次，一定要辦得很隆重才行，可是男方心裡並不是這麼想，但他了解女方的脾氣，若是他直言反駁，可能會鬧得不可收拾，於是男方決定和女方來溝通。

男方熱情地說：「眼看就要辦喜事了，我們來規劃一下，看看婚禮要怎麼舉辦才好，怎樣才能讓妳滿意。」

女方說：「早該規劃一下了，結婚是人生大事，一輩子就一次嘛！喜酒不能不請，我算了算，至少要 40 桌，要邀請親戚、同事、同學等。」

男方說：「是啊，菜色也不能太差，按照現在的行情，每桌至少要 8,00 元，這 32 萬的酒席錢是省不了的。」

女方又高興地問道：「新房的裝潢怎麼辦？總不能讓新房一副寒酸的樣子呀！」

男方說：「嗯，的確是，佛要金裝，人要衣裝，房子也應該裝潢一下！我們上次看到的那套義大利進口沙發怎麼樣、淺黃色，頗富現代感，雖然一套要 6 萬元，但這是一輩子的呀！」

女方說：「新房子光有家具裝潢也不夠，家用電器總要配備一些吧！」

男方說：「對，洗衣機、冰箱、電視、音響、冷氣也該購買，算一算，這方面大概也要 10 萬元。」

女方高興地說：「還要去拍婚紗照！公司同事當新娘，光是婚紗照就拍了二三十組，婚宴上就換了六套禮服呢！」

男方說：「那當然，再加上蜜月旅行、岳母的禮物，這些雜七雜八的費用，差不多也要 20 多萬。大概就這樣了，妳算一下，總共需要多少錢？」

女方算了一下回答道：「大概要六七十萬。」

男方說：「好，妳再算算，我現在有 12 萬 5,000 元的存款，而每月薪水加獎金約 4 萬元，扣掉給父母的孝親費、三餐、零用錢、房貸、保險等，每月能剩 5,000 元左右，一年應該能存 6 萬。」

女方說：「哎呀，一年 6 萬，十年 60 萬。」

男方說：「我們同年，今年才都 30 歲，再過十年是 40 歲，要不然我們先貸款把婚事辦一下，等婚後我們再一起勒緊肚皮還十年貸款。」

女方沉默了。

男方趁勢說：「我想，如果真等到 40 歲再結婚實在太晚了，背著貸款度日也不會幸福，我們是不是實際一點，看看是不是哪裡可以節省一下？」

女方說：「你說得有道理。」

就這樣，男方婉轉的勸說終於有效了，女方也被成功說服了，一改初衷地聽從男方婚事簡單辦理的意見。

同理，在談判中，若要促使對方同意自己的觀點，應刻意避開對方的忌諱之處，繞道而行地選擇對方感興趣的話題談起，不要過早暴露自己的意圖，按照預定的迂迴路線，步步靠近。當對方跟著你走完一段路程時，他已經不自覺地向你的觀點投降了，這就是婉言相勸的妙處。

商業談判的技巧

在商業談判上想獲得最佳的結果，最有效的方式並非採取強硬態度，而是要求對方提出更好的條件。以下有幾個意見可以幫助你進行更有效的談判：

◆ **當心快速成交**：談判若進行得太快，就沒有時間了解全貌，以致來不及詳細思考而亮出自己的底牌。除非你的準備工作做得非常好，而對方又毫無準備，否則，最好讓自己有充分的時間思考。

◆ **突然改變方法讓對方折服**：在談判過程中，突然改變方法、論點或步驟，以讓對方折服、陷入混亂或迫使對方讓步。這種策略只要稍微改變一下說話的聲調或加強語氣即可。但切勿戲劇性地勃然大怒，不怒而威就可以讓對方措手不及而軟化立場。

◆ **採用「兵臨城下」的大膽做法**：大膽地威迫對方，看對方怎樣反應。這一招帶點冒險性，但可能會非常管用，可以使對方接受修改的合約，或是重新談判。

◆ **運用「預算策略」**：比如說 —— 我真的喜歡你的產品，而且也真的有此需要，可惜我沒有能力負擔。」這項間接求助的策略可以滿足對方的自負，因而讓步。

◆ **聚沙成塔，小利也是利**：縱使對方只是小小的讓步，也值得珍視。在整個過程中，對方讓步就是你爭取而來的勝利，說不定對方的舉手之勞，就能為你省下不少金錢和時間。

◆ **要有耐心**：不要期望對方立刻接受你的新構想，堅持、忍耐，對方或許最後會接受你的意見。

◆ **給對方留餘地**：總要留點餘地，顧及對方的面子。所謂成功的談判，

應該是雙方愉快地離開談判桌。談判的基本規則是：沒有任何一方是失敗者，雙方都該是勝利者。

掌握了這些商業談判的技巧，就可以使你在談判桌前應對自如，無往不勝。

◆ **帶點強勢**：斟酌情況，必要時可以提高嗓門，逼視對方，甚至跺腳，表現一點「震撼」式的情緒化行為。這一招或許可以讓對方為之氣餒，也可顯示你的決心。

◆ **給自己留些餘地**：提出比預期達成目標稍高一點的要求，就等於給自己留些妥協的餘地。記住：目標定得稍高，收穫就稍多。

◆ **裝得小氣一些，讓步要慢，並且口氣要帶點勉強、為難**：由小讓步獲得的協定對你有利，因為這可以顯示你的熱忱。

◆ **要有自信，但不要以「大權在握」的口吻進行談判**：你可以說：「如果是由我能夠做主的話……」告訴對方你無權作最後的決定，或是你能做的決定有限，便可爭取較多的時間思考，並充分了解對方的底牌。這樣做的最大好處是：你為對方提供一項不失面子的讓步方式，使他能接受你的處境，而自己也不至於像一個失敗的談判者。

◆ **不要輕易亮出底牌**：對方對於你的動機、許可權以及最後的期限知道得越少越好，而你則要盡可能了解對方的資料，才能知己知彼，掌握勝算。

◆ **運用競爭的力量**：即使對方認為他提供的是獨門生意，你也不妨告訴對方，你可以在買新產品與二手貨之間選擇，還可讓對方知道你可以在買與不買、要與不要之間做選擇，以創造一種競爭的姿態。

◆ **伺機喊「暫停」**：如果談判陷入僵局，不妨喊「暫停」，告訴對方你要和合夥人、老闆或專家磋商。「暫停」還可以讓對方有機會懷疑或

重新考慮，而且讓你有機會重獲肯定的談判地位，或者以一點小小的
讓步，重回談判桌。

第十二章　即席發言

所謂即席發言，就是指「對眼前的事物有所感觸，臨時發生興致而發言」。如何在即席發言中一展你的風采、這不僅需要在發言中運用語言技巧，還需要你具備一定的智慧、膽量以及對語言文字的駕御能力。

選好主題

在做即席發言時，選好你要發言的主題很關鍵。你要做的發言不僅要符合你當時所處的環境，還要能夠切實深刻地抒發自己的感情。

要想做一篇成功的即席發言，在選擇主題時注意運用以下幾種方法：

◆ **受人或事的啟發**：生活中我們也常常會遇到這樣的情況，比如到一個晚會的現場，感受現場的氣氛後，很想表達一下自己的感受，那麼就可以做一次即席發言；或者聽取他人的發言後，自己也感受頗深，想要說幾句，這都是即席發言的方式。

◆ **在現場醞釀**：所謂現場醞釀，肯定是就現場的某一事物湧現出發言靈感了。比如看到閃爍的燈光，熱烈的氣氛，聽到眾人的歡聲笑語，你一定都會有感可發，做一次即席發言。當然，如果在這樣的現場中，你的感受並不明顯，沒有很好的發言主題，那麼也可以根據現場的情形給自己出幾個問題，從而調動起自己的發言情緒，比如可以問問自己這樣的現場讓我想起了什麼，這種氣氛給了我什麼樣的感受等等，都可以作為發言的主題。

◆ **回憶從前**：如果現場醞釀不出你要發言的主題，那就讓自己回憶一下從前經歷過的事，或以前看過的資料等，拿出一部分比較有意義的與大家一起分享。比如：「我在 5 年前曾經遇到過這樣一件事⋯⋯」或

「昨天我在電視上看到這樣一則新聞……」然後就此講一講自己的感受，或從中受到的啟發，都是不錯的發言主題。

快速構思，克服緊張

不論是在課堂上、校園裡，還是在社會上，我們身邊都會經常發生一些意想不到的事件，我們常常會對這些突如其來的事充滿好奇。其實，這也正是我們練習口才的好機會。

要練習口才的機會很多，比如可以利用晨間十分鐘談談新聞，重現生活中的情景，或者到現場採訪等，都可以進行口才訓練。只要我們留心觀察身邊的生活，細心捕捉生活中的說話點，抓住一閃即逝的機會，語言練習就可以隨時進行了。

但即席發言有兩點要注意：一是要具備迅速構思的能力，二是要努力克服緊張心理。

要做到迅速構思，應注意這樣幾點：

◇ **要從實際出發，為發言尋找一個切入點**：明確了中心和觀點以後，你最好能夠舉出幾個例子，從實際出發說明問題，這樣你的發言才更有說服力。

◇ **確立中心**：在構思時，一定要明確自己的觀點和態度，即席發言構思的時間都比較短，所以必須想好自己要說些什麼，並確立發言中心，以及自己的觀點和態度。

◇ **簡潔精練的開頭和結尾**：即席發言的開頭一定要乾淨俐落，直入主題，或者可以借用當時的場景、情景、會議主旨等作為開場白，而結尾則要強化發言的主要內容。

構思做完了，那麼如何克服緊張心理呢？

◇ **隨機應變**：採用一些調節方法，比如進行幾次深呼吸，對自己微笑，都可以緩解緊張的心理。

即席發言，突出「即席」兩個字，所以在平時你還應該多找這樣的機會，「表現」自己，比如多收集一些發言題目，確定題目後給自己3～5分鐘的思考準備時間，然後與同學分組，進行即席發言。經常這樣，相信你的口才一定可以得到快速提升。

◇ **有備無患**：發言的內容一定要有必要的準備，即使時間很短也要進行準備。在發言現場，你自己可以想想，要講些什麼，要舉哪些例子，一旦上場發言，要讓自己充滿自信，臨場不亂，這樣就能有效地控制緊張心理。

吸引人的訣竅

做即席發言時，只要你一開口，全場的聽眾就會立刻被你深深地吸引，或興趣盎然，或凝神靜聽，或開懷大笑，或頻頻點頭……這是一種多棒的效果呀！

那麼，如何獲得這種效果呢？「掌握半分鐘，敲響第一錘」是最關鍵的一點。也就是說，你要在發言的最初半分鐘內，緊緊地吸引全場聽眾的心。「開局不慎，滿盤皆輸」，如果剛開場的黃金半分鐘抓不住聽眾的心，那麼此後你再花十倍的精力也難使之集中。

所謂「第一錘」，就是發言的第一段，這一點你也要全力以赴地說好，要能夠一開頭就緊扣聽眾的心弦，使人一開始就感到有興趣，從而激起聽眾強烈的傾聽慾望。

那麼，敲響「第一錘」有哪些方法呢？

◈ **幽默詼諧法**：這是一種非常有效的吸引聽眾的開頭方法，一開口就讓聽眾感到有興趣，願意聽。著名作家沙葉新曾在張導演一個獲獎晚會上做了一個即席發言，他是這樣開頭的：「張導演是不用介紹的，天下誰人不識君。張導演也不希望別人去誇獎他，一誇獎張導演就成了『誇張』了……」幾句話，讓下面的聽眾哈哈大笑，這可謂一個非常優秀的開場白。

◈ **順水推舟法**：這種方法是指在即席發言的開頭，可承接前幾個人講話中的某些觀點或看法，然後對其加以引申。有位校長在參加茶會時，要歡送該校一位老師調任高就。在會上，前邊的一位同事讚揚這位老師工作經常是「一馬當先」，校長就接過「一馬當先」這話，做了即席發言：「『一馬當先』這個成語用得太好了！這位老師簡直就是一匹有膽有識、有德有才、魄力超群的千里馬！……」這位校長承接前面的發言，順「水」而下，「推」出由「馬」引出的一席妙語，使自己的發言精彩絕倫。

◈ **出奇制勝法**：雷根為競選總統需要做即席發言，他的對手在前面的發言中自恃年輕力壯，極力攻擊雷根年齡大，不宜擔此重任。雷根在他的即席發言中是這樣開頭的：「華特·孟岱爾說我年齡大、缺乏精力，我想我是不會把對方年輕、不成熟這類問題在競爭中加以利用的。」這個巧妙的開頭立刻博得了全場熱烈的掌聲，最後選民接納了雷根。

抓住聽眾的心理

　　與其他的表達方式相比，即席發言一個最大的特點就是準備和發言的時間都非常短，你必須要在幾分鐘時間內，透過有限的發言內容把聽眾深深地吸引住，所以考慮聽眾的心理是非常必要的。你要學會站在聽眾的角度，換位思考，分析他們的需要，只有這樣才能獲得最佳的發言效果。

　　如何在即席發言中抓住聽眾的心理呢？

◈ **發言要有創新**：聽眾都喜歡聽自己沒有聽過的事情，一些陳年舊事、老生常談，聽起來只會讓人昏昏欲睡，打不起精神，更別說提起人的興趣了。所以，在進行即席發言時，要盡量以新穎獨特的資料，以吸引聽眾的注意力。

◈ **與聽眾建立同感**：如果你說的事情是聽眾想聽的，或者是他們自己想說的，那麼他們聽你的發言，一定會非常用心，這就是所謂的共鳴。所以在即席發言的時候，你要努力想想，什麼樣的內容才是自己與聽眾都比較有興趣的，只有抓住了這個特點，你才能與聽眾建立連結。

◈ **語言精練**：由於是即席發言，所以它可能與正在進行的活動沒有多大的關聯，所以聽眾一般不願意花大量時間來聽，因此你的發言一定要短小精悍、言簡意賅，盡量長話短說，少用點客套話和無關緊要的比喻、舉例等，盡量做到字字珠璣。

◈ **語言輕鬆、生動**：發言時，說話最好要具體一些，並說些貼近生活的自然輕鬆的話題，避免說過於抽象或讓人眩暈的詞語和句子。這樣不僅便於別人理解你發言內容的意思，也更容易營造一個充滿歡聲笑語的輕鬆氣氛，從而激發聽眾的想像，喚醒聽眾的興趣。如果你能在發言時適當配上一些肢體動作和表情，相信效果會更出眾。

切忌偏離主題

班會上，老師準備和同學們一起討論下週的學習課程。

「我們準備從下週開始，每天的晚自習，我會讓任課老師提前為同學們出一些題目來做，第二天上課後檢查。這樣可以避免同學們缺乏方向複習，又可以抓住重點。」

「老師是覺得我們這樣學習不能抓住重點，是嗎？」有同學發問。

「我覺得是這樣的，很多同學學習起來比較缺乏方向。」老師解釋說。

「那到底什麼樣算盲目，什麼樣算不盲目呢？」

「盲目嘛，自然是學習起來沒有目的，就像你走路沒有方向一樣。你想想，走路沒有方向，怎麼可能走到目的地呢？」

「那我要是拿著指南針走路不就不盲目了嗎？」

「指南針不行，得拿方向盤，對吧老師？」

「……

一個個問題接踵而來。

老師看到大家的討論興趣這麼高，非常高興，也和大家討論起來。這時，下課鈴響了，同學們還意猶未盡，討論不休。可是老師卻突然發現，這節課要講的主要內容並沒有跟同學們講清楚，因為今天上課離題了。

即席發言主要講的是一個即興發揮，但有一點一定要注意，那就是你的即興發揮要圍繞主題進行，不要東一句、西一句，想到什麼說什麼，因為這樣很容易偏離主題，讓你的發言效果大打折扣。

如何才能使自己的即席發言不偏離主題呢？

◈ **提前確定發言核心**：準備發言前，首先要在自己的心中確定發言的核心，然後圍繞核心主題進行發言，盡量減少一些與核心無關或相悖的

話語，在每句話說出口前，都要考慮一下這句話是否與核心主題有關，沒有關係的話，一定要盡量避免說出口。

◈ **抓住發言主幹**：發言前，要先在腦中考慮一下你的發言要準備說什麼，共要說幾點，然後圍繞這幾點展開發言，就像樹有樹幹一樣，要深刻抓住「樹幹」，向外發散的樹狀結構（Tree structure），先說什麼，後說什麼，使自己的發言按部就班就可以了，這樣可以最大程度地避免發言離題。

◈ **時刻暗示自己**：發言前，一定要先有避免離題的心理準備，只要一開口，大腦裡就要時刻提醒自己：發言不能離題！這樣就會減少你發言中一些隨意的、沒用的話，避免離題現象的出現。

◈ **提前記錄要點**：要是你擔心自己在發言時會離題，可以提前把發言要點記錄在紙上，這樣你可以按照要點進行發言，一點一點地按順序說；或者寫在手上，發言時趁著使用肢體語言看上幾眼，提醒自己，避免發言離題。

把舌頭放在心上

很多人常常為自己的即席發言能力太差而困惑：為什麼別人發言時能妙語連珠，贏得滿堂歡聲笑語，我講話卻枯燥乏味，全場昏昏欲睡呢？為什麼別人一張嘴就能侃侃而談，口若懸河，可是我卻笨嘴拙舌，生硬刻板、……分析原因，可用一句俗語概括：「蠢人的心在舌頭上，聰明人的舌頭在心上。」

怎麼解釋這句話呢？

發言時如果你有口無心，即「心在舌頭上」，不善於思考，也不去想發言的論點、全篇的思路等，只是張口就說，想到什麼說什麼，這當然難

以打動人心。反之，如果你的「舌頭在心上」，做到「心之官則思」，「三思而言」，把要說的論點、論據、論證技巧等都想得一清二楚，講話的水準自然會大大提升。

那麼，怎樣才能做到讓自己的「舌頭在心上」呢？

█ 縱橫交叉選論點

古人說「理定而後辭暢」，也就是說，寫一篇文章或作一席發言，一定要先有明確的論點，然後才可能有流暢的表述和生動的語言。如果說話前對自己要講的論點都不明確，文章沒有核心，那又怎麼可能有暢達的言辭呢？

要想做到縱橫交錯地選擇論點，我們先來看一則故事。古代有個叫薛譚的人，他向當時的歌者秦青學唱歌，但還沒有把本領都學到就自以為學到家了，要告辭回家。秦青並不阻攔他，而是在郊外的大路口設宴餞行。席間，秦青放聲歌唱，高亢的歌聲震動了林木，把天空飄拂的行雲都震住了。此時，薛譚羞得面紅耳赤，自感不足，上前向老師道歉，要求留下繼續學習。

如果讓你就此作一篇即席發言，你怎麼開始呢？這裡有縱橫兩條思路：一是從橫向思考，也就是把薛譚和秦青作比較，從中看出薛譚自以為是，最終碰壁，從而表現出任何人都不能驕傲的論點。另外，你還可從秦青歌聲的美妙之處來說明他的技藝高超，從中引出學無止境的道理做論點。

另一方面是從縱向思考，分別對薛、秦兩人的表現做出分析：薛譚先是自滿，後來認錯，這表明薛譚是個知錯必改的人，這可以作為一個論點。如果對秦青前後的行動作縱向思考，可以發現：秦青對薛譚的錯誤不作簡單的訓斥，而是因勢利導，用自己的歌聲啟發對方，這表明身教重於

言教。如果能以這個論點作為中心，作一次發言，效果也會不錯。

同一資料，如果我們能從橫、縱兩方面思考，一定可以讓發言內容既豐富又深入。經過這樣準備的即席發言，一定會明顯地勝人一籌。

追本溯源得結論

所謂「追本溯源」，是指在發言中一步一步地搜尋事物的本源，從而找出其發生、發展的規律，引出一番精闢的言論。這種發言的效果非同凡響，絕不是一般膚淺之見或老生常談所能相比的。要想掌握這個技巧，首先要抓住有價值的表面現象，其次還要深入追溯，刨根究底，同時還要有明確的目標，找到有價值的論點。

觀念倒轉出新意

一篇成功的即席發言，一定要有新穎的觀點，能使聽眾心明眼亮，大獲啟示。而「倒轉觀念」則可以幫你獲得新穎的觀點。這種方法的使用，可用一句簡單的話來概括，即「反過來想一想，變肯定為否定，或變否定為肯定」。比如說到「這山望著那山高」，大家常認為這是不對的，是過於貪心的，但是，如果「倒轉觀念」思考一下，將否定變為肯定，就會得出這樣的觀點：做人就是要有點「這山望著那山高」的追求，這樣才能不斷創新，不斷獲得新成就。這不就是一個非常獨特的觀點嗎？

少說客套話

先不說我們自己即席發言會如何，有時候我們在聽別人即席發言時，總會有這樣一個感覺，就覺得對方說話很囉唆，一開口就客套個沒完沒了：「很高興認識大家……」「非常榮幸能在這裡跟大家交流……」「今

天能在這裡跟大家相識，我覺得非常高興……」囉唆無聊，讓人聽起來就覺得乏味。這樣的發言，無疑是不成功的發言。

　　要想擁有一個完美的即席發言，就一定要盡量少說客套話，在發言時情真意切，真誠而清晰地表達自己的意思，給發言一個乾淨的開頭和當機立斷的結尾，完全沒必要囉哩囉唆地說個沒完，讓人索然無趣。

　　那麼，怎樣才能讓自己的發言不受客套話的影響呢？

◈ **開門見山**：即席發言時，客套話主要是用於闡明發言意義、感謝發言。既然知道這一點，在發言時就要盡量規避，讓自己的發言開門見山，只用一兩句話向邀請你發言的人和聽眾表示一下感謝就可以了，比如「大家好！感謝大家給我這樣一個發言的機會，現在我……」這樣的表述，既表達了對大家的感激之情，也減少了客套話，將自己的講話引向主題，去掉了客套話的累贅作用。

◈ **迅速進入主題**：開門見山後就要進入你的發言主題了。即席發言的時間一般都比較短，不允許你站在臺上長篇大論，所以一定要自己掌握好發言的時間，迅速進入發言主題。不必擔心自己的主題鋪墊不夠，而是應該留心一下自己的鋪墊是否過多。

◈ **平等對待自己和聽眾**：有時候，我們在聽別人的即席發言時，總覺得發言者對我們聽眾有種居高臨下的感覺，客套個沒完，總是喜歡在聽眾面前發號施令，讓人厭煩。其實這就是因為講者沒有平等對待自己和聽眾。要讓自己的演講成功，一定要保持自己和聽眾交流的心態，放對自己的位置，避免說話內容空洞。

◈ **結尾要乾淨俐落**：該說的話都說完了，就該結尾了，有些人在這個時候，就又客套個沒完，把前面的客套話又重新搬出來。實際這樣不僅不會獲得良好的效果，反而讓人覺得虛假、不夠真切。所以結尾時，

一定要讓自己的發言乾淨俐落地結束，「我的發言結束了，謝謝大家！」這是最讓人舒服的結尾。

情感效應

有一位老師接了一個「放牛班」。開學的第一天，他親切地對同學們說：「有人說我們這是放牛班，不會有出息的，這是沒有道理的。就以我們班的體育成績來說，我們班不僅不是放牛班，而且還有機會當資優班⋯⋯」

這一席話讓同學們從低落的情緒中一下子振奮起來，在自卑的心中樹起了信心。

心理上的接觸和情感上的共鳴，使得這位老師的發言對學生起了極大的鼓舞作用。

人和人之間，是很難在一開始就產生共鳴的，所以必須先誘發聽眾對你的話產生興趣。一篇成功的即席發言，應該是能夠引起聽眾共鳴的。只有將自己的感情傳達給聽眾，讓聽眾也被這種感情所感染，才能打動聽眾。

如何讓自己的即席發言感動聽眾呢？

◈ **發言要貼近事實**：只有真實的東西，才能喚起聽眾的共鳴，才能達到與聽眾情感交流的目的。而虛假的例子，即使矇騙了聽眾的耳朵和眼睛，也會因表達缺乏感情最終說服不了聽眾的心。

◈ **說出你的感受**：在發言的同時，你一定要說出自己的情感經驗，把自己的真實情感表達出來，就像那位老師一樣，在發言的同時，表達出對同學們的信心，這樣就會引起同學們的共鳴。如果發言矯揉造作，

想說什麼說什麼，讓自己的發言沒有任何真實感情可言，相信沒有人會願意聽你的發言。

◇ **適當運用肢體語言**：肢體語言是為你的發言服務的，在即席發言時，適當地配合一些肢體語言和表情，可以讓你的表達更輕鬆自然。你甚至可以走到聽眾中間去發言，這樣更利於掌握聽眾的聽感，也使發言顯得更親切生動。

掌握好時間

即席發言往往有一定的時間限制，所以你在發言前要充分估算自己的發言時間。如果覺得自己的發言篇幅過長，應該刪減篇幅，否則就可能使自己的發言拖沓冗長，不受聽眾歡迎，甚至引起聽眾的排斥和反感。

有一位醫生，一天晚上在布魯克林的大學俱樂部參加聚會。在聚會上，他需要進行一次即席發言。在他上臺以前，已經有很多人上臺講過話了。輪到他發言時，已是凌晨 1 點鐘了。他要是為人機智圓滑一點，或是善解人意一點，就應該上臺說上幾句話，然後讓人們回家。但他沒有這樣做，反而展開了一場長達 45 分鐘的長篇演講，極力闡述自己的觀點和意見。結果他還沒講到一半，聽眾就希望把他從窗口扔出去，並摔斷他的某些部位，任何部位都可以，只要能讓他住口就行。

由此可見，控制好即席發言的時間，就必然涉及到發言內容精練的問題，它們之間是相輔相成的。

一般來說，即席發言要短，要精練，長了沒人聽。精練，是所有著名演說家的共同特色。即使是歷史上許多具有重大意義的著名發言和演講，內容雖然博大精深，卻大多是以短小制勝。

可與華盛頓相提並論的美國第 16 任總統林肯，在他一生中發表過許多重要發言。但最引人矚目、評價最高的一次發言，就是在蓋茲堡為紀念一次戰役勝利和慶祝國家烈士公墓建成的大會上的發言。這次演講不到三分鐘，共十句話。當時，新聞記者甚至連拍照都沒來得及，他就已經講完了。但他的主題觀點卻非常明確，第一次明確地提出了「民有、民治、民享」的民主思想，而且邏輯嚴謹，語言精湛深刻，有極大的鼓動力和號召力。三萬多名聽眾發出了久久不息的掌聲。

那麼，如何才能掌握好即席發言的時間呢？

◈ **忌說空話、套話**：有些人一開口就「迎合時勢的客套話」，少不了客套、謙虛，一分析問題就按老俗套念空口號，有效資訊幾乎等於零。結果不僅延長了發言的時間，還影響了聽眾的情緒。

◈ **切忌重複累贅**：有些有用的資訊由說話人發出後，聽眾便接受並儲存起來了；但如果說話人發言囉唆重複，以大同小異的形式多次輸出，這些資訊就成了不必要的剩餘資訊，讓人聽起來反感。

◈ **切忌節外生枝**：如果發言人沒有掌握好主題，就會在一些細枝末節上發揮太多，或意已盡而言不止。這些內容雖然也包含不少資訊，但卻不是主要資訊，而是與主題關係不大的次要資訊。次要資訊太多，不但會降低時間利用率，而且會干擾主要資訊的傳遞和儲存，也就會影響主題的表達，必須力戒。

◈ **切忌口頭禪**：有些人講話總脫不了口頭禪，什麼「啊」、「這個」、「那個」、「對不對」、「是嗎」、「這個問題來說」，差不多句句不離口，雖然發言者並非有意，可對聽眾來說，不但全是無用資訊，而且令人生厭，所以也必須戒掉。

即席發言三步訓練法

即席發言被稱為是口語表達的高級階段，它的要求很高，所以不少人對此很害怕。究其原因，除了對所發言的內容缺乏深入的了解外，很重要的一點還是口語表達能力不強所致，也就是缺乏語言資料，缺乏構思能力，臨場應變能力和當眾發言的實踐等。可見，要培養即席發言的本領，還要從逐步提升說話能力入手。

英國著名作家狄更斯很會講話，他46歲起，曾舉行過四次大規模的巡迴演講活動，足跡更是踏遍了英國大小城市，甚至還去過法國、美國等地演講。他曾在美國做過76場演講，把美國總統、內閣部長、外交使團等政要人物，都吸引到他的演講大廳，可見狄更斯的確很厲害。狄更斯就是在「寫 —— 背 —— 講」的反覆循環中提升說話能力的。他曾回憶說：「我就是常常白天刻苦地練兩遍講稿，到夜裡再苦練，一遍不夠就兩遍、三遍。」

「三步訓練法」的具體操作步驟是：

▎寫

在寫即席講稿時，要注意三個環節：第一，落筆前要想清楚，不要提筆就寫，一定要先考慮清楚講話的對象，自己所要講的內容、觀點，同時還要想清楚講話的結構以及開頭、結尾的安排等；第二，寫時要有宗旨，不要忘了自己所寫的是講稿，要注意口語化，多用通俗易懂的語言，少用深奧難懂的書面語，多用短句，少用長句，力求使講稿簡要明確，層次清晰；第三，不要忘了修改，寫完後要根據發言稿的要求細細推敲，要做到層次清楚，語言簡練，主次分明。

▌背

　　背發言稿也要講究方法，你可以在背誦前先列出全文的提綱，然後再以綱帶目，逐層背誦；也可以將全文分成片段背誦，或者利用零星時間背誦，比如課間、做家事、散步等零星時間裡。

▌講

　　最後就是這一「講」了。正式發言時一定要充滿信心，甩掉講稿，練習講述。你要注意，現在你是在講話，不是在背誦或朗讀。如果有聽眾在場幫你最好，沒有聽眾的話，也要假設當場有聽眾在聽你發言。在開始時可能你會遇到很多問題，比如一開口忘詞了，或講到一半忘了，這時不要緊張，可以瞥一眼講稿，那些早已背熟的詞句只要有個頭就能夠湧到嘴邊；如果中間忘了詞，可把忘記的一段跳過去。只要態度從容自然，聽眾通常是不知道你跳過了一段的。同時每次講完，一定要認真回顧一下發言的過程，總結經驗，以利再戰。

第十三章　推銷口才

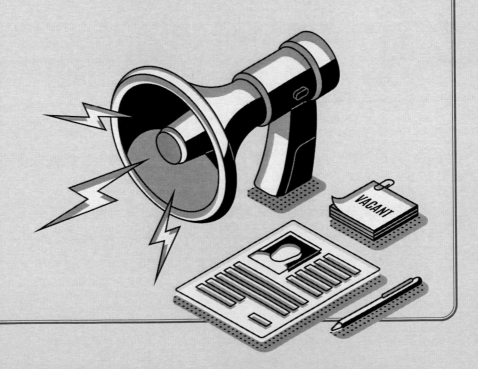

當今社會，幾乎一切東西都成了商品，所以每個人都是推銷員，把自己的商品甚至自己推銷出去是我們面臨的共同問題。於是，我們需要了解一下推銷術。

巧設開場白

推銷員與顧客面談時，需要適當的開場白，好的開場白可以使推銷成功一半。在實際推銷工作中，推銷員可以先喚起客戶的好奇心，引起客戶的注意和興趣，然後道出商品的利益，迅速轉入面談階段。好奇心是人類所有行為動機中最有力的一種，喚起好奇心的辦法是各式各樣的，我們應盡量做到得心應手，不留痕跡。

一位人壽保險代理商一接近潛在客戶便問：「5 公斤木頭，您打算出多少錢？」「如果您坐在一條正在下沉的小船上，您願意花多少錢呢？」由此令人好奇的問話，可以引發顧客對保險的重視和購買的慾望。

人壽保險代理商闡明了這樣一個思想，即人們必須在實際需要出現之前投保。

為了接觸並吸引客戶的注意，有時，可用一句大膽陳述或強烈問句來開頭。

1960 年代，美國有一位非常成功的銷售員喬·格蘭德爾。他有個非常有趣的綽號，叫做「花招先生」。他拜訪客戶時，會把一個三分鐘的蛋形計時器放在桌上，然後說：「請您給我三分鐘，三分鐘一過，最後一粒沙穿過玻璃瓶之後，如果您不讓我再繼續講下去，我就離開。」

他會利用蛋形計時器、鬧鐘、20 元美金面額的鈔票等各式各樣的花招，使他有足夠的時間讓顧客靜靜地坐著聽他講話，並對他所賣的產品產生興趣。

假如你總是能把客戶的利益與自己的利益相結合，那麼你提出的問題將特別有用。顧客是向你購買想法、觀念、物品、服務或產品的人，所以你的問題應帶領潛在客戶，幫助他選擇最佳利益。

美國某圖書公司的一位女推銷員總是從容不迫、平心靜氣地以提出問題的方式來接近顧客。

「如果我送給您一小套關於個人效率的書，您打開書發現內容十分有趣，您會讀一讀嗎？」

「如果您讀了之後非常喜歡這套書，您會買下嗎？」

「如果您沒有發現其中的樂趣，您把書重新放進這個箱子裡幫我寄回，可以嗎？」

這位女推銷員的開場白簡單明瞭，使客戶幾乎找不到說「不」的理由。後來，這三個問題被該公司的全體推銷員所採用，成為標準的接近顧客的方式。

另外，好的開場白應該會引發客戶的第二個問題，當你花了 30 秒的時間說完你的開場白以後，最佳的結果是讓客戶問你，你的東西是什麼？每當客戶問你是做什麼的時候，就表示客戶已經對你的產品產生了興趣。如果你花了 30 秒的時間說完開場白，並沒有讓客戶對你的產品或服務產生好奇心或興趣，而他們仍然告訴你沒有時間或沒有興趣，那就表示你這 30 秒的開場白是無效的，你應該趕快設計另外一個更好的開場白來替代。

如果你賣的是電腦，你就不應該問客戶有沒有興趣買一臺電腦，或者問他們是不是需要一臺電腦，你應該問：「您想知道如何用最好的方法讓你們公司每個月節省 30,000 元的行銷費用嗎？」這個類型的問題可能比較容易吸引客戶的注意力。

「您知道一年只花幾塊錢就可以防止火災、水災和失竊嗎？」保險公

司推銷員開口便問顧客，對方一時無法應對，但又表現出很想得知詳細介紹的樣子。推銷員趕緊補上一句：「您有興趣了解我們公司的保險嗎？我這裡有 20 多個方案可以選擇。」

下面，是一些強力有效的開場白：

「我需要您的幫忙。」

「我知道您是這裡當家做主的大老闆，可是我能不能找那些認為自己在當家做主的人談談？」

「我想借 5 萬元，不知道您能不能幫我？」

「我剛剛在隔壁跟○○在一起，她覺得我能對貴公司有所幫助，就像我對他們公司一樣。」

「我剛剛在隔壁跟○○在一起，她建議我順道過來找○○再談談。請問她在嗎？」

「我是○○，您不認識我？」

「我剛在車上煎了一顆蛋，不知道你們這裡有沒有鹽和胡椒？」

「我的老闆說，如果我做不出業績來，就要叫我捲鋪蓋走人。所以如果您不想買東西，表示你們這裡缺人。」

「大部分和我們合作的機構都希望職員在出差時，有更好的生產效率。我們的電腦設有內置影印機，能為外出工作的員工節省金錢和時間。」

「你們這一類的業務經理，總想取得最新的競爭情報。我們的競爭分析服務能讓客戶隨時知道對方的最新情況。」

傾聽顧客的心聲

　　聽別人說話時，偶爾回應一兩句是很好的，不完全懂時，加一句問話也可以，因為這表示你十分留心對方的話。但千萬不可把發言權搶走後，就滔滔不絕地講自己的話，而且講得很起勁，除非對方的話已告一段落。無論對方說什麼，你不可隨便糾正他的錯誤，若因此而引起對方的反感，那你就不能成為一個好聽眾了。

　　有些人很喜歡打斷他人的談話，自顧自發表言論，即使對方已經表現出不耐煩，他仍面不改色地繼續說下去。其實，即使是一名超級業務員，也並非一直滔滔不絕地介紹產品，完全不給顧客思考的時間。這種自以為是的說話方式，將會使他人拒絕和你交談，充其量是一場多餘的個人脫口秀罷了。

　　很多人以為，所謂「健談者」，就是會說話，善於巧妙地駕馭言辭的人。事實上，一個口齒伶俐、巧言令色的推銷員並不一定是成功的推銷員。工作績效好的推銷員往往是能夠熱誠而專注地聽顧客說話，適時回饋重要資訊給顧客的人。因此，「善聽者亦是善言者」。

　　有些人常喜歡把已經對你說過好幾次的事情一再重複，也有些人會把同一個笑話反覆說好幾次，當聽者的你，此時就要訓練忍耐的美德了。你不能直接對他說「你已經說過好幾遍了」，這樣會讓他下不了臺，你應做的事是耐心聽下去。他對你說話時，是充滿了對你的好感和誠意的，所以你也應該以同樣的誠意來接受他的善意。

　　但如果說話者的話題冗長、乏味，把時間和精力拿來應酬他是十分不值得的，就應該用巧妙的方法使他停止，但最重要的是不要傷及他的尊嚴。最好的方法是巧妙地引導他聊到別的話題上去，而且最好是對方有興

趣、很在行的，恰巧又是自己所喜歡的話題。

　　雖然話說得太多，或是打斷他人說話不利於溝通，但是太過沉默則會造成冷場，這樣也不好。從表面看起來，你在很專注地聆聽對方說話，但是因為你缺乏反應，很容易讓人誤以為你不高興，或在想別的事，所以在適當的時候，你應該誠懇而明確地表達自己的看法，讓對方知道你在很專心地聽他說話。

　　當一個好的聽眾，不僅能使他人樂於和你交談，也能使你獲得一些意外收穫。從傾聽他人說話當中，你會了解對方的思想、興趣，在社交或是商業上的聆聽更是重要，因為專注的聆聽很可能會使你獲得一些制勝的情報，因此當一個好的聽眾其實並不吃虧。

不要讓顧客難堪

　　商品交易中，經常出現摩擦的情況，顧客抱怨，銷售者怒目相向。有時，確實是顧客百般挑剔，如果銷售者也脾氣暴躁、心胸狹窄，勢必影響雙方的交易。聰明的銷售者往往善於給顧客一個「臺階」，讓對方恢復心理平衡，這樣既能贏得顧客，又平息了雙方的矛盾，使顧客在購買自己的產品時獲得快樂的心情。

　　在談判中，真誠地自責是給對方一種體貼、一種慰藉，責的是自己，安慰的是對方。善於與對方進行心理互換也是一種使顧客獲得快樂的手段，它不僅能使交易繼續下去，說不定對方還會給你帶來更多的客戶。示弱是一種揚人之長、揭己之短的語言技巧，目的是使交易重心不偏不倚，或使對方獲得一種心理上的滿足，從而達到銷售目的。

　　有個人很擅長做皮鞋生意，別人賣一雙，他往往能賣幾雙。一次談話

中，別人問他做生意有何訣竅，他笑了笑說：「要善於示弱。」接卜來他舉例說：「有些顧客到你這裡來買鞋子，總是東挑西揀到處找漏子，把你的皮鞋說得一無是處。顧客總是頭頭是道地告訴你哪裡皮鞋好，價格又適中，式樣與做工又如何精緻，好像他們是這方面的專家。這時，你若與之爭論毫無用處，他們這樣評論只不過想以較低的價格把皮鞋買到手。這時，你要學會示弱，比如：你可以恭維對方確實眼光獨特，很會選鞋挑鞋，自己的皮鞋確實有不足之處，如式樣並不新潮，不過較穩重罷了……你在表示不足的同時也側面讚揚了一番這鞋子的優點，也許這正是顧客中意的地方，可使他們動心。顧客花這麼大心思不正是表明了他們其實很喜歡這種鞋子嗎？」

透過示弱，滿足了對方的挑剔心理，一筆生意很快就成交了。這就是他的妙招，示弱並不是真示弱，只不過是順著顧客的思路，用一種曲折迂迴的辦法來俘虜對方的心罷了。

如何應付顧客的問價

有許多人買東西首先考慮的就是價格，遇到這個類型的客戶，絕對不能在他還沒有了解商品特色之前說出價格，否則就會輕易失去一位客戶。

萬一客屋主動問價，也不要一口氣亮出底牌，最好含糊其辭。在沒有做好準備之前，沒有哪個推銷員願意被問及產品的價格。

很顯然，你不想報價，除非你已經充分展示了產品的價值。另一方面，只有當顧客了解了產品的價值之後，才能判斷值不值得花錢買。

所以，我認為一個簡單的反應就是忽視顧客的問價，好像什麼也沒有發生過，繼續產品介紹。要是顧客再次問價，你就說：「請等一下，我

馬上就會談到價格問題。」然後，繼續介紹，直到你認為時機成熟時再報價。

顧客第三次問價時，你說：「我很快就會談到價格，但是我想讓您多了解一些，這樣您就可以發現這是一筆多麼超值的交易。」然後你以一種友好的口氣說：「別擔心，先聽我解釋，好嗎？」

當你最終準備報價時，最好先製造一種懸念。「好了，我知道您現在已經開始喜歡這些產品的優良品質了。我相信，等您發現這筆交易真是物有所值的時候，您一定會激動不已。」稍作停頓之後，你接著說：「好吧，您等了這麼久，我現在告訴您價格是……」

隨後，寫下價格遞給他。在他開口之前，你又熱情地補充說：「您看我是不是為您提供了周到的服務呢？」

事情到了這個份上，顧客往往會同意買下你的產品。

如何對付「我還要考慮考慮」

如何對付「我還要考慮考慮」，這恐怕是特殊產品或家庭用品的銷售員最害怕的難題。

對於顧客的「我還要考慮考慮」，最好的處理方法就是說：「當然，先生，我很了解您這樣的想法，但是我想，如果您還想考慮，一定因為還有一些疑點您還不是很確定，我說得對不對？」

大部分的人應該會答道：「是的，在我做出決定之前，還有一些問題我需要再想一想。」

接下來，你要這樣回答：「好的，我們不妨一起把這些問題列出來討論一下。」然後，拿出一張白紙，在紙上寫下 1 到 10 的數字，「現在，

先生，您最不放心的是哪一點？」不管顧客說什麼，把這一點寫在數字1的那一行，然後再繼續問，把下一個問題列為第二點。客戶頂多會列出3到4點，當客戶再也想不出問題時，你說，「還有沒有我們沒有想到的呢？」

如果顧客說：「沒有了！」你便說：「先生，如果以上提出的問題，我都能一一給您滿意的答覆，我不敢說一定做得到，但是如果我能，您會不會購買？」如果顧客的回答是肯定的，你就提前締結這個銷售。接下來，你要針對問題為客戶一一解釋和保證，如果他認為他還是不能馬上決定購買，專業的推銷員會說：「您一定還有不滿意的地方，請把新想到的考慮再列出來，讓我們共同來處理。」當你逐一回答這些問題時，一定要清楚而明確，在解釋清楚問題之後，一定要先問客戶：「您對這點滿意了嗎？」

或是：「我們是不是已完全談到每一個細節了？」

或者：「您是不是對這點還有疑惑？」然後，再開始解釋下一點。

另外，還有一種方式來應付客戶說「好好考慮考慮」的抗拒。你可以面帶微笑地說：「這真是太好了，我很高興聽到您要好好考慮，顯然如果您沒有興趣的話您也不會花時間來考慮它。因此我假設不管您決定買或不買，您都要避免做出錯誤的選擇。您說我的假設成不成立？您考慮時間的長短在此時並不重要，您要尋求的就是正確的決定，您同意我的說法嗎？」

顧客說「考慮考慮」時應採取下列對策：

一定是我的說明不夠清楚，您才不能欣然允諾，這恐怕會有負面的影響，請讓我重新說明一次。

您這麼忙，可能沒有時間重新考慮這件事。與其往後決定，倒不如現

在請您再考慮看看好嗎？

　　您說考慮看看，證明您對我的話感興趣，這真讓人興奮。不關心我們的商品，不可能特地抽出時間聽我說明，由此可知您有意思購買。現在您考慮的是，想弄清楚自己需要什麼吧，考慮 3 分鐘或 3 年應該都一樣，這和時間無關，您需要的只是確認自己的判斷是否正確。既然如此，我們何不重新再考慮看看？我認為結論還是一致的，這不就證明您的判斷是正確的嗎？

　　我認為您有意願購買，但怕周圍的人說閒話。其實，找消極的人商量，答案一定是「最好不要買」；問積極的人，答案絕對是「這種事您自己決定，可以的話就買」。您想和誰商量呢？現在最重要的是您要或不要，要的話何需考慮？您只需考慮如何使用，不是嗎？

客戶說「沒錢」，我該怎麼做

　　身為一位銷售顧問，你有責任以正當的態度把產品和服務賣給顧客，顧客才會向你購買，況且給別人提供好的機會就是給自己創造機會。

　　有一個推銷員上門推銷化妝品，女主人很客氣地拒絕了。

　　「不好意思，我們目前沒有錢，等我有錢時再買，你看好不好？」

　　但這位推銷員看到女主人懷裡抱著一條名貴的狗，便想了辦法。

　　「您這小狗真可愛，一看就知道是很名貴的狗。」

　　「是呀！」

　　「您一定在牠身上花了不少錢和精力。」

　　「沒錯。」女主人眉飛色舞地向推銷員介紹她為這條狗所花費的錢和精力。

「那當然，這不是一般階層能夠做到的，就像這化妝品，價錢比較貴的，所有使用它的女士都是高收入、上流社會的。」

一句話說得女主人心花怒放，再也不以沒錢為藉口，反而非常高興地買下了一套化妝品。

看了這個例子以後，你一定會有所啟發。錢確實是非常實在的東西，沒錢就沒有辦法買所需要的東西，所以許多推銷員在「沒錢」面前退下陣來，其實他們錯過了許多成功的機會。

應該記住，客戶嘴上說的「沒錢」是極富彈性的，很可能是一種藉口。

事實上，錢變不出來但可以湊出來，關鍵在於客戶是否真的決定要買。正因為錢在買賣當中起了關鍵作用，所以客戶想拒絕的時候，「沒錢」便是最好的擋箭牌，但這對有經驗的推銷員來說並不能有多大的作用，他照樣會讓客戶掏錢包。

還有一些針對「沒錢」、「買不起」這類反對意見的應對語：

「所以嘛，我才勸您用這種商品來賺錢。」

「所以嘛，我才推薦您用這種產品來省錢。」

「現在有 12 期零利率分期活動唷，先享受後付款。」

如果對方真的沒有帶錢該怎麼辦呢？

如果你是一位汽車銷售員，常常會有顧客在店裡轉來轉去地看車，儘管你做了大量的推銷工作，他卻沒有帶現金、信用卡或支票，不能付一筆保證金。你要是花了一個小時左右的時間進行推銷，而他還這樣的話，我相信你是不情願放他離去的，因為一旦離去，他就很可能再也不會回來了。你要懂得顧客雖然嘴上說沒有帶錢，但實際上他們不可能兩手空空地回家。

一天上午，陳先生帶著一個公事包，在店裡左看看右看看，一會說這輛車價錢太高，一會說那輛車款式不新穎。最後，陳先生看中了某一款汽車，卻說：「我今天只是隨便看看，沒有帶現金。」

「雙鳥在林，不如一鳥在手。」你要說：「陳先生，沒有問題，我和您一樣，有很多次也忘了帶錢。」然後，你稍稍停頓一會，觀察到顧客有種脫離困境、如釋重負的感覺——他帶了錢！你接著說：「事實上，您不需要帶一分錢，因為您的承諾比世界上所有的錢都更有意義。」

接下來，你和顧客說：「就在這裡簽名，可以嗎？」

等他簽完名，你要強調說：「我這個人往往能給別人留下不錯的第一印象，我知道，他們不會讓我失望的。」

實際上，當你這樣說時，確實很少有人會令你失望。你會發現，當你信任好人時，好人也會向你證明他們的確值得信賴。

拉近距離

在經營、推銷活動中，既要知彼，又要知己，同時再加上巧妙地周旋，藝術地交談、推銷，說客戶喜歡聽的話，你就能贏得客戶心甘情願地解囊，在生意場上做到遊刃有餘，縱橫馳騁。

「說別人喜歡聽的話，雙方都會有收穫。」這正是經營者的成功法則之一。

投其所好，是一種藝術、一種智慧，實際上也是一種溝通。它是尋求不同職位、不同行業、不同經歷的買賣雙方的利益共同點。

一位推銷員到印度去談一筆很難成交的軍火生意。他事先打電話給印度軍界的一位將軍，但從來不提合約的事，只是說：「我準備到加爾各答

去，這次是專程到新德里拜訪閣下，只見 1 分鐘的面就滿足了。」那位將軍勉強地答應了。

來到將軍的辦公室，將軍先聲明：「我很忙，請勿多占用太多時間！」冷若冰霜的態度給人增加了極大的失望感。

推銷員思索片刻，說出了一番令人意想不到的話。「將軍閣下，您好！」他說，「我衷心向您表示謝意，感謝您對敝公司採取如此強硬的態度。」

「……」將軍頓感莫名其妙，一時無言以對。

「因為您使我得到了一個十分幸運的機會，在我過生日的這一天，又回到了自己的出生地。」推銷員慢條斯理地說道。

「先生，您出生在印度嗎？」將軍冷漠的臉上露出了一絲微笑。

「是的，」推銷員打開了話匣子，「1929 年的今天，我出生在貴國名城加爾各答。當時，我父親是法國密歇爾公司駐印度的代表。印度人民很好客，我們一家得到了很好的照顧。」

接著，推銷員又深情地談起了他對童年生活的美好回憶：

「我過 4 歲生日的時候，一位印度鄰居阿姨送給我一件可愛的小玩具，我和印度小朋友一起坐在象背上，度過了我一生中最幸福的一天……」

將軍被他的情真意切的話語深深感動了，當即提出邀請說：「您能在印度過生日真是太好了，今天我想請您共進午餐，對您的生日表示祝賀。」

汽車駛往飯店途中，推銷員打開公事包，取出顏色已經泛黃的合影照片，雙手捧著，恭恭敬敬地拿到將軍面前：「將軍閣下，您看這個人是誰？」

「這不是聖雄甘地嗎？」將軍吃驚地說道。

「是呀！您再仔細瞧瞧左邊那個小孩，那就是我。4歲時，我和父母一道回國途中，曾經十分榮幸地和聖雄甘地共乘一條船，這張照片就是那次在船上拍的。我父親一直把它當做最寶貴的禮物珍藏著。這次，我要拜謁聖雄甘地的陵墓。」

「我非常感謝您對聖雄甘地和印度人民的友好感情。」將軍緊緊握住了推銷員的手。

當推銷員告別將軍回到住處時，這樁生意已經成交了。在商業經營、推銷中，如何打動顧客是一門藝術。打動人心的最佳方式，是跟他談論他感興趣的、珍愛的事物，即投其所好。如若這樣做了，成功就會離你越來越近了。

巧用暗示

語言的附加意義，有時候要比語言本身更有力量。

美國有一位推銷員伯特，有一次為了推銷一套可供一座40層辦公大樓用的空調設備，與建設公司周旋了幾個月還是無法談成，然而，購買與否的最後決定權還是握在買方的董事會手中。

有一天，董事會通知伯特，要他再一次將空調系統向董事們介紹。伯特強打起精神，把不知講過多少遍的話又重述了一遍。但董事們反應冷淡，只是連珠炮似的提了一大堆問題，用外行話問內行人，似乎有意刁難。

伯特心急如焚，眼看幾個月的心血就要付諸東流，他渾身發熱。這時，他忽然想到「熱」這個妙計。他不再正面回答董事們的問題，而是很

自然地改變了話題。他泰然自若地說：「喲，今天天氣還真熱，請允許我脫去外衣，好嗎？」說罷，還掏出手帕，煞有介事地擦著前額滲出的汗。

他的話、他的動作立刻引發了董事們的連鎖反應，或許這是心理學的一種暗示作用，董事們似乎一下子也感受到了悶熱難耐，一個接一個地脫下外衣，又一個接一個地拿出手帕擦汗。

這時，終於有一位董事開始抱怨說：「這裡沒有空調，真的太悶了。」就這樣，董事們再也不需要伯特推銷，主動地考慮起空調的採購問題。令人不可思議的是，拖了幾個月的買賣，竟然在短短 10 分鐘內就獲得了突破性的成功。

很顯然，關鍵在於伯特及時抓住了問題的重點，恰到好處地利用了環境提供給他的條件，並運用語言的附加意義或暗示語法，讓他的話產生了極大的威力。

記得多說一句話

有兩個賣豆腐的，老張和老趙，兩個人年齡差不多，叫賣的腔調也一樣，都是尾字帶著悠長的餘韻，但兩人的生意卻不一樣，老張的生意比老趙的好得多。開始時大家都覺得奇怪，一樣白嫩的豆腐，都是給很足的秤，這是為什麼呢？

後來，人們逐漸發現了其中的奧祕。原來，同樣是賣豆腐，老張比老趙多說一句話。比如劉大媽去買豆腐，老張會邊秤豆腐邊問：「身體還好吧？」如果跑運輸的李師傅去買，老張會說：「工作多嗎？」話語裡透著理解和關心。時間久了，大家都把老張當成了朋友，即使不需要豆腐，聽到他的叫賣，也會買一點放在冰箱裡，就為了聽一句充滿溫馨的問候。老

趙後來因為生意清淡，無奈只好改行了。

　　要做好行銷不僅要深入市場調查，了解客戶的需求，還要研究客戶的心理，像賣豆腐的老張那樣主動與客戶說一句話，進行感情交流，達到心靈溝通，讓客戶感到你不是在向他們推銷業務，而是在關心他、想著他，要為人提供方便，這樣客戶才會認可你的產品和服務。

嘴巴夠力，萬事無往不利：

委婉暗示還是直球進攻？強硬要求還是柔性勸導？談判策略用得好，職場情場沒煩惱！

編　　著：蔡賢隆，房紹娟

發 行 人：黃振庭

出 版 者：財經錢線文化事業有限公司

發 行 者：財經錢線文化事業有限公司

E-mail：sonbookservice@gmail.com

粉 絲 頁：https://www.facebook.com/
　　　　　sonbookss/

網　　址：https://sonbook.net/

地　　址：台北市中正區重慶南路一段六十一號八
　　　　　樓 815 室

Rm. 815, 8F., No.61, Sec. 1, Chongqing S. Rd.,
Zhongzheng Dist., Taipei City 100, Taiwan

電　　話：(02)2370-3310

傳　　真：(02)2388-1990

印　　刷：京峯彩色印刷有限公司（京峰數位）

律師顧問：廣華律師事務所 張珮琦律師

定　　價：480 元

發行日期：2023 年 03 月第一版

◎本書以 POD 印製

國家圖書館出版品預行編目資料

嘴巴夠力，萬事無往不利：委婉暗示還是直球進攻？強硬要求還是柔性勸導？談判策略用得好，職場情場沒煩惱！/ 蔡賢隆，房紹娟編著 . -- 第一版 . -- 臺北市：財經錢線文化事業有限公司 , 2023.03
面；　公分
POD 版
ISBN 978-957-680-603-2(平裝)
1.CST: 說話藝術 2.CST: 口才
192.32　112001621

電子書購買

臉書